KB126135

Le Monde *diplomatique*

Vol. 182   Novembre · 2023

Article de couverture

경찰공화국에서 파시스트 공화국으로!

글 · 프레데리크 로르동

극우 경찰노조가 발표한 노골적으로 인종주의적이며 선동적인 보도자료를 통해, 우리는 '공화국'의 의미가 어디까지 변질됐는지 정확히 알게 됐다. 그들은 용의자, 정확히는 '그들에게 해로운 (것으로 간주되는) 인물'을 추격하고자 '공화국의 명령'이 필요하다고 보도자료를 통해 호소했다. 절제와 방조를 혼동하는 평소 습관대로, 프랑스 일간지 〈르몽드〉는 이에 대해 "경찰대원들의 분노의 표출"이라 표현했다.

8면 계속▶

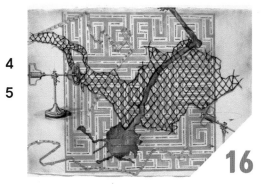

37

Economie

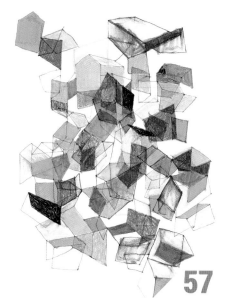

57

Mondial

82

Culture

97

Corée

람페두사의 냉소주의

브누아 브레빌 | 〈르몽드 디플로마티크〉 프랑스어판 발행인

이민자들이 구대륙의 관문으로 몰려든다. 수용시설이 이민자로 넘쳐난다. 우파는 "이민자들이 영토를 침략한다"라고 외치고, 좌파는 분열한다. 유럽 국가들은 서로 책임을 떠넘긴다. 또 다른 '위기'가 일어날 때까지 모두 딴청을 부린다. 유럽에서 보이는 이런 시나리오는 익숙하다. 하지만 아프리카에서 보면 어떨까?

언론인과 정치 지도자가 굳이 이민자들의 국적을 언급하는 경우는 전쟁 때문에 고국을 떠나온 '난민'과 경제적인 목적으로 온 '이주민'을 구분할 때뿐이다. 망명자 8,000명이 이탈리아 시칠리아의 람페두사 섬에 하선한 직후, 프랑스 내무부 장관 제랄드 다르마냉은 이렇게 말했다. "망명 자격이 없는 사람들, 특히 요즘 프랑스에 많이 오는 코트디부아르, 감비아, 세네갈, 튀니지 국적자들은 (...) 자국으로 돌려보내야 마땅합니다."(〈TF1〉, 9월 19일)

언론에서는 대개 세네갈인들이 고국을 떠나는 이유를 '빈곤 탈출', '더 나은 미래를 위해' 등 모호한 표현으로 본질을 흐린다. 하지만 세네갈에서 이는 엄연한 생존의 문제다. 세네갈과 어업 조약을 맺은 유럽과 중국의 대형 트롤선은 현지 어선 한 척의 1년 어획량을 단번에 쓸어 담을 수 있다. 외국인 투자자들은 현지 농민들을 몰아내고 토지를 독점해 수수, 기장 같은 생계 작물 대신 땅콩 같은 환금 작물을 장려하기도 한다. 지구 온난화로 우기가 짧아지고 홍수와 가뭄이 잦아지면서 사막화, 해수면 상승, 해안선 침식, 토양 염류화가 일어나 수확량에까지 영향을 미친다. 프랑스 외무부의 든든한 우군인 마키살 세네갈 대통령은 정치 탄압을 가한다.

아프리카에서 볼 때, 유럽의 이민정책은 위선 투성이다. 호전적인 연설과 함께 각종 조약과 협약이 이뤄지고, 유럽 국가들은 유럽의 노동력 부족과 인구 고령화를 해결하고자 이주 노동자 정책을 세운다. 프랑스는 세네갈 출신 의사를 고용하고, 이탈리아는 알제리와 코트디부아르 건설노동자 이주를 장려하며, 스페인은 농업과 관광 분야에서 모로코 계절노동자에게 의존한다. 독일은 최근 고급인력 채용센터 5개소를 가나, 모로코, 튀니지, 이집트, 나이지리아에 개설한다고 밝혔다. 사회학자 알리 탄디앙이 분석했듯, 전문가들의 출신 국가는 "그들이 타국으로 떠나기 전에 태어나고, 교육과 훈련을 받는 인큐베이터다."(1) 유럽인들은 아프리카의 취업 준비생들에게 자국의 이점을 홍보하며, 해당 국가에서 일하기 힘든 여건을 조장하기도 한다. 아프리카의 청년들은 재앙적 조건을 극복하려 노력하다가, 결국 유럽으로 가는 길을 택한다.

그런데, 그렇게 유럽행을 떠난 아프리카 청년들이 람페두사에 도착했을 때 유럽의 관문은 굳게 닫혀 있었다. 같은 시기, 이탈리아 피에몬테 지역에서는 세네갈 텔레비전과 라디오에서 월로프어(세네갈, 감비아, 모리타니 등지에서 사용하는 서아프리카 언어-역주)로 다음과 같은 내용의 영상을 내보냈다.

"멋진 삶을 위해 자신을 희생할 필요는 없다. 목숨은 소중하고 바다는 위험하다."(2)

게다가, 유럽의 냉소주의는 치명적이다. ld

글·브누아 브레빌 Benoît Bréville
〈르몽드 디플로마티크〉 프랑스어판 발행인

번역·이푸로라
번역위원

---

(1) 알리 탕디앙(Aly Tandian) 교수와의 인터뷰, 2023년 2월 28일, www.the conversation.com
(2) 〈Il Fatto quotidiano〉, Rome, 2023년 9월 22일.

훼손된 위키(Wiki)의 가치

성일권 | <르몽드 디플로마티크> 한국어판 발행인

공동체 지향성이 담긴 '위키(Wiki)'라는 접두어가, 한국에서는 기이하고, 저속하고, 선정적이고, 비틀며 인신공격하는 인터넷 언론사의 이름으로 쓰이고 있다. 세계 최고 권위를 자랑해온 브리태니커, 브로크하우스, 체임버스, 라루스 등 제도권 백과사전들의 권위주의적인 규정 짓기에 반발해 시민들이 함께 집단지성을 발휘해 만든 참여적 백과사전이 위키피디아(Wikipedia)이고, 권력과 자본의 야합, 빅브라더형 독재 권력 등에 맞선 시민들이 저항과 고발로 이루어진 인터넷이 위키리크스(WikiLeaks)다.

이 사실을 떠올린다면, 김행이 소유한 위키트리의 운영방식은 고약하기 짝이 없다. 팔로워가 635만 명에 달하는 페이스북 같은 SNS에 자주 출몰하는 위키트리는 저속함과 비열함, 선정성, 사실 왜곡 등의 공동체 파괴적인 글로 도배돼 있다. 전혀 위키적이지 않은데, 위키라는 접두사를 쓴 것은 위키피디아와 위키리크스의 인기에 무임승차하려는 의도였을 터다.

인터넷 매체를 주식 100억 대의 회사로 키운 것은 놀라운 경영능력이다. 이와 관련, 10월 5일 국회 인사청문회에서 용혜인 기본소득당 의원이 "(인터넷 매체 위키트리의) 혐오 장사로 주식을 79배 급등시켜 100억대 주식 재벌이 됐다. (선정적 제목의 위키트리 기사들을 언급하며) 황색언론으로 만드는데 혁혁하게 기여했다"고 추궁하자 김 후보자는 이렇게 답했다.

"저도 부끄럽다. 이게 현재 대한민국 언론의 현실이기도 하다. (언론중재위원회) 지적사항이 나온 시기를 연도별로 보면, 저희보다 훨씬 큰 언론사, 메이저 언론사 1~3위가 다 들어갔다."

그는 선정적 표현, 성폭력 2차 가해, 혐오 표현은 다른 언론사들도 다 마찬가지인데 왜 위키트리만 갖고 그러냐, 특히 큰 언론사는 더 심한 것 아니냐며 화살을 '큰 언론사'로 돌렸다. 하지만 지난해 12월 5일 언론중재위원회가 주최한 '언론중재위원회 시정권고 운용의 성과 및 개선과제' 토론회의 자료를 보면 김 후보자의 위키트리는 2019~2021년 3년간 언론중재위원회로부터 시정권고를 '가장 많이 받은 언론사'들 중 2~3위에 올라있다.

디지털 시대의 보편적 용어로 등장한 '위키'란, 사용자들이 웹 페이지 개발이나 프로그래밍 기술에 대한 고급 지식이 없어도 문서의 내용과 그림 등을 입력하고 수정할 수 있도록 하는 웹사이트를 일컫는다. 즉, 불특정 다수가 공동으로 문서를 작성할 수 있다. 위키 정신의 원조 격인 위키피디아는 비영리 단체 위키미디어 재단을 설립한 지미 웨일스가 2001년 영어판을 출범시킨 뒤, 현재는 한국어판(2002)을 비롯해 전 세계 200여 개 언어로 제공된다.(1)

위키피디아의 한국어 버전이 인기를 끌면서, 2015년 또 다른 한국어 위키사전이 등장했다. 파라과이 소재의 나무위키(Namuwiki)는 위키피디아와 아무런 관계가 없으나 두터운 마니아층이 앞 다퉈 글을 쓰면서 한국어 위키사전 중 2위 규모에 올라있다. 위키사전의 이점은 이른바 불특정 다수가 집단지성을 발휘해 사전을 더 넓고 깊이 있게 다듬을 수 있다는 것. 물론 악의적인 편집과 부정확한 내용, 내용의 질, 책임성과 권위의 부족 등이 문제점으로 지적되고 있지만, 수정 수월성 및 접근성에 힘입어 네티즌들에게 가장 많이 애용되고 있다.

공동체 지향적인 위키의 정신은 2006년 개설된 위키리크스(WikiLeaks)를 통해 더욱 발전됐다. 익명의 제보자를 통해 또는 자체적으로 수집한 사적 정보 또는 비밀, 미공개 정보를 공개하는 국제적인 비영리기관으로 시작된 위키리크스는 개설된 지 1년도 되지 않아 120만여 건의 문서를 등록했고, 2010년 4월에 '부수적 살인(Collateral Murder)'이라는 제목의 비디오 파일을 공개

상업광고가 전혀 없는 위키피디아와 위키리크스의 홈페이지

함으로써 전 세계 인터넷 사용자들로부터 큰 관심을 받게 됐다. 이 비디오는 2007년에 이라크에서 이라크 국민과 기자들이 미군에 의해 살해되는 장면을 담았다.

2010년 6월에는 미국 정부에 의해 기록된 아프가니스탄 전쟁에 관한 7만 6,900건의 미공개 문서들을 '아프가니스탄 전쟁 일지(Afghan War Diary)'라는 제목으로 공개했다. 2010년 10월에는 주요 영리 미디어 업체들과 협력해 일명 '미국의 이라크 전쟁 기록(Iraq War Logs)'으로 불리는 약 40만 건의 문서들을 공개했는데, 이 기록에는 이라크와 이란 국경에서 숨진 모든 사람들에 대한 정보가 담겨 있었다. 2010년 11월에는 미 국무부 외교전신을 공개했다.

위키리크스에서는 조직의 설립자들을 중국의 반체제 인사와 기자, 수학자, 그리고 미국, 중국, 유럽, 오스트리아, 남아프리카 공화국에서 활동하는 벤처기업 기술자들로 밝히고 있지만, 호주 출신의 대표 줄리언 어산지 외에는 제대로 알려진 바가 없다. 위키리크스에 대한 평가는 찬사와 비난, 둘로 엇갈리고 있다. 위키리크스는 2008년 〈이코노미스트(The Economist)〉로부터 뉴미디어상을, 2009년 국제앰네스티로부터 영국 미디어상(UK Media Award)을 받았다. 2010년, 시사주간지 〈더 타임스〉는 '올해의 인물'로 위키리크스 대표 줄리안 어산지를 선정했다. 위키리크스 대표 줄리언 어산지는 BBC와의 인터뷰에서 수많은 익명의 사람들이 참여해 집단지성으로 만들어지는 위키백과에서 착안해 위키리크스를 시작했으며, 주로 익명 제보에 의존하지만 자체적인 검증 시스템을 통과한 정보만을 사이트에 올린다고 설명했다.(2)

미국의 수배를 받던 어산지는 2012년부터 영국 런던 주재 에콰도르 대사관에서 도피 생활을 하다 2019년

에콰도르 정부에 의해 추방됐고 영국 경찰에 체포돼 벨마시 교도소에서 수감 중이다. 미 법무부는 2019년 방첩법 위반 등 18개 혐의로 어산지를 기소하고 영국에 송환요청을 했으며 현재 법적 다툼이 진행 중이다. 지난 9월 20일, 호주 여야 의원들이 미국을 찾아 영국에서 수감 중인 '위키리크스' 설립자 줄리언 어산지의 석방을 촉구했으나, 미국은 묵묵부답이다. 위키피디아, 나무위키, 위키리크스는 이용자가 수백만 명에 달해도 상업적 이익을 추구하지 않는다. 오로지 자본과 권력으로부터 독립된 순수한 의도와 목적으로 운영된다.

국회 청문회에서 '김행랑'이라는 딱지를 받은 김행이 어떤 의도에서 위키라는 접두어를 사용했는지는 모르지만, 위키트리의 이용자들 중 상당수가 위키의 정신을 떠올렸을 것 같다. 위키트리는 2010년 서비스 개시 초기에는 소셜 뉴스의 개방 및 협업형 인터넷 뉴스를 기본정신으로 삼아 로그인을 하면 누구나 기사를 수정, 작성, 편집할 수 있도록 했다. 그러나, 운영 시스템이 일반 언론사처럼 완전히 바뀐 뒤 위키의 의미와 가치를 스스로 포기했다. 이 사이트의 어디에도 위키피디아나 나무위키의 탈(脫)상업적이며 탈(脫)권위주의적인 기사 배치가 눈에 띄지 않으며, 권력과 자본의 야합에 맞선 위키리크스적인 고발기사가 보이지 않는다.

소유자 김행의 파문 이후에도 위키트리의 사이트에는 국회청문회에서 지적한 대로 명예훼손적이고, 선정적이며, 반윤리적인 글로 넘쳐나고 있다. 나는 그를 기억한다. 나 같은 볼펜 기자들이 손바닥만한 취재 수첩을 들고 맨땅을 헤집고 다닐 때, J일보의 여론조사 기자로서 특채된 그는 당시 우리로선 생소한 여론조사 기법으로 그래픽 지면을 화려하게 선보이며 언론의 질적 수준(?)을 드높였던 사실을… 여론조사 기사를 통해 정치권에 영향을 미쳤고, 그런 탁월한 여론전문가의 실력을 통해 그의 말마따나 국민통합21에서 정몽준 후보의 대변인을 거쳐 박근혜 청와대에서 대변인도 했고, 국민의 힘 비대위원과 공천관리위원도 했으며, 여하튼 여성가족부 장관 후보자에도 올랐을 것이다.

야권과 시민단체의 주장대로 그가 수사의 대상이

될지 어떨지 모르겠으나, 위키의 접두어를 사용하는 언론사주의 입장을 감안한다면, 뒤늦게라도 위키의 정신을 발휘해 인생 3막의 커튼을 올려주길 바라 마지않는다. 부디, 언론계 사주로 복귀하면 공동체적인 위키의 정신대로 이미 죽은 권력 말고, 자신이 너무 잘 아는 살아있는 권력의 민낯을 까발려주길 바란다. 권력과 자본의 달콤함에 취한 그에게는 기대하기 힘든 일이겠지만… LD

마니에르 드 부아르 13호
『언어는 권력이다』

권 당 정가 18,000원
1년 정기구독 시 72,000원
⇨ 65,000원

글·성일권
<르몽드 디플로마티크> 한국어판 발행인

(1) Mathieu O'neil 마티외 오닐, 'Wikipédia ou la fin de l'expertise? 위키피디아, 전문 능력의 종말인가? 집단지성의 결실인가?', <르몽드 디플로마티크> 프랑스어판 2009년 4월.

(2) 성일권, '공론장으로서의 위키리크스의 지위와 그 과제-미디어적 기능과 역할을 중심으로(WikiLeaks's status and its mission, as a media public sphere)', 정치·정보연구 v.15, no.2, 한국과학기술정보연구원, 2012년.

경찰공화국에서 파시스트 공화국으로!

프레데리크 로르동 ▍경제학자

2면에서 계속▶

그러나, 우리는 권력 기구 특유의 파시즘화를 우려했어야 했다. 〈르몽드〉는 결코 현재진행형인 파시즘화에 대해 말하지 않을 것이다. 〈르몽드〉로서는, 작금의 현상이 그 자신이 그토록 오래 예찬하던 권력의 지원 속에서 이뤄진다는 사실을 수용할 수 없을 것이다. 또한 〈르몽드〉는 돌발적인 불행한 사고, 두 번 일어날 수 없는 역사적 우연에 의한 결과가 파시즘일 수는 있으나, 결코 '우리 내부'에서 파시즘이 탄생할 수 있다는 생각은 하지 못할 것이다.

"파시즘은 위기의 시대에 진화의 형태"

〈르몽드〉에 있어서 '우리 내부'는 바로 공화국이고 민주주의이기 때문이다. '어떻게 공화국과 민주주의가 자신과 상반되는 원칙을 대변하는 파시즘을 낳을 수 있는가?' 바로 이것이, 정치를 온전히 이해하지 못하는 것으로 악명높은 정치문제연구소에서 훈련받은 이들의 뇌리에서 들끓는 반죽이다. '민주주의-공화주의'를 즐겨 반복하는 언론의 이상주의는 이 단어를 현실에서 작동하는 것으로 간주하면서 일반적인 지적 무능에 역사적 무지를 더한다. 그들은 짧은 역사 속에 사라졌지만, 살로(1)가 존재했으며 그것은 파시스트 공화국이었다는 사실을 알지 못한다. 그들은 독일 작가 브레히트의 글을 읽지 않았고, "파시즘은 민주주의의 반의어가 아니라, 위기의 시대에 따른 진화의 형태"라는 사실을 알지 못한다.

하지만 우리가 오늘 목격하는 모든 것은 지금 이 생각이 정확하다는 것을 확인해주고 있다. 경찰의 치외법권을 요구하는 경찰국의 보도자료가 나온 이후, 내무부 장관의 너그러운 인정 속에서, 파리경찰국장 뉘네즈가

그 생각을 수용하면서, 또 하나의 안전장치가 사라졌다. 이제 그들에게는 공화국이라는 휘장을 두를 필요마저 제거된 것이다. 그들이 원하는 것은 단 한 가지다. 항상 그것을 원했다. 이제 완곡한 표현을 쓸 필요도 없다. 사회의 다른 단위와는 다른 그들만의 도덕적 체계로 진입하면서, 경찰은 그들의 손에 쥔 거대한 특권을 사용할 권한의 의미를 온전히 인식하지 못했다. 이처럼 거대한 특권은 그에 상응하는 책임의식 없이 제대로 작동할 수 없다.

하지만 현실은 다르다. 경찰은 그 어떤 방해도 받지 않고 총으로 쏘아 죽이거나, 어떤 질책도 받지 않고 누군가를 죽을 때까지 때릴 수 있기를 원한다. 자신들의 폭력적 충동에 전적으로 몰두해 있는 경찰은, 그들이 지닌 특별한 책임에 대해서는 귀를 닫는다("우리는 무기를 가지고 있다. 우리는 그것을 사용한다. 더 이상의 토론은 없다."). 그리고 이제 이것은 새로운 공포가 됐다. 위계질서의 상층부까지 같은 생각에 장악돼 있다. 장관도 거기에 포함된다.

몇 개의 가설

여기서부터 여러 해석의 대립이 시작된다. 현재 혹은 미래의.

첫 번째 해석 : 마비.
마치 모든 열정이 사회적으로나 상징적으로 대중을 공격하는 것에 집중돼 있어, 어떤 정치적 정당성도 갖고 있지 않고 오직 경찰력에 의해서만 존재하고 있는 권력이라는 가정이다. 법무부 장관 뒤퐁-모레티에게 인종주의적이고 선동적인 보도자료에 대해 어떻게 생각하느냐

<준비, 일반 조합 II>, 1992 - 오토 메이어-암덴

고 묻자, 그는 이렇게 답했다.

"아무것도 생각하지 않습니다."

한 정부의 심장부에서 추악한 인종주의적 발언이 난무하고 있는데, 헌법과 인권선언의 수호자라는 사람의 대답이 "아무것도 생각할 것이 없다"인 것이다.

두 번째 해석 : 일격.

내무부 장관 다르마냉은 어떨까? 그는 작전을 준비하고 있다. 대규모 경찰 파업이 발생하도록 내버려 둔다(강도 높은 가설 : 은밀하게 물밑에서 파업을 조장한

다). 이럴 경우에 마크롱의 권력은 완전히 위험에 노출돼 있다. 지금 그의 권력은 어떤 사소한 문제에도 흔들릴 수 있다. 이때 경찰력을 마크롱 곁에 배치시키는데 내무부 장관 다르마냉의 역할은 필수적이다. 마크롱은 자신의 (사실상의) '보스'가 누군지 알고 있다. 심각한 위기가 다시 발생할 경우, 그를 총리에 임명할 수도 있다. 심지어 그 이상도 가능하다.

첫 번째와 두 번째 가설이 만나는 지점에서, 우리는 지난 6년 동안 '주피터'(2)를 외쳐왔던 신문들에서 주피

터가 증발한 사실을 목격할 수 있다. 그들은 주피터가 내무부의 두 신하들에게 조종당할 때 한마디도 하지 않았다. 프랑스 대통령이 헤겔식의 모든 절대 권력을 발탁당한 상황을 감당하려면, 정부의 최고위층이 공포에 사로잡혀 있다는 사실을 받아들여야 한다. 이는 프랑스 5공화국 이후 전례가 없는 모욕적인 일이다. 마크롱이, 그 자신이 임명한 내무부 장관의 조정을 받고 있으며 수렁에 빠져 있었다는 사실을 알기 전까지 우리는 아무것도 보지 못했다. 이것도 전례가 없는 모욕적인 일이다. 정상적인 경우라면, 즉각 장관이 해임됐어야 했고, 모든 정치 평론가, 논객들은 입에 거품을 물고 논쟁을 벌였어야 했다.

'자아의 충돌', 막후 정치, 책략 외에는 정치에 대해 문외한인 이들이 기대 이상의 대접을 받고 있는 것은 아닐까? 이번에는 그럴듯한 이유로 입을 다문 것일까? 하지만 그들은 다른 곳을 쳐다보고 있다. 내무부 장관이 대통령을 향해 공개적으로 벌인 술책은 모든 언론이 1면에서, 계속해서 다뤄야 했다. 그러나 그렇게 한 언론은 없었다.

세 번째 해석 : 본격적인 전환.

경찰의 권위주의적 일탈을 방관해온 마크롱 정권은 적극적 지원으로 노선을 변경하고 있다. 마크롱식 표현을 따르면, 그는 현 상황의 주도권을 '잡기로' 한 것이다. 생각은 실시간 조정으로 재구성된다. 마크롱 패거리는 상식도, 원칙도 없기에 이들의 생각을 조정하는 것은 쉽다.

'질서는 좋은 것이다. 질서는 유일하게 바람직한 것이며, 그 무엇도 제대로 작동하고 있는 질서를 약화시켜서는 안된다. 국가 제도를 구축하는 논리가 그 속에서 소멸해가는 것은, 전혀 중요하지 않다.'

이 논리의 끝에는 헌법 16조(3)가 있다. "질서, 질서, 질서": 경찰공화국은 자신의 표어를 찾았다.

공화국이 잃어버린 진정한 영토

공화국을 폐지하려는 맹렬한 탈주의 흐름 속에서, 여전히 남아있는 몇 가지 문제를 제기하려 한다. 근본적으로는 장식용인 '공화국'이란 단어의 기표를 유지하는 일만 남아있다. 나머지는 참을 수 없는 것을 계속 참아내게 해주는 자본주의적 언론들의 (언제나 똑같은) 무식함과 무기력함, 고분고분함에 기대볼 수 있다. 진실은, 더 이상 부정하지 않은 방법으로 사용되는 '공화주의자'라는 단어의 용도는 없다는 점이다.

처음부터, 혼돈이 있었다는 사실은 인정해야 한다. '공화국'은 '공공의 것' 이외의 어떤 다른 의미에 대해서도 말하지 않았기 때문에, 이 단어는 그 자체로 그것이 담을 형태에 관해 아무것도 예단할 수 없는 카테고리이고, 정치 철학의 일반적 범주에 따라, 군주제든, 과두정이든 민주주의든, 심지어 살로(사회주의적 파시즘)로도 쉽게 적용될 수 있는 것이다. 의심의 여지 없이, 프랑스에서 이 단어는 혁명의 의미를 얻게 됐다. 이후에는 그 뜻이 전환됐을지라도, 적어도 '공화국'은 민주주의와 평등의 이상으로 온전히 채워져 있었고, 그러기에, 5공화국이 그들에게 완전히 낯선 모습으로 끝나게 됐다는 것은 명백하다.

따라서, 우리는 그 어떤 개념적 오해나 모순 없이 우리가 경찰공화국에 진입하게 됐다는 반박할 수 없는 결론을 내릴 수 있다. 실제로 우린 공화국이 잃어버린 진정한 영토가 어디인지 잘 알고 있다. 경찰서, 경찰차, 도청, 국립경찰감사부, 또한 형벌을 알리는 공문이 나오는 법무부 장관의 사무실, 일정한 도살의 정의를 실현할 형식을 제시하며 법조문의 조항을 집행하는 재판소, 보고서의 결과를 위조하는 의료법률기관(일례로, 아다마 트라오레 사건)(4)이 있었던 기관, 감옥, 물론 행정구치소, 그리고 여기에 인종주의가 편집 라인의 일관성을 취하고 있는 미디어를 추가할 수 있을 것이다.

바로 이것들이 공화국이 잃어버린 진정한 영토들이다. 일반적으로 제시되는 지역들과는 정반대의 공간이다. 흔히 제시되는 지역들이야말로 공화국적 가치인 평등에 대한 가장 진정한 공화주의적 요구가 솟아오르는 곳이다. 사회민주주의 공화국에서는, 단 하나의 가치 "평등"만이 진지하게 다뤄지기 때문이다.

경찰 공화국이 파시스트 공화국이 될 가능성

폭력성과 인종차별 속에서, 경찰공화국은 파시스트 공화국을 향한 움직임 속의 과도기적인 형태라는 근거들이 넘쳐난다. 우리는 현대의 파시즘이 어떤 모습으로 올 것인지 상상해 왔다. 그러나, 이제 상상할 필요도 없다. 극우 민병대가 경찰병력의 가호 속에서 공포가 군림하도록 거리를 접수한다. 경찰병력이 극우 민병대를 동반하지 않을 때면, 다른 곳을 감시한다. 더 무슨 증거가 필요한가? 이런 경찰병력의 2/3 이상이 극우 인종주의 정당에 투표하거나 노골적으로 파시스트, 심지어 네오나치의 상징들을 뿌릴 때, 더 무슨 말이 필요할까? 극우단체의 테러 프로젝트에 경찰이 참여하고 있는 사실이 발견됐을 때, 나치 상징물들이 권력을 약속받은 극우 정당 주변에 붙어 있다. 최악이다. 인종주의적 경찰과 통제하기 힘든 거리의 파시스트 집단. 이들의 결합은 기반이 잘 다져진 경찰공화국이 곧 '파시스트 공화국'이 될 가능성을 드러낸다.

"시민을 보호하는 경찰"이라는 환상은 이미 오래전에 깨졌다. 테러가 일어났을 때, 우리의 '구원자'여야 할 RAID(프랑스 경찰 대테러부대)는 인종주의자의 차별을 받는 이들을 향해 총격을 가했고, 구원자의 이미지는 완전히 잿더미가 되고 말았다. 집권당 르네상스의 의원이 된, 전 RAID 부대장 장 미셸 포베르그가 공격자들을 위한 심리적 위로를 한답시고 "폭력에 대한 변명"을 말했을 때 이 사실이 다시 증명됐다. 이제, 상식적인 사람들의 눈에 경찰은 폭력에 중독된 가학적인 민병대에 불과하다. 경찰이 트라오레의 유가족(5)이나 일부 기자들에 맞서는 개인적 보복에 열을 올리고, 자신을 영웅화하면서 승진을 추구한다. 무질서한 공격자이자 인종주의자인 그들은 그 누구에게도, 그 무엇에도 답하지 않는다.

'공화국의 경찰'은 가장 씁쓸한 모순어법이 됐다.

"우리는 법치주의를 떠날 것입니다"

지금 붕괴 중인 것은, 바로 5공화국이라는 건물 자체다. 경찰의 손에 넘겨진 정부는 자신의 안전을 위해 도피를 하려 하고, 경찰의 개입은 공공정책의 첫 번째 요소이자, 모든 정책의 필수요소가 됐다. 경찰의 등록부는 모든 공공생활에 스며들어 포화 상태가 됐다. 이제, 경찰공화국이 되기 위한 모든 준비를 마쳤다.

기본적인 정치적 자유에 대한 통제는 당연하게도, 자주 국가의 불법적 개입의 형태를 취하게 됐다. 권한의 남용이 명백한 이런저런 금지 명령, 혹은 시행된 이후 뒤늦게 발표되는 행정 명령이 행해지고, 내무부 장관의 마음에 들지 않을 것이라는 이유로 자행된 한 서점의 매대에 대한 검열(6)같이 완전히 법체계를 벗어난 경찰의 개입들이 발생한다. 사법부의 일부는 여전히 완전한 억압의 전선에 굴복하지 않았다. 총체적인 억압의 전선에 온전히 항복하지 않은 정의의 영역은 결국 그 대가를 치르게 된다.

그들은 얼마나 오랫동안 버틸 수 있을까? 법적 변화는 불법적인 남용의 뒤를 바로 이을 것이다. 드론의 사용, 안면 인식 시스템 혹은 소셜 네트워크 검열 등. 이런 마크롱의 '처리 방식'은 프랑스를 이집트, 파키스탄 또는 중국과 나란히 놓을 것이다. 그리고 다시 말하지만, 침묵이 지배하기를 원하는 권력을 우린 뭐라고 부르나? 마크롱은 첫 번째 임기가 막 시작됐을 때, 그 특유의 말실수를 한 적이 있다. 비상사태 종료에 대해 연설하던 중 이렇게 말한 것이다. "우리는 법치주의를 떠날 것입니다". 지금 우리가 겪고 있는 상황이 꼭 그렇다.

부르주아와 그들의 정당들

지진은 모든 영역에서 일어나고 있었다. 건물 하나가 무너져 내리고, 모든 제도 정치의 층위들과 국회가 떠받치고 있는 모든 것들이 무너져 내린다. 그 누구도 공화당 정치인들이 다른 당 정치인들과 어떻게 구별되는지 말할 수 없다. 사이비 집권다수당 LREM(7)은 중도우파 정당인 LR(Les Républicains, 공화당)과의 동맹을 열망하는 한편, 극우 정당인 RN(Rassemblement National, 국민연합)과도 친하다. 이념의 영역에서는 극우 진영의 준통합 블록이 형성된 셈이다. 사회, 경제적 이데올로기, 인종주의 등 예민한 문제에 대한 침묵은 이들 사이에서는 무언의 동의로 간주된다. 이들은 사회에 대한 경찰의 태도, 심지어 자유민주주의의 실질적 원칙에 대한 경찰의 경멸적 태도에 대해서도 같은 반응을 보인다.

야엘 브론피베(Yaël Braun-Pivet) 국회의장은 RN을 향해 호감을 표하고, 부의장인 시첸쉴은 〈CNEWS〉가 극우 언론은 아니라고 한다. 게리니 장관(8)도 〈Europe1〉을 극우 채널이라 하지 않으며, 집권당의 페텔 의원은 "어린 나엘(9)" 대신 "어린 불량배"로 칭하자고 한다. 집권당 르네상스 전체가 실질적으로 극우로 이동하고 있고, 그들의 유권자 기반도 함께 움직이고 있다.

평범한 사회민주주의 정당인 FI(La France Insoumise, 불복하는 프랑스)가 '극좌'로 분류되는 현상에서 극우를 향한 전반적 흐름을 확실하게 느낄 수 있다. 여기에는 언론인들의 공이 지대하다. 이렇게, 정치 지형의 카테고리가 완전히 붕괴되던

흔들리지 않는 언론 뿌리깊은 서울신문

한결같이 민중을 대변하는 언론으로 올곧게 나아가겠습니다

서울신문

서울신문사 1904년 창간

대표전화 (02)2000-9000 | 광고안내 (02)2000-9393 | 구독안내 080-233-4967

중, 〈프랑스 앵포〉(프랑스 국영 뉴스 채널)에서 '이탈리아의 중요한 중도 정치 리더'의 부고를 전했는데, 고인이 된 '중도 정치 리더'는 베를루스코니(10)였다.

모든 우파들의 극우파적 융합은 '공화당 연합'을 근거로, FI를 제도권 내 왕따로 만들려는 의도를 분명하게 드러낸다. '공화당 연합'은 권위주의-파시스트 연합으로 불려 마땅한 집단에 대한 역전된 호칭이다. 하지만 명칭이 본질을 바꾸지는 못한다. 이 악명높은 무리들로부터 선명하게 구별되는 집단은 FI가 유일하다. 루셀이 이끄는 프랑스 공산당은 위성 정당이며, 그들이 경찰공화국 편에 서 있다는 사실은 역설이라 하기도 우습다. 카즈뇌브, 발스 그리고 그 일당들로 대표되는 사회당의 잔당, 전형적인 극우적 좌파들도 마찬가지다.

그러나 범주와 가치의 전복, 원칙의 폐지, 인본주의의 부정 등이 일어나고 있는 곳은 바로 부르주아지 그 자체다. 실제로, 부르주아지는 그들의 대변자로 마크롱보다 적합한 인물을 찾아낸 적이 없다. 그들에게는 각별히 〈해방된〉 인물이 필요했다. 마크롱은 "성공한 자와 아무것도 아닌 자"의 차이라는 그의 생각을 말로 표현한 인물이다. 즉, '아무것도 아닌' 사람의 범주를 공식적으로 설정한 인물인 것이다. 그런 사고로부터 '아무것도 아닌' 사람들을 처리할 '텅 빈 지대'로의 이동이 생겼고, 그는 인종주의적 사고의 기본 골격, 소

모성 하위 인류라는 하부 구조를 설치한 셈이다.

부르주아적 질서를 방어하기 위해
정치적 수모를 거쳐야만 한다면,
그리될 것이다.

부르주아들이 먼저 거기에 머리를 담글 것이고, 사회적 인종주의가 작동한 후, 인종차별이 발생하고, 유기적 위기가 첨예해지면, 외국인 혐오의 분위기가 나라 안에 확산되고, 모든 정세를 구성하는 요소(경찰 정권, 인종주의 경찰, 인종주의에 대한 환호)들이 똘똘 뭉쳐, 질서 유지를 위한 맹목적인 방어에 나서게 될 것임을 우리는 알고 있다.

역사적으로 결코 새로운 것이 아닌 구성 논리에 따라, 부르주아적 질서를 방어하기 위해 정치적 수모를 거쳐야만 한다면, 그리될 것이다. 모든 일반적 상황이 제시하는 것은 그 어떤 구별도, 유보도 없이 받아들여야 한다. 바로 그런 이유로 소셜 미디어나 언론, 방송에서 아랍인과 흑인들에 대한 분노와 즐거움을 부르짖는 부르주아들이 있다. 나아가, 아랍인 소년을 살해한 경찰을 두둔하는 수치스러운 후원금에 수백, 수천 유로를 쏟아붓는다.(11)

뉘앙스(12)의 용기

하지만, 이 모든 이야기는 지나치게 과장됐다고 사람들은 말할 것이다. 깨어있는 부르주아, 인문주의자이고, 교양을 갖춘 부르주아들, 즉, 좌파 부르주아들이 있기 때문이다. 사실이다. 현실 부정 속에 갇혀있는 그들이 있다. 우리는 최근에 일어났던 한 사건의 순서를 기억한다. 처음으로 마크롱이 이끄는 프랑스에 적합해 보이는 '반자유주의(Illibéralisme)'라는 단어가 등장한 것은 올해 봄이었다. 이 과정은 '배신당한 자들의 무도회'라는 이름으로도 알려졌다. 비슷한 시기에 '마크롱주의에 실망한 지식인들'에 대해 세상이 말하기 시작했기 때문이다. 이는 49.3집회(13)에 대한 잔인한 진압, 냄비 집회에

대한 금지(14), 난데없이 등장하는 금지 명령들, 레드카드들 이후, 그들의 자유주의적 열망이 어디쯤 와 있는지를 관찰할 수 있는 방법이기도 했다.

장 비아르(〈프랑스 앵포〉에 초대되는 사회학자)에서부터, 장 가리그(방송용 역사학자)에 이르기까지 우리 시대의 노련한 사상가들은 작금의 현실을 불편해하면서도 레일라 슬리마니, 장 비르봄, 그리고 〈르몽드〉의 언론인들처럼, 우리에게 '뉘앙스의 용기'를 가지라고 주문한다. 합리적 미디어들의 단골 손님 마크 라자르는 심지어 〈스 수아르〉(15)에 출연해 경악하는 모습을 보여줬다.

"반자유주의, 다음에는 또 뭐라고 부를 텐가요? 독재자는 어떤가요? 독재자!"

이것이 바로 마크롱을 추종하는 모든 부르주아들이 폭소하는 지점이다. 그들에게는 '공식적인 선거'와 '민간 언론'이 민주주의를 구현하는데 필요한 모든 것이다. 나머지는 존재하지 않는다. "그럼 북한에나 가보시던가" 마크롱주의는 파시즘으로 가고 있는 경찰공화국일 뿐 아니라, 바보들의 제국이기도 하다. 불행하게도, 상태와 진화, 지점과 궤적 그리고 한 지점으로부터 출발하는 궤적의 이동 속도의 차이를 이해해야 하는 사람들은 부르주아들만이 아니다. 파시즘이라는 단어 사용에 따르는 문제점은 그것이 한 시점에 정확하게 맞아떨어질 때만 사용하도록 강요된다는 점이다. 그것이 당도하기 전에는 파시즘의 시절이라 부를 수 없겠지만, 그 지점을 지나고 나면 너무 늦어버린다는 것이 문제다.

뉘앙스(La Nuance)를 읽으면서 우리가 제 시간에 깨어날 수 있는 것은 아니다. 마크롱주의에 대한 자신의 열정을 뉘앙스에 연재해 오던 프랑수아즈 프레소즈(16)는 폭동으로부터 그녀에게 요구되던 결론을 도출했다. "사건의 심각성과 여론의 강력한 요구는 마크롱에게 우파와 극우파로부터의 분출하는 보안에 대한 강력한 요구에 맞서기 위해 더욱 분발할 것을 요구한다." 이 얼마나 명료한가, 얼마나 제대로 된 생각인가. 극우의 도발에 맞서기 위해, 우리는 정치를 더욱 극우로 이끌고 가야 한다니. 우리 모두 함께 극우가 되자. 맹목적이며, 현실 부정에 사로잡힌 마크롱주의자 부르주아의 생각이다.

어떤 것이 부르주아적 사고인가? 역사에 대한 진지한 성찰의 성과, 즉 역사가 주는 교훈은 없다는 것이다. 부르주아들에게 역사적 사실에 대한 환기는 대개 무력화의 방식으로 작동한다. 뉘앙스의 위대한 논설가들 중 1930년대를 잊은 자는 없을 것이다. 그러나, 그 시대는 박물관에 전시된 골동품일 뿐, 그들에게 현재를 위한 교훈을 주지는 못한다. 최악의 미래를 펼치고 있는 공개적 인종주의 부르주아와 최악의 미래를 예견할 수 없는 위선적 부르주아들. 그들 사이에 있는 우리의 미래는 밝다고 할 수 없다.

마크롱주의, 마크로니즘은 사회가 무엇이고 사회를 구성하는 힘이 무엇인지, 그리고 사회에서 무엇이 깨어날 수 있는지 알지 못한다. 마크로니즘이 곧 파시즘이라고 하지는 않겠다. 하지만, 파시즘이라는 괴물에 적합한 환경임은 분명하다. 아마 6년 안에, 마크로니즘은 놀라운 폭력성을 사회 전체에 확산시키며, 파시즘이 강력하게 뿌리내릴 토양을 제공할 것이다. 마크롱은 역사에 그의 족적을 남기고 싶어한다고 한다. 안심하시라. 그의 열망은 분명히 실현될 것이다.

우리가 어디에 살고 있으며 어디로 가고 있는지 알고 싶은가? 그렇다면, 비겁자들로 이뤄진 마크롱의 반어적인 친위부대 BRAV(17)의 퍼레이드를 보라. 마크롱의 친위대 BRAV는 그가 구축한 정치 체제의 대표적인 비유가 됐다. **lD**

글·프레데리크 로르동 Frédéric Lordon
<르몽드 디플로마티크> 프랑스어판 편집고문

번역·정수리
번역위원

(1) Salò: 1943~1945년, 이탈리아에 존재했던 파시스트 공화국의 이름. 나치 독일의 보호 하에, 무솔리니가 살로에 수도를 둔 파시스트 괴뢰 정부를 세웠다.(-역주)

(2) Jupiter: 선거 캠페인에서 마크롱이 "주피터 같은 대통령이 되겠다"라고 한 이후, 마크롱의 별명이 된 말. 로마 신화에서 신들 중의 신. 그리스 신화에서 제우스에 해당된다.(-역주)

(3) 프랑스 헌법 16조: 위기 상황에서 프랑스 공화국은 대통령에게 "확장된 권한"을 부여할 수 있다.

(4),(5) Adama Traoré: 2016년 경찰에게 체포돼 발두아즈 헌병대에서 사망한 24세의 청년이다. 그의 사망에 관한 수사와 재판이 7년째 이어지고 있으며, 그의 사망 이후 유가족들은 경찰의 폭력성과 인종주의적 태도를 고발하는 운동가가 됐다.

(6) 2022년 12월, 내무부 장관 다르마냉이 니스를 방문했을 때 장관의 방문지 인근 페미니스트 전문 서점의 진열대와 매장 앞 매대가 검은 천으로 덮인 일이 있었다. 법원은 이 사건에 대해 정부에 유죄를 선고하고, 서점 주인에게 1,000유로를 배상하라고 판결했다.(-역주)

(7) La République En Marche !(전진하는 공화국 !)의 약칭이다. 마크롱이 2016년 설립한 당으로, 2022년 Renaissance로 당명이 바뀌었다. 2023년 현재 하원 577석 중 156석, 상원 348석 중 21석을 보유하고 있다. 집권 다수당이지만 과반수 달성은 요원한 상황이기에 우파 보수정당인 공화당과도, 극우 정당과도 가깝게 지낸다.(-역주)

(8) Stanislas Guérini: 공직전환부 장관

(9),(11) Nahel: 2023년 6월, 경찰의 총격으로 사망한 프랑스-알제리 국적의 17세 소년. 그의 사망 사건은 경찰과 정부를 향한 격렬한 비판 여론을 일으켰고, 이는 이민자 청년들이 차량, 관공서, 상가 등을 겨냥한 연쇄적 방화와 폭동으로 번졌다. 한편, 해당 경찰이 즉각 구속되자 피해자 가족은 물론, 가해자인 해당 경찰 가족을 위한 후원계좌까지 열렸다.(-역주)

(10) Silvio Berlusconi: 1936.9.29.~2023.6.12. 극심한 부패와 섹스 스캔들로 악명높은 우파 정치인. 세 차례에 걸쳐 이탈리아 총리를 역임했다.

(12) Le courage de la Nuance: <르몽드>의 기자인 장 비르봄이 2021년 쓴 정치 에세이.(-역주)

(13) 프랑스 제5공화국 헌법 제49조의 세 번째 조항은 정부가 국가가 위기에 처했을 때, 의회 표결을 거치지 않고, 정부가 직접 법률을 통과시킬 수 있도록 허용한다. 국회가 48시간 내에 이에 대한 거부권을 행사(정원의 2/3 찬성)하지 않는 한, 이 법률은 효력을 발휘한다. 마크롱 정부는 이 조항을 너무 남용한 탓에 비난받고 있다.(-역주)

(14) 연금 개혁에 반대하는 시민들이 마크롱 정부의 거짓 선동은 더 이상 듣지 않겠다는 의미에서 뉴스가 시작되는 저녁 8시 거주지역의 구청, 시청 앞에서 냄비를 두드리는 집회를 시작했다. 그러나 이 집회는 곧 정부에 의해 금지됐고 경찰의 개입이 이어졌다.(-역주)

(15) Ce Soir: 공영방송 <France5>에서 방영되는 지식인들과의 대담 프로.

(16) Françoise Fressoz: <르몽드>의 정치 전문 기자이자 논설위원.

(17) 정확한 명칭은 'BRAV-M으로 오토바이를 타고 이동하는 파리의 특수 경찰부대'다. 노란조끼의 봉기가 시작됐을 때(2018.11), 시위 진압용으로 파리 경찰청이 이 부대를 창설(2019)했다. 이들의 폭력적인 시위 진압 방식은 많은 수사 대상이 됐으며, 끝없는 논쟁을 야기하고 있다. 'Brave'는 '용감하다'라는 뜻의 프랑스어이기에, 무장하지 않은 시위 참가자에게 무기를 동원해 폭력을 가하는 그들의 태도에 비춰 이 부대에 붙은 이 반어적인 이름은 조롱거리가 되기도 했다.

브릭스 정상회담에서 G20 정상회담까지

국제체제를 개편하는 개도국의 존재감

21세기 세계의 지배자는 누구인가? 제2차 세계대전 이후 서구 특히 미국이 지배적인 위치를 차지하고 있는가? 개도국들 중에서도 중국과 인도가 선두에 서서 국제 체제의 개편을 주장하고 있다. 브릭스의 확대는 세계의 균형회복에 있어서 중요한 스텝이다. 그러나 원대한 꿈을 향한 길은 너무나 멀다.

마르틴 뷜라르 ▌〈르몽드 디플로마티크〉 대기자

여름의 끝자락, 여느 때와는 다른 외교적 열풍이 불어왔다. 대규모 군사훈련 주최국인 남아프리카 공화국과 인도는 서구에 속하지 못한다. 하지만 요하네스버그에서 개최된 브릭스(Brics 브라질, 러시아, 인도, 중국, 남아프리카공화국의 약자) 정상회담이 8월 24일 종료되자, 브릭스 5개국은 9월 10일 뉴델리에서 열린 한층 서구적인 G20 정상회담에 참가했다.(1) 비슷한 날짜에 정상회담이 잡힌 건 우연이지만, 그 우연은 두 기구의 차이점을 더욱 극명히 드러냈다. 그들이 움직이는 세상의 축소판처럼 말이다.

브릭스 정상회담은 개최 전 인도와 중국의 갈등이 불거지며 위태로워 보였지만, 6개의 신규 회원국을 추가로 발표하면서 활력을 보여줬다. '역사적인 전환점'이라고 말하는 평론가도 있고, 단순한 신규 회원국 발표일 뿐이라고 말하는 이도 있다. 이번 브릭스 정상회담에 대해 어떤 열광적인 찬사도, 근시안적인 평가도 내릴 필요가 없다. 확실한 것은 브릭스가 20개 이상의 신규 회원국을 받아들일 예정이며, 심의 중이라는 사실이다.

러시아의 침략인가, 우크라이나 전쟁인가?

그러나, 개도국들이 점점 서구에 반기를 드는 만큼 브릭스는 G20 정상회담에서 신경을 써야만 했다.(2) 작년 발리에서 열린 G20 정상회담에서는 '러시아의 침략'을 규탄했었다. 결국 서구는 그들의 견해를 수용시키는 데 실패했다. 이번 G20 정상회담 공동 선언문에서는 '우크라이나 전쟁'이라고만 표기했다. 우크라이나를 지지하는 미국과 동맹국들이라는 공식표현은 폐기됐다. 〈파이낸셜 타임스〉는 "우크라이나 전쟁이라는 표현은 러시아와 우크라이나에 동일한 책임을 부여한다. (...) 작년에 러시아를 규탄하고, 우크라이나를 지원하도록 개도국을 설득하려던 서구로서는 날벼락이었다"(3)라고 지적했다. 개도국들은 전쟁을 규탄했지만, 서구에 동조하지는 않았다.

G20은 아프리카연합을 EU와 같은 레벨의 회원국으로 받아들였다. 이를 개방의 의미로 해석할 수도 있지만, 그렇다고 해서 권력 관계가 바뀔 일은 없다. 뉴델리 G20 정상회담의 실망스러운 결과를 잊게 만들기 위해서 미국의 대통령실과 언론에서는 바이든 대통령이 제안한 아랍에미리트, 사우디아라비아, 요르단, 이스라엘을 거쳐 인도와 유럽을 연결하는 경제회랑 건설에 모두가 찬성했다는 사실만을 부각시켰다. 이 경제회랑에는 철로, 광대역 해저 케이블, 수소 가스관이 건설될 것이다. 우르줄라 폰 데어 라이엔 EU 집행위원장은 "이는 단순한 철로나 케이블이 아니라, 대륙과 문명을 잇는 녹색 디지털 대교"라며 찬사를 보냈다.(4)

현재로서는 노선도 불확실하고, 재원도 확보하지 못한 상태다. 작년 G20 정상회담에서, 바이든 미 대통령은 글로벌 인프라 및 투자 파트너쉽(PGII)을 제안했었다. 중국이 추진하는 신실크로드 전략인 '일대일로'에 대응하기 위해 고안한 것이었다. 그러나 흘러넘칠 듯한 달러도 결국 몇 방울밖에 남지 않을 것이다. 기다리기도 전에 이미 다른 곳에서 다른 경제회랑이 구상되고 설립됐다. 러시아, 이란, 인도를 연결하는 국제남북운송회랑(INSTC)은 조만간 터키, 카자흐스탄, 오만 등으로 확대될 것이다.(5) 서구의 개발 약속은 빈곤국이나 신흥국을 끌어들이기에 충분치 않다. 이 점이 브릭스 정상회담의 성공 요인이기도 하다.

앞으로 가야 할 길을 가늠해보려면, BRICs가 무엇의 약자인지를 상기해 볼 필요가 있다. 미국인 경제학자 짐 오닐은 2001년 골드만 삭스 투자은행을 위해 이 약자를 만들었다. 그가 이 약자를 만들었을 때 회원국은 4개국이었고, 마지막 소문자 s는 복수형을 뜻하는 것이었다. 결국 이 약자는 브릭스의 빠른 발전을 가리킨다. 그와 두 명의 경제학자들이 "만약 모든 일이 원활히 지속된다면, 40년 안에 브릭스의 경제 규모는 G6(가장 부유한 6개 국가)를 능가하게 될 것"(6)이라고 말했듯 말이다.

모든 분야에서 무역의 자유화를 촉진시키기 위해 서구 국가들과 협상을 벌이던 중에, 4국은 약자를 구현하기로 결심했다. 2009년 처음으로 러시아에서 정상회담이 열렸고, 그다음 해에는 브라질에서 열렸다. 그리고 그 이듬해 중국에서 개최된 정상회담에서 남아프리카공화국이 브릭스에 가입했다. 다른 회원국들과 같은 레벨의 회원국으로 가입하면서, BRICS의 S는 남아프리카공화국임이 공식화됐다.

브릭스 회원국의 자격 기준은?

지난 8월 정상회담은 15번째 정상회담이었다. 브릭스는 총장과 의장이 있는 전통적인 국제기구들과 조직도가 다르다. 정상회담 주최국이 일 년 동안 주재하고, 주최국 정상이 회담을 준비하고, 만장일치로 모든 것을 결정한다. 이를테면 들리던 얘기와는 달리 브릭스는 2024년 1월, 6개 국가를 신규 회원국으로 받아들이기로 합의했다. 새 회원국은 아르헨티나, 사우디아라비아, 이집트, 아랍에미리트, 에티오피아, 이란이다.

브릭스 회원국의 자격 기준은 무엇인가? 일례로 러시아의 강력한 동맹국인 알제리는 브릭스의 신규 회원국이 되리라 추측됐지만, 유감스럽게도 회원국이 되지 못했다. 아마도 경제적인 상태보다는 모로코와의 뿌리 깊은 분쟁이 작용했을 것으로 보인다. 물론 경제적인 이권이 브릭스 확대에 큰 비중을 차지한다. 사우디아라비아, 아랍에미리트, 이란 그리고 상대적으로 적지만 이집

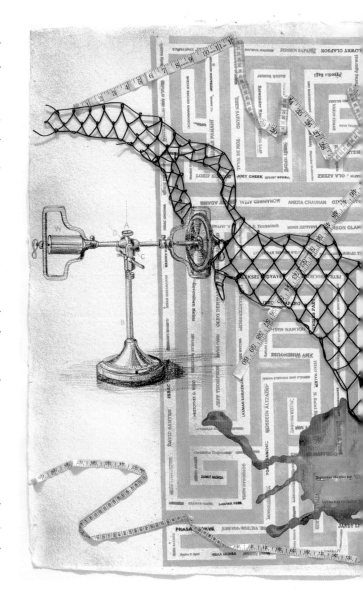

트는 전 세계 에너지 분야에서 큰 비중을 차지한다. 이제 'Brics+'로 불리는 11개 국가가 전 세계 석유 생산량의 54%를 차지한다. 확실히 막강한 비중이다. 현대 사회에서 희귀금속은 매우 중요한 물질이다. 지구에서 가장 큰 희귀금속 탄광은 브라질, 러시아, 남아프리카공화국에 있으며, 중국은 이미 전 세계 희토류의 2/3를 생산하고 있다.

또한, 아르헨티나는 밀, 콩, 소고기 최대 생산국이다. 러시아의 곡물, 이란의 사프란, 피스타치오, 에티오피아의 커피와 깨, 이집트의 오렌지와 양파. 이것으로 "Brics+가 전 세계 농산물 판매량의 23%를 차지한다. 21세기

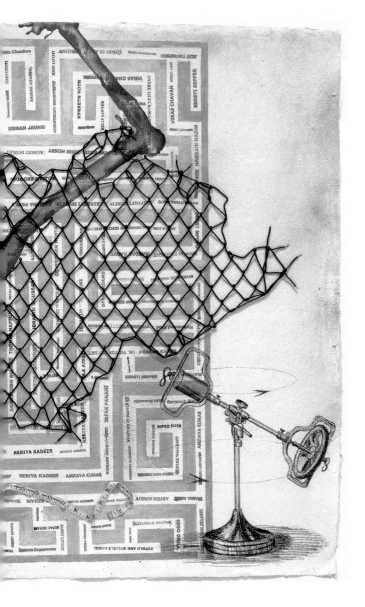

<거리의 해부학>, 2013 - 리나 사이니 칼라트

초에는 16%였다"라고 세바스티앙 아비 연구원이 밝혔다.(7) 이들 국가는 시장에서 매우 중요할 뿐 아니라, 빈곤국에 식량을 원조하며 영향력을 확대할 수 있다.

사실 브릭스에서도 지정학적 고려가 있었다. 브라질의 룰라 대통령은 그의 형제국인 아르헨티나가 브릭스에 가입할 수 있도록 설득했다.(8) 룰라는 알베르토 페르난데스 현 대통령을 돕고자 브릭스 가입을 권유했다. 중국, EU, 미국에 이은 브라질의 네 번째 경제협력국인 아르헨티나와의 관계를 공고히 하면서, 양국에 이득이 되는 개발을 보장하기 위해서다. 두 야당 후보는 그들이 당선될 경우에도 이 약속이 유효한지 물었다. 유력한 극우 대선후보 하비에르 밀레이는 단언했다. "나는 어떤 경우에도 공산주의자(중국, 브라질)와 대화하지 않을 것이다."

사우디아라비아와 이란(2021년에 이미 상하이협력기구에 가입)의 가입은 놀랍지 않다.(9) 올해 초 두 국가는 중국의 중재로 7년 전부터 단절됐던 외교관계를 회복했다. 따라서, 시진핑 주석이 두 국가의 가입을 염원했으리라 추측된다. 작년, 이란 외무부 장관을 맞이했던 나렌드라 모디 인도 총리 또한 이란의 가입을 찬성했을 것이다. 중국의 독점을 좌시하지 않는 인도는 이란과 중요한 경제관계를 유지하고 있다. 경제회랑을 통해 두 국가의 외교와 무역이 연결됐다. 미국의 압력 속에서도 양국의 교역액은 작년에 총 25억 달러로, 44%p 상승했다.

이집트의 브릭스 가입도 놀랄 일은 아니다. 아랍 연맹의 본부가 이집트에 있다는 사실을 상기하면 말이다. 시진핑은 신장 위구르 자치구 정책에 대한 지지를 얻기 위해 특히나 아랍연맹에 공을 들이고 있다. 더구나 이집트는 국제 무역 운송에서 상당한 비중을 차지하는 수에즈 운하를 소유하고 있다. 따라서 이집트는 중요한 지정학적 플랫폼인 것이다. 중국은 에티오피아와 긴밀한 관계를 유지하고 있다. 에티오피아는 신 실크로드의 중요한 아프리카의 경유지다. 중국은 이집트와 에티오피아의 갈등을 해결하는데 기여하면서 새로운 외교적 성과

를 원하고 있다. 에티오피아가 나일 강에 르네상스댐을 건설하면서 양국 간 분쟁이 불거졌다.(10)

브릭스의 두 거인과 구세계

그렇다면 확대된 브릭스가 반(反)자유, 반(反)서구의 정치 블록의 시작을 의미하는 것일까? 5개국의 공동성명서에는 어떤 모호한 표현도

없다. 어떤 대안 경제 모델도 꾀하지 않는다. 다른 서구의 기구들처럼 브릭스는 (그들이 확대하려는) 자유 무역협정 그리고 민관합작투자사업(PPP)의 힘을 찬양한다. 그러나 지불은 관이 하고, 수확은 민이 한다는 유명한 격언이 있다. 많은 사례들 중 두 가지만 들어본다.

중국과 인도는 지정학적인 면에서 반서구의 선두도 아니고, 연합

전선도 아니다. 브릭스의 양대 거인인 두 국가는 히말라야 국경에서 주기적으로 충돌한다. 요하네스버그 정상회담을 앞두고 중국의 천연자원부 장관은 분쟁 지역을 중국의 영토로 표기한 지도를 공개했다. 처음 있는 일은 아니지만, 국제법에서 용납할 수 없는 일이다. 게다가 인도는 중국의 약진을 견제하기 위해 미국이 주도하는 쿼드(Quad) 4자회담에 참여했다. 또한 근동의 아랍에미리트와 사우디아라비아에는 미군 부대가 주둔 중이며, 이스라엘 다음으로 미국의 수혜를 많이 받은 이집트는 미국과 안보 협력을 더욱 강화했다. 다시 말해 누구도 국제 질서를 뒤엎을 생각은 없다는 것이다. 그 대신 그들은 변화시키기로 합의했다.

"현 국제기구의 구조는 과거의 세계를 투영한다. (...) 현시대의 힘의 법칙과 경제 현실을 반영하기 위해서는 구조를 바꿔야만 한다."(11)라고 안토니오 구테흐스 UN사무총장은 요하네스버그에서 말했다. 브릭스 정상회담 공동성명에서도 브릭스 국가들이 중요한 역할을 맡고 있는 만큼 국제기구와 다국적 포럼에서 개도국과 신흥 시장을 더 잘 대표할 수 있어야 한다고 촉구했다. 구테흐스 UN사무총장은 직면한 주요 과제들을 나열하고, 국제통화기금(IMF) 출자할당액(12)과 UN 및 안보리 개혁에 있어서, 남아프리카 공화국, 브라질, 인도를 포함한 각국의 비중을 재검토할 것을 요구했다. 중국은 국제기구 개혁에 대해서는 계

속 반대하고 있다.

그러나 미국 중심의 구세계는 귀를 닫으려 한다. 서구는 내려다보던 국가들과 권력을 나눠야 한다는 것에 아연실색하고 있다. 하버드 대학의 그래엄 앨리슨 교수는 현 상황을 완벽하게 요약했다. "미국인들은 미국이 주도하는 국제 질서를 중국이 따르지 않는다는 사실에 충격을 받았다."(13) 오랫동안 그 국제질서를 따랐던 중국은, 2008년 경제위기 이후 그 질서의 불공정성을 깨달았다.(14) 이런 깨달음을 얻은 나라들 중 다른 국가들을 끌어들일 경제적, 재정적 힘을 가진 것은 중국이다. 이는 브릭스 정상회담의 성공 요인들 중 하나다.

또한 브릭스 정상회담 공동성명은 '브릭스 회원국들과 경제 파트너국가들 사이에서의 국제 무역과 금융거래를 할 때, 달러 대신에 각국의 화폐 사용의 중요성'을 강조했다. 여전히 달러가 우세하지만, 이미 각국의 화폐 사용이 시작됐고 잘 작동하고 있다. 이런 첫걸음과 더불어, 경제 위기가 일어날 경우 상부상조하는 브릭스 긴급외환보유기금(Contingent Reserve Arrangement)을 강화하고, 신개발은행의 회원국을 확대했다. 신개발은행은 브릭스가 운영하는 국제개발은행으로서, 아랍에미리트 같은 신규 회원국들이 자금을 조달할 수 있다. Brics+는 재정적으로 무장됐다.

따라서, 요하네스버그 정상회담을 과거의 눈으로 봐서는 곤란하다. 외교적 과시도 없고, 나토를 모방해서 만든 동맹도 아니다. 자국의 이익에 따라 조약을 체결하는 신흥국들의 역량이 반영된 것이 Brics+다. 그리고 이들은 냉전시대처럼 이데올로기 진영에 따라 움직이지 않는다. 그래엄 앨리슨 교수는 "대부분의 국가들은 자국의 안보에 필요한 미국과, 자국의 번영에 필요한 중국 사이에서 한쪽을 선택하기를 거부한다"라고 설명했다. 그러나, 그들 간의 견해 차이는, 새로운 세계지형을 함께 그릴 의지를 없앨 만큼 크지는 않다. ⒧Ⓓ

글·마르틴 뷜라르 Martine Bulard
<르몽드 디플로마티크> 대기자

번역·김영란
번역위원

(1) G20 국가 리스트 : 독일, 남아프리카 공화국, 사우디 아라비아, 아르헨티나, 호주, 브라질, 캐나다, 중국, 한국, 미국, 프랑스, 인도, 인도네시아, 이탈리아, 일본, 멕시코, 영국, 러시아, 튀르키예, EU.

(2) Alain Gresh, 'Quand le Sud refuse de s'aligner sur l'Occident en Ukraine(한국어판 제목: 남반구가 우크라이나에서 북반구의 손을 놓을 때)' <르몽드 디플로마티크> 프랑스어판·한국어판, 2022년 5월호.

(3) Henry Foy, James Politi, Joe Leahy, John Reed, 'G20 statement drops reference to Russia aggression "against" Ukraine', <Financial Times>, 2023년 9월 9일.

(4) Fabrice Nodé-Langlois, 'Au G20, l'Europe, l'Inde et les États-Unis veulent contrer la Chine avec leurs propres routes de la soie', <Le Figaro>, Paris, 2023년 9월 9일.

(5) 'Un vent s'est levé, le signe des BRIC 바람이 불어온다. 브릭스의 조짐 S', <La Lettre de Léosthène>, n°1761, 2023년 9월.

(6) Jim O'Neill, <Building better global enconomic BRICs>, Global Economics, paper n°66, Goldman Sachs, 2001년 11월 30일 ; Dominic Wilson, Roopa Purushothaman, <Dreaming with BRICs : The path to 2050>, Global Economics, paper n° 99, Goldman Sachs, 2003년 10월

(7) Sébastien Abis, 'Brics: l'appétit agricole vient en marchant 브릭스 : 농업의 욕구가 일다', <L'Opinion>, Paris, 2023년 9월 4일.

(8) 'Le brésil fait entrer son principal partenaire latino-américain, l'Argentine, dans les Brics 브라질은 주요 남미 협력국인 아르헨티나를 브릭스에 가입시켰다', <Le grand continent>, Paris, 2023년 8월 26일.

(9) 상하이협력기구 회원국 리스트: 중국, 인도, 이란, 카자흐스탄, 키르기스스탄, 우즈베키스탄, 타지키스탄, 파키스탄, 러시아.

(10) Habib Ayeb, 'Qui captera les eaux du Nil?(한국어판 제목: 누가 나일강의 물을 차지할 것인가?)', <르몽드 디플로마티크> 프랑스어판·한국어판, 2013년 7월호.

(11) 구테흐스 UN 사무총장의 연설문은 Brics 사이트에 기재됨.

(12) Renaud Lambert, 'FMI, les trois lettres les plus détestées du monde (한국어판 제목: IMF, 사람들이 가장 싫어하는 세 글자)', <르몽드 디플로마티크> 프랑스어판 2022년 7월호, 한국어판 2022년 8월호.

(13) Graham Allison, 'US-China : More decoupling ahead', <Goldman Sachs/ Global Macro Research>, n°118, 2023년 5월 1일.

(14) Martine Bulard, 'Finance, puissances...le monde bascule 금융권력, 세계가 뒤집히다', <르몽드 디플로마티크>, 프랑스어판, 2008년 11월호.

유럽의 잘못인가, 시장의 잘못인가?

유럽 자본의 구세주로 떠오른 '금융관료 콘클라베'

프랑스 정부가 주도하는 개혁들은 공식적으로는 EU 집행위의 요구사항을 만족시키거나 또는 시장을 안심시키기 위한 목적을 가진다. 그러나 실제로는 테크노크라트(Technocrat, 금융 기술관료)들로 구성된 비공식적인 '콘클라베(Conclave, 교황 선출을 위한 비밀회의)'가 모든 결정을 계획하고, 완성하고, 공표하며, 이 결정은 의회도 공개토론도 절대로 거스를 수 없다.

뱅상 게이용 ▮경제학자

연금 수급 개시 법정 연령 64세. 올해 1월 10일에 프랑스 총리가 연금 개혁안을 공식 발표하자, 프랑스의 경제학자 올리비에 블랑샤르는 다음과 같은 트윗을 올렸다. "프랑스 정부는 왜 파업과 정치적 자산 손실까지 감수하면서까지, 프랑스에 굳이 필요도 없는 개혁을 강행하는 것일까?"

그러자 블랑샤르의 트윗에는 금융 시장에 잘 보여서 자본을 끌어들이기 위해서라는 댓글과 EU에 잘 보여서 자금 지원을 받기 위해서라는 내용의 댓글이 줄을 이었다. 그러나 이미 2022년 10월 17일에 EU 집행위는 프랑스의 연금 제도 개혁을 위한 지원금을 지원할 계획이 없다고 밝힌 바 있다.(1)

정부와 관료들은 대체 어떤 관계일까?

완전한 종속 관계도 아니고, 그렇다고 해서 기술적인 대화를 활발하게 주고받는 관계도 아니라면, 서로에게 영향을 주고 때로는 공공 정책을 함께 계획하기도 하는 정부와 (공공, 민간, 국가, 유럽) 관료들 간의 관계는 도대체 어떤 모습일까? 엘리자베트 보른 프랑스 총리의

발언을 떠올려보면 해답을 찾기가 쉬워진다. 바로, 공개 토론이나 의회의 심의 없이, 오로지 전문적인 공모와 독단적인 논의로만 이뤄진 관계다.

2008년 금융 위기 이후 유럽에 국채 위기가 시작되자, 2010년에 EU 이사회는 EU 회원국들의 예산, 경제, 사회 정책을 공유하고 조율하기 위한 제도인 '유럽 회기제(European semester)'를 도입했다. 매년 이 회기는 국가별 현황이 포함된 '가을 패키지'의 발간과 함께 시작된다. 그 이듬해 봄에는 EU 집행위가 각국 대표들에게 EU의 목표와 방향을 전달하고, 이것을 바탕으로 회원국은 안정성 계획서(예산 관련)와 개혁 계획서(경쟁력 관련)를 작성해 4월까지 제출한다. 그러면 EU 집행위는 5월에 각국의 상황에 관한 보고서를 발표하고, 7월에 열리는 EU 이사회에서 채택할 권고안을 작성한다.

이런 일정은 기술관료 중심의 순환 구조에 따라 움직인다. EU 회원국은 자신이 제출한 보고서를 바탕으로 작성된 권고안의 내용을 준수할 의무가 있다. EU 집행위는 아무것도 강제하지 않는다. 2022년 5월에 EU 집행위는 프랑스 정부가 "시스템을 통일하고 강화하기 위해 여러 연금 제도의 법칙들을 점진적으로 단일화하려는 목적

으로 연금 시스템을 개혁한다"고 작성한 보고서의 내용을 그대로 수용했다. 그리고 회원국의 각료들로 구성된 EU 이사회는 이미 2019년에 작성된 이 권고안을 그대로 채택했다.(2)

게다가 실제로 의견을 내고 협상에 참여하는 것은 '프랑스'도, '프랑스 정부'도, 'EU 집행위'도 아니다. 환경이나 사회 분야의 주체도 아닌, 민간 관료들로 구성된 기관들이 오늘날 EU 이사회 회의를 장악하고 있다. 일례로, 노동부 장관 회의에서 채택된 권고안은 각국의 재정부, 경제재무총국(DG ECFIN), 중앙은행, 유럽중앙은행의 대표들로 구성된 기관에서 결정한 '정치경제지침(BOPG)'을 바탕으로 작성됐다. 모두 거시경제학적인 관점에서 예산 문제를 바라본 내용이다.

프랑스에서 연금 개혁을 둘러싸고 각종 갈등이 벌어지는 동안 이 경제금융기관은 프랑스 정부를 열렬하게 지지했다. 현재 DG ECFIN의 대표이자 과거 네덜란드 재무부에서 일했던 마틴 페르베이에 따르면, 이 법안은 "인구의 고령화가 국가 예산에 계속해서 부담으로 작용할 것"이라는 사실에 근거한다(〈르몽드〉 2023년 3월 14일자). 그의 의견은, 프랑수아 올랑드 내각에서 재무부 장관(2012~2014)이었고 장클로드 융커가 EU 집행위의 위원장일 당시에 EU 경제분과 위원장(2014~2019)을 지낸 피에르 모스코비치가 1월 25일에 국회에서 발언한 내용과도 일맥상통한다. "연금 제도를 개혁하지 않으면 2027년까지 국가 부채가 기하급수적으로 증가할 것이다."

재정위원회에서 모스코비치는 EU 집행위의 파리 지부 대표 격인 회계감사원의 원장 자격이 아니라, 공공재정고등위원회(HCFP)의 대표 자격으로서 프랑스 정부의 입장을 지지했다. 프랑스 법이 안정, 협력 및 거버넌스 관련 협약(TSCG)에 부합하는지를 확인하기 위해 2012년에 창설된 이 '독립적인 예산 기관'은 유럽연합 기준의 준수 여부를 감시한다. 2008년 헌법 제34조에 명시된 목표인 '공공 예산의 균형 되찾기' 과정에서 조금이라도 벗어나는 상황을 방지하기 위해서다.

이 위원회의 구성원으로는 회계감사원 소속 사법관들, 재무부 고위 간부로 있다가 사기업인 크레디 뮈튀엘로 이직한 이력이 있으며 현재 프랑스 통계청(INSEE)의 청장인 상드린 뒤셴, 소시에테 제네랄의 대표 미샬라 마르퀴센, 정부와 가까운 경제학자이자 에마뉘엘 마크롱 내각의 경제 자문관인 필리프 마르탱, 소수파를 대표하는 학자 미카엘 제무르가 있다.(3)

"국민을 더 오래 일하게 해야 합니다"

그렇게 더 많은 절차, 엄격한 규칙들, 새로운 기관들이 생겨나고 있다. 20여 년 전부터 프랑스뿐만 아니라 유럽 전역에서는 모든 것이 금융관료주의를 강화하는 방향으로 가고 있다. 모든 것이 금융관료주의의 대표주자들에게 힘을 실어 주고, 그들은 똑같은 악보를 똑같은 속도로 연주한다. 지난 7월 5일에 모스코비치는 공공 금융의 현재 상황에 관한 보고서를 상원에서 발표했다. 모스코비치는 오늘날 연금 개혁을 둘러싼 논쟁이 서서히 잦아들고 있는 것은 정부의 '실질적인 노력' 덕분이라고 치켜세우면서, 몇 주 전에 재경부가 발표한 긴축안을 회계감사원 원장의 자격으로 승인했다.

이 긴축안의 핵심은 국가 지출의 0.8% 감축, 지자체 지출의 0.5% 감축이다. 또한 모

(1) EU 집행위가 프랑스에서 발표한 내용, '유럽은 프랑스의 연금 개혁을 필요로 하는가?', Paris, 2022년 10월 17일.

(2) EU 이사회, '2022년 프랑스 국가개혁 프로그램과 관련한 2022년 7월 12일 EU 이사회의 권고안', 2022년 7월 12일.

(3) Michaël Zemmour, 'Bientôt, la retraite à 70 ans?(한국어판 제목: 정년 70세 시대가 임박했나?)', <르몽드 디플로마티크> 프랑스어판 2022년 11월호, 한국어판 12월호.

(4) 'La Commission propose de nouvelles règles de gouvernance économique adaptées aux défis à venir, EU 집행위는 앞으로 다가올 난관을 해결할 수 있는 새로운 경제적 거버넌스 법칙을 제안한다', <EU 집행위>, 2023년 4월 26일 보도자료, https://ec.europa.eu

(5) OECD Pension Outlook 2022, 경제협력개발기구(OCDE), 2022년 12월 1일, www.oecd.org. / Grégory Rzepski, 'Capitalisation, l'autre nom de la réforme des retraites(한국어판 제목: 연금, 보험… 결국 자본의 승리인가?)', <르몽드 디플로마티크> 프랑스어판 2023년 3월호, 한국어판 4월호

(6) 'Guillaume Sacriste & Antoine Vauchez, L'euroisation de l'Europe 유로화 중심의 유럽 지배구조 개편)', <Revue de l'OFCE>, n°164, Paris, 2019.

(7) Benjamin Lemoine, 'Retraites : pourquoi l'argument du "risque financier" ne tient pas debout 연금개혁 : '금융 위기'의 논거가 설득력이 없는 이유', <Sociologie politique de l'économie>, 2023년 3월 27일, https://spe.hypotheses.org

(8) Fitch Downgrades France to 'AA-'; Outlook Stable, 2023년 4월 28일, www.fitchratings.com

스코비치는 EU 내 그의 후임자인 파올로 젠틸로니가 4월 말에 발표한 '재정 협약'의 강화를 강조했다. 오늘날 재정 적자가 GDP의 3%를 초과하는 회원국은 이 3% 기준에 도달할 때까지 매년 최소한 GDP의 0.5%에 해당하는 예산 조정이 필요하다는 내용이다.(4) 용역 분야뿐만 아니라 투자, 채용, 공공 서비스에서도 대대적인 감축이 요구된다. 이는 유럽연합이 그토록 소중하게 여기는 유럽 그린딜(European Green Deal)과 사회환경학적 '지속가능성'을 위해 필요하다.

게다가 이런 금융관료 중심의 '콘클라베'는 관료적인 국제기관들의 지원을 업고 있다. 따라서 마치 의회의, 사회의, 국가의, 유럽의 민주주의에 부합하는 것처럼 보인다. 2022년 12월에 '자본화를 통한 체제 개선' 연구를 시행한 OECD 역시 2023년 프랑스의 개혁을 지지했다.(5) 호주의 재무부 장관을 지내고 현재 OECD 사무총장인 마티아스 콜먼은 지난 3월 17일, 한 기자회견에서 프랑스의 총리 엘리자베트 보른과 그 외 장관들의 말을 인용했다. "우리는 더 오래, 그리고 더 건강하게 삽니다. 따라서 더 오래 일할 수 있어야 합니다."

콜먼의 말은 사실일까? OECD 회원국 중 일부에서 건강 수명은 전혀 늘지 않고 유지 또는 단축 상태다. 그리고 생산성은 날로 증가하고 있다. 이런 현실을 무시한 채, 콜먼은 프랑스 정부에 "현재의 입장을 끝까지 고수하라"고 촉구했다. 국제기구들은 더 직접적인 압박을 가한다. 정치학자인 기욤 사크리스티와 앙투안 보셰즈에 따르면, EU 집행위의 제안에 따라 EU 재무장관회의(ECOFIN)는 기준을 충족하지 못한 회원국들에게 권고안을 보낼 수 있다. 이런 회원국 목록 공개만으로도 "금융 시장과 평가 기관의 평가 결과에 영향을 줄 수 있다."(6)

에마뉘엘 마크롱 대통령은 자신이 주도하는 개혁을 관철하기 위해서라면 이 정도의 위협은 괜찮다고 믿는다. 지난 3월 16일에 열린 장관 회의에서 마크롱 대통령은 현재 상황이 국가에 "너무나도 큰 재무적 경제적 위험"을 가하고 있다면서 헌법 제49조 제3항의 발동을 정당화했다.

"자본의 구세주"가 되려는 국가

정부가 근거로 내세운 극심한 재정 적자(2030년 135억 유로 예상)와 국가 부채(3조 유로)에 대해서는 반박할 수 없다. 그러나 시장 주체들은 정부가 과장하고 있다고 입을 모은다. 정치학자인 벵자맹 르무안은 이렇게 설명했다. "오늘날 프랑스의 연금 시스템은 (더 이상 사회보장 부담금에만 의존하지 않고) 세금과 공채 수익금에서도 부분적으로 자금을 조달받고 있기 때문에, 정부가 대변인 역할을 하는 금융시장의 자금조달 조건에 영향을 받을 수밖에 없습니다. 이 때문에 국가의 '오른손'격인 재무부가 국가의 '왼손'격인 나머지 기관들에 미치는 영향력이 증가했습니다. (…) 그리고 국가는 자본의 구세주가 되고자 합니다."(7)

2023년 4월 말에 신용평가회사인 피치는 프랑스의 국가신용등급을 하향 조정하면서 다음과 같은 이유를 덧붙였다. "정치적 불안과 (때로는 폭력적이기도 한) 시위가 마크롱 정부의 개혁 계획에 위험 요소로 작용하고 있다. 따라서, 더욱 확장적인 재정 정책이나 개혁 무효화에 대한 요구가 커질 수 있다."(8)

축하와 비난이 뒤섞인 이 발언은, 국채를 위험성 없는 자산으로 보는 시장과, 국채를 민주주의를 길들일 수 있는 도구로 여기는 금융관료들 간의 견해차를 보여준다. 각국의 그

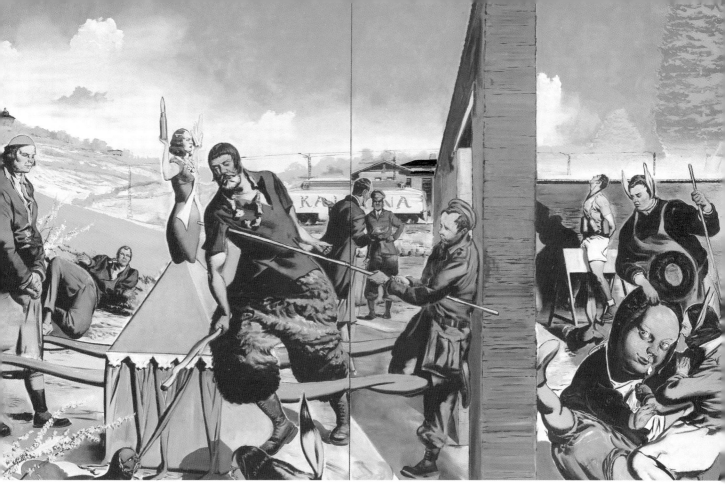

<콘트롤>, 2010 - 네오 라우흐

리고 유럽의 기술중심조직(테크노스트럭처) 안에서, '사회' 분야와 '환경' 분야는 거시경제학적 선택에 영향을 미치지 못한다. 선택의 부정적인 결과를 관리하는 역할에 그친다.

그러나 이 두 분야는 금융기관들을 감시하는 보초병의 역할에서 한 걸음 더 나아가, 세계은행이 작성한 기업환경평가(Doing Business)의 순위(투자자에게 가장 유리하고 급여 노동자들에게 가장 불리한 법제들을 평가한 결과)와 OECD의 '고용 보호 법제 지수(EPL)'를 참고해, 각국의 '사회적' 비용(퇴직연금, 각종 용역, 공무원 처우 등)을 정리해 발표한다. 고용, 경력 그리고 영향력. 고위 금융 기술관료들은 자신의 정치적 또는 개인적 입지를 아주 잘 고수한다. 민간 분야나 국제기구로 이직을 거듭하면서 입지를 더욱 공고히 한다.

2022년 2월에 OECD 이사회가 자본화에 호의적인 권고안을 발표했을 때, 로랑스 분이 OECD의 사무차장을 맡고 있었다.(9) 그녀는 2016~2018년 프랑스 연금 시장의 선두주자인 AXA 그룹에서 수석 경제학자로 일하다가 OECD에 합류했다. 2022년 7월에 마크롱 대통령은 그녀를 유럽 담당 국무장관으로 임명했다. EU의 경제담당 집행위원인 젠틸로니의 발표 이후, 프랑스 정부에서 공공부채와 채무에 관한 새로운 EU의 법칙을 실행하는 역할을 담당하게 될 인물이 바로 로랑스 분이다. Ld

(9) Recommandation du Conseil pour la bonne conception des plans de retraite à cotisations définies 정액 납부제 연금 계획을 위한 EU 이사회의 권고안, OECD, 2022년 2월 23일, https://legalinstruments.oecd.org

글·뱅상 게이용 Vincent Gayon
사회과학 학제간 연구소 (IRISSO) 소속 연구원. 저서로 『Épistémo-cratie. Enquête sur le gouvernement international du capitalisme (인식중심주의, 자본주의의 국제적 정부에 관한 연구)』, Raisons d'agir, Paris, 2022가 있다.

번역·김소연
번역위원

세계 금융 시스템의 최후 수단, IMF 특별인출권

남반구 다수의 국가는 두 가지 도전에 직면해 있다. 첫째는 시급한 사회 및 기후 문제에 대처하기 위해 현금을 확보하는 것이고, 둘째는 우크라이나 전쟁 이후 미국 달러의 헤게모니에서 탈피하는 것이다. 일부 경제학자들은 이런 두 가지 우려를 IMF의 특별인출권이라는 도구로 한방에 불식시킬 수 있다고 말한다.

도미니크 플리옹 ▌소르본 파리 노르 대학교 교수

2023년 6월 22~23일 이틀간 파리에서 열린 '새로운 국제 금융협정'을 위한 정상회담은 선진국과 남반구 국가 간 격차를 강조했다. 남반구 국가들은 귀책 사유가 없는 기후위기에 대처하려면 막대한 자금이 들지만, 선진국들은 모호한 약속만 내놓을 뿐이다. 다시 한번 남반구 국가들은 미국이 상당 부분을 장악한 국제 금융 제도를 개혁하고 생태적 전환에 자금을 조달하려면 새로운 수단이 필요하다고 강조했다. IMF(국제통화기금)에서 고안한 도구, SDR(Special Drawing Right, 특별인출권)이 여기에 속한다.

이 SDR이라는 약어는 한동안 공식 연설에서 자주 사용됐다. 올해 1월 20일, 유엔 아프리카 경제 위원회 거시 경제국 아담 엘히라이카(Adam Elhiraika) 국장은 코로나 19 팬데믹의 사회 경제적 영향에 직면한 아프리카 대륙의 문제를 해결하기 위해 동일한 해결책을 제시했다.(1) 하지만 사실 이는 전 세계은행 수석 경제학자이자 2001년 알프레드 노벨을 기념하는 경제학 분야의 스웨덴 중앙은행상을 받은 조지프 스티글리츠와 정책경제연구센터(CEPR)의 마크 와이즈브로트를 비롯한 여러 전문가가 이미 언급한 내용에 불과하다. 그런데 그들의 주장대로 현 경제 위기에 대한 해결책이 이미 주어졌다면 어떨까?

브레턴우즈 체제의 위기

공식적으로 SDR은 각국 중앙은행의 갑작스러운 외화 부족 등 유사시에 필요 외화로 교환해 이용할 수 있도록 IMF가 인위적으로 창출해 각국에 부여하는 신용 한도다. 즉, 정부가 외화 거래에 자금을 조달할 수 있는 비상 수단인 셈이다. 1944년 브레턴우즈 협정에서 비롯된 국제통화제도(International Monetary System, IMS) 기능이 혼란에 빠지면서 1969년에 만들어졌다.

당시 미국은 제2차 세계대전 이후 확립한 강력한 국력(팍스 아메리카나 pax americana)의 주축이 되는 IMF 체제의 기축통화로 자국 달러를 통용하게 했다. 영국의 경제학자 존 메이너드 케인스는 미국 달러를 기축통화로 삼는 것이 장기적으로 보았을 때 비현실적이라고 생각해 진정한 국제통화인 방코르(Bancor)를 창설할 것을 제안했지만 받아들여지지 않았다.

미국 달러를 기반으로 한 국제통화제도는 얼마 안 가 문제에 봉착했다. 세계경제에서 유동성 감소기와 달러 과잉기가 번갈아 발생한 것이다. 이런 역기능은 '트리핀 딜레마(Triffin's Dilemma)'로 설명되는데, 한 국가의 통화는 발행국의 정책에 따라 통화 창출이 좌우되기 때문에 세계 교역의 변화와 여러 자본의 국제수지 조달에 대처해야 하는 국제통화로는 적합지 못하다. 하지만 IMF는 어느 국가든 유동성을 확보할 수 있도록 정확하게 유동성을 규제해야 한다. 통화 안정성을 보장하는 IMF는 이런 문제를 해결하기 위해 특별인출권을 만들었다. 달러가 부족할 때도 무역과 금융 흐름의 확대를 도모할 수 있는 새로운 국제 준비 자산이다.

특별인출권 바스켓의 구성은 새로운 통화의 편입에 따라 점차 변화했고 특별인출권의 가치도 달라졌다. 2016년부터는 달러, 유로, 엔, 파운드, 위안 총 5종의 통화가 각각의 가중치에 따라 특별인출권 바스켓을 구성하게 됐다.(2) 특별인출권의 가장 큰 이점은 국제 유동성을 조정하는 도구로서의 정치적 중립성이다. 특별인출권 공급은 미국 국제수지 상황에 좌우되지 않고, IMF의 관리하에 다자간으로 관리된다.

2009년에는 저우샤오촨 중국인민은행 총재의 적극적인 지지에 힘입어 특별인출권을 기축통화로 사용할 수 있게 됐다. IMF가 역대 최대 수준에 해당하는 특별인출권 발행을 승인했던 당시(2007~2009년에 1,826억 달러, 1970~1972년 93억에 달러, 1978~1981년에 121억 달러), 저우샤오촨 총재는 워싱턴에 본부를 둔 IMF가 전 세계 물가 안정을 위해 국제 유동성을 관리할 수 있는 세계 중앙은행의 역할을 할 것이라고 예상했다.

글로벌 유동성과 기후정의에 도움 될까

이런 측면에서, 특별인출권은 달러를 보완 및 대체 가능한 국제통화 유동성의 일환이 될 수 있다. 중국을 비롯한 신흥국들은 새로운 경제적 비중을 반영해 의결권을 개정할 것을 IMF에 요구했다.(3) 같은 해 '세계경제 위기 이후 국제통화 및 금융 시스템 개혁'에 관한 UN의 스티글리츠 보고서는 '글로벌 유동성을 위한 최상의 메커니즘'으로 특별인출권을 제시했다.(4) 이 문서는 세 가지 근거로 연간 발행 규모를 1,500억~3,000억 달러 선으로 고정할 것을 권고했다. 우선, 세계 무역 성장에 연동해 특별인출권을 발행하면 회원

(1) Busani Bafana, 'Africa wants IMF special drawing rights re-allocated to finance its development 아프리카는 개발 자금을 조달하기 위해 IMF 특별인출권 재분배를 원한다', <AllAfrica>, 2023년 1월 20일, www.allafrica.com

(2) 달러, 유로, 위안화, 엔화, 파운드화의 가중치는 각각 41.73%, 30.93%, 10.92%, 8.33%, 8.09%다.

(3) Renaud Lambert, 'FMI, les trois lettres les plus détestées du monde IMF(한국어판 제목: IMF, 사람들이 가장 싫어하는 세 글자)', <르몽드 디플로마티크> 프랑스어판 2022년 7월호, 한국어판 2022년 8월호.

(4) Joseph Stiglitz, 『Pour une vraie réforme du système monétaire et financier international 국제통화와 금융제도의 진정한 개혁을 위해』, Les Linces leibre, Paris, 2010.

SELÇUK

국에 할당되는 연간 외화보유액이 늘어날 것이다.

아울러, 최빈국들의 경우 특별인출권 발행에 따라 더 유리한 조건에 IMF에 대한 신용 한도를 늘려 쉽게 자금을 조달할 수 있게 된다. 또한 특별인출권 발행은 경기 순환을 조정하는 역할을 할 것이다. 세계경제가 잠재 성장률을 밑돌 때 IMF가 각국 중앙은행에 대한 최종 대출 기관 역할을 하면서 통화 발행량을 더 높일 수 있다. 2009년 4월 런던에서 열린 G20 회의에서는 서브프라임 위기로 인해 어려움을 겪는 국가에 대한 대출, 특히 특별인출권 대출을 늘릴 수 있도록 IMF의 재원을 5,000억 달러 증액하기로 결의했다. 하지만 스티글리츠의 제안은 결국 빛을 보지 못했다.

두 번째 제안은 2015년 파리에서 열린 제21차 UN 기후위기협약 당사국총회(COP21)에서 나왔다. UN이 관리하는 녹색기후기금의 재원을 충당하고 개발도상국이 에너지 전환에 적응하게 하는 공여 재원인 '녹색 특별인출권'에 관한 내용이다. 온실가스 배출량 대부분을 차지하는 중국을 포함해, 총 21개의 공여국들은(5) 보유 외환의 일부를 IMF가 특별인출권 형태로 보유 중인 녹색기후기금에 공여금을 지불하는 방식이다.

재원의 사용은 IMF와는 완전히 독립적으로, 공여국에 의해 결정된다. 그리하여 특별인출권은 에너지 전환에 필요한 선진국-개도국 간의 금융 이전을 보장하는 역할을 할 것이다. 이는 선진국들의 '환경부채'를 갚는 데 일정 부분 도움이 될지도 모른다. 그러나 이 제안이 받아들여지려면 먼저 선진국들이 긴 세월 이어져 온 기후위기에 대한 책임을 인정해야만 한다. 그러나 이런 장점에도 특별인출권을 사용하는 데는 한계가 있어서 '과연

국제통화 시스템을 개혁하는 최선이 될 수 있을까' 하는 의문을 품게 된다.

특별인출권의 한계

사실 특별인출권이 최선책은 아니다. 첫째, 배분이 불평등하기 때문이다. 특별인출권은 필요성이 아니라 IMF 자본 보유율에 따라 할당된다. 결국 부유할수록 특별인출권을 많이 받는 빈익빈 부익부 현상을 초래한다. 둘째, 특별인출권은 진정한 국제 결제 통화가 아니다. IMF는 "특별인출권은 통화가 아니다"라며, "보유한 특별인출권을 외환시장에서 결제 및 거래 수단으로 사용하려면 반드시 외화로 전환해야 한다"라고 설명했다.(6)

그러나 영국 경제 정책 연구 센터(CEPR) 연구에 따르면 특별인출권을 사용해 국제수지 균형을 맞출 수 있다는 것은 과거에 차단됐던 유동성을 국가 경제 순환의 흐름에 재통합한다는 것을 의미한다. 그리고 특별인출권이 비록 '통화'는 아니지만 돈이 묶여있지 않게 해 준다.(7)

지난 6월 파리 기후 정상회의에서 제안된 세 번째 방안은 이 글의 서두에서 언급한 바와 같이 취약국을 위해 1,000억 달러의 특별인출권을 동원해, IMF의 새로운 도구인 '회복력과 지속 가능성 기금(Resilience and Sustainability Trust: RST)'을 활성화하는 것이다. 특별인출권은 환율이 고정된 통화가 아니며, 바스켓에 포함된 통화들의 비중과 환율에 따라 가치가 달라진다.

돈이 회계 단위로 작동하려면 화폐의 가치가 안정적이어야 한다. 결국 특별인출권 형태의 국제 유동성 공급에는 여전히 제약과 제한이 따른다. IMF는 통화 창출 권한을 가

(5) Alain Grandjean, Mireille Martini, 『Financer la transition énergétique 에너지 전환 재원 조달』, Éditions de l'Atelier, Ivry-sur-Seine, 2016.

(6) IMF, '특별인출권', www.imf.org

(7) Andrés Arauz, Kevin Cashman, Lara Merling, 'Special drawing rights : The right tool to use to respond to the pandemic and other challenges', Center for Policy and Economic Research, 2022년 4월, https://cepr.net

진 중앙은행이 아니기 때문이다. 현재 IMF의 역할은 재원을 재분배하는 데에 국한되며, 얼마나 많은 재원을 어떻게 재분배할지 결정하는 것은 회원국들의 몫이다. 그러므로 기능의 변화를 고려하는 것은 곧 기관의 개혁을 의미한다.

변화를 위한 세 가지 조건

이같은 변화를 위해서는 최소 세 가지 조건이 충족돼야 한다. 첫째, 선진국이 지배하고 정당성 논란이 있는 IMF의 개혁이다. 미국과 유럽은 이에 반대한다. 서브프라임 사태 이후 중국과 신흥국들이 원했던 의결권 개정은 사실상 미국이 거부권을 행사해 채택되지 못했다. 둘째, IMF의 위상 변경이다. IMF는 세계경제의 필요에 따라 화폐를 발행하는 실제 은행이 아니라 회원국의 결정에 대출의 제약이 있는 기금이기 때문이다. 셋째, 특별인출권에 개별 국가통화로부터 독립적인 국제통화의 역할을 부여하려면 기축통화 논리와 국제통화제도에서 미국 달러가 누리는 지배적인 역할을 재검토해야 한다.

정치적인 관점에서, 과연 여건이 충분히 갖춰진 것일까? 최근 국제통화제도의 최근 상황으로 미뤄 앞으로 특별인출권의 역할 확대에 유리한 시나리오를 시사하고 있다고 생각하기 쉽다. 달러와 경쟁하는 유로화와 위안화의 부상과 함께 국제통화제도가 다극 체제로 전환됐다. 이런 현상은 통화의 다극성을 반영하는 특별인출권의 '통화바스켓'과도 일맥상통한다. 국제통화제도에서 달러의 비중이 감소하긴 했지만, 국제통화제도에서 달러는 여전히 지배적인 위치를 차지하고 있으며, 외환 거래에서 44%를 차지할 만큼 가장 널리 사용되는 통화다(2019년 기준, 유로 16%, 엔화 8%, 위안화 2%).(8)

중국 통화의 국제적 사용은 아직 입지가 부족해 달러와 유로에 훨씬 뒤처진 8위에 머물러 있다. 이런 상황에서 미국이 우월적인 지위를 포기할 가능성은 크지 않다. 최근 유럽과 러시아에 대한 미국의 대외 제재 정책에서 이런 면모가 잘 드러난다. 그 목적은 달러의 국제적 사용을 토대로 자국의 전략적, 상업적 이익을 보호하는 것이다. 미국이 선호하는 방식은 위기에 처한 국가에 대한 공여 방식에서도 잘 드러난다.

2021년 8월에 미국은 국제 경제에 유동성을 공급하고 회원국의 공식 준비금을 보충하기 위해 6,500억 달러에 해당하는 IMF의 특별인출권 배분에 동의했지만, 조건부 공여 방식을 더 선호한다. 특히 중앙은행 간의 이른바 '스와프(Swap)' 협정을 통해 특히 달러화를 자국 통화와 교환해 유동성을 확보할 수 있다. 그런 특권을 누리려면 '지정학적 자격'을 증명해야 한다.

미국 달러의 독재, 드디어 혁명이?

지금은 협력할 시기가 아니기 때문에 비협력 시나리오의 영향으로 국제통화제도가 계속해서 균열을 일으키는 상황이 예상된다. 그중 하나의 결과는 '통화 전쟁'이 될 것이다. 디지털 경제의 출현과 그에 따른 화폐 분야에서의 혁신이 중요한 역할을 할 것으로 예상된다. 중국은 2022년 동계 올림픽을 앞두고 선도적으로 중앙은행 디지털화폐(CBDC)인 전자 위안화를 도입했다. 신실크로드 전략의 하나로 아프리카나 아시아 협력 국가의 CBDC와 연계해 달러의 힘에 맞서는 평형추 역할을 시도할 계획이다.(9)

유럽연합은 2024년부로 디지털 유로화

(8) 국제결제은행(Bank for International Settlements, BIS)이 발표한 자료

(9) Michel Aglietta, Guo Bai et Camille Macaire, 『La Course à la suprématie monétaire mondiale à l'épreuve de la rivalité sino-américaine 중-미 간 경쟁관계에서의 세계통화 패권 경주』, Odile Jacob, Paris, 2022.

발행을 시작하기로 했다. 그렇게 되면 유로화의 국제적 역할이 강화될 것이다. 이렇듯 여러 CBDC의 공존 문제는 미래 국제통화제도 변화의 핵심 사안으로 떠오를 것으로 예상된다. 그러나 통화 전쟁은 여러 국가에 해를 끼칠지도 모른다. 주요 통화의 영향을 받는 적대적 통화권 사이에서 세계경제가 분열될 위험마저 있어서 결국 경제 발전을 저해하고 말 것이다.

전 세계가 직면한 기후위기를 극복하려면 극단적인 상황을 피하고 전 지구적 다자 간 협상을 받아들여야 한다. 이런 새로운 틀은 두 가지 축으로 구성될 것으로 보인다. 첫 번째 축은 주요 금융 주체, 즉 2007~2008년 세계 금융위기의 한복판에 있던 소위 '시스템적으로 중요한 글로벌 은행(Global Systemically Important Banks, G-SIB)'에 대한 다자간 감독 시스템이다. 이 모니터링 시스템은 2009년 G20에서 도입돼 이미 시행되고 있다. 두 번째 축은 기후위기에 가장 취약한 국가를 위한 국제 금융제도다.

앞서 언급한 녹색기후기금을 포함한 몇 가지 구상이 이미 이런 방향으로 진행 중이다. 새로운 금융 메커니즘의 틀에서 IMF가 무(無)에서 창출해 낸 특별인출권의 공급을 확대하기로 결정이 내려질지도 모른다. 그렇게 되면 국제통화제도는 두 가지 변화를 겪게 될 것이다. 우선, 특별인출권 문제가 국제 유동성 수요 문제로 직결될 것이다. 더 이상 인출권이 IMF 재원으로 국한되지 않고 세계 금융 시스템의 최후 수단이 될 것이다.

다음으로, 달러화의 역할이 지배적인 현 국제통화제도에 변화가 생길 것이다. 이는 결국 케인스가 제안했듯 브레턴우즈 체제를 넘어 국제통화제도를 쇄신하는 첫걸음이 될 것이다. 🔟

글·도미니크 플리옹 Dominique Plihon
소르본 파리 노르대학교 명예교수, 프랑스 국제금융거래 과세 연합(Attac) 과학위원회 위원

번역·이푸로라
번역위원

Manière de voir

〈마니에르 드 부아르〉 13호
10월 발간!

권 당 정가 18,000원
1년 정기구독 시 72,000원
⇨ 65,000원

공급자에게는 이득, 소비자에게는 불안

폭등하는 유럽 전기요금, 파산위기의 요금체계

유럽집행위원회가 추진한 전력시장의 규제 완화 때문에, 유럽의 소비자들은 폭등한 전기요금 고지서를 받게 됐다. 지능형 검침계량기 즉 스마트 전기계량기로 계산하는 요금제에 가입한 소비자는 EU가 추구하는 자유화에 보기 좋게 속은 셈이다.

오렐리앵 베르니에 ▌경제학자

2021년 한 해 전기료가 급등하자, 관련 기사들이 올라왔다. '피니스테르 지역에서 전기요금이 200% 이상 폭등했다'(〈텔레그람〉, 2022년 10월 1일), '전기요금이 400% 오르자, 로레르 주 호텔 레스토랑 지배인은 정오에 레스토랑을 닫아야만 했다'(〈웨스트 프랑스〉, 2022년 12월 27일). 최근에는 여러 언론사에서 민간 전력업체 가입자들이 느끼는 절망감에 대해 보도하고 있다. '전기 사용량을 줄였음에도, 전기요금이 2,700유로나 나왔다'(LaMontagne.fr, 2023년 8월 31일).

전기요금이 오르는 구조적 원인은?

프랑스 정부와 EU는 전기요금 폭등의 주요 원인으로 러시아와 우크라이나 전쟁을 꼽았다. 그리고 부수적인 원인으로 가뭄과 프랑스 원전의 부식을 들었다. 그렇다면, 전기요금 인상의 구조적인 원인은 무엇일까? 그리고 전기요금은 구체적으로 어떻게 정해지는 것일까? 생산의 평균값을 근거로 산정했던 국가의 전기요금은 1980년대 말에 EU가 전기 공급과 생산을 자유화한 이후 수요와 공급의 법칙에 따라 산정하는 방식으로 바뀌었다.(1) EU는 프랑스 원자력 발전소에서 생산된 전력이든, 이탈리아 가스 발전소에서 생산된 전력이든, 덴마크의 풍력 발전소에서 생산된 전력이든, 민간 사업자이든 공공 사업자이든 상관없이 같은 거래소에서 같은 가격으로 협상하는 모든 전력의 통합 시장을 꿈꾸고 있다.

그러나 전력공급망은 언제나 생산과 소비의 균형을 맞춰야 하는 기술적인 제약이 있다. 하지만 전력 소비는 연과 월에 따라 달라진다. 국가 대신 시장이 균형을 떠맡으면서, 균형을 맞추기 위해 '가격 신호'를 보낸다. 국가가 독점 생산할 경우 그 순간의 생산가에 상관없이 수요에 맞춰 공급하지만, 민간 생산자는 시장이 생산가를 충족할 만큼 가격을 보장해주지 않으면 발전소를 멈춘다.

EU 통합 전력시장은 국가 간의 연결 네트워크의 부족으로 미완성 상태지만, 유럽 거래소들은 벌써부터 통합시장이라는 비전 속에서 운영 중이다. 현물시장에서는 모든 전기료 구간(궁극적으로 통합 전까지는 대개 한 회원국을 한 구간으로 계산한다)과 모든

(1) Aurélien Bernier, 'Prix de l'énergie, une folie organisée', 〈르몽드 디플로마티크〉 프랑스어판, 2021년 11월호.

시간대의 가격을 올렸다. 전력 생산자들은 메가와트시(Megawatt-hour)당 판매가를 제안하고, 구매자들은 필요량을 주문하고, 구매가를 제시한다. 그러면 컴퓨터 프로그램이 구매와 판매 제안을 분류한 후, 가장 저렴한 가격의 발전소를 우선적으로 찾는다.

이런 알고리즘으로 시장 가격이 결정된다. 전력망의 균형 유지에 필요한 발전소 가동을 확보하기 위해, 모든 가동 중인 발전소 중에서 가장 높은 가격에 맞춰 시가가 형성된다. 이것이 한계비용이라 일컫는 요금제의 원칙이다. 프랑스는 전력 소비량이 낮은 기간에는 풍력, 태양열, 수력, 원자력으로 필요 전력량을 충당할 수 있다. 그러나 전력 소비가 높은 기간에는 가스, 중유, 석탄 발전소를 가동해야 한다. 비싸고 효율성은 낮은데, 일부는 이웃 국가에서 수입해야 한다. 시장이 정상 궤도에서 벗어날 경우 원자력, 가스 등의 생산 업체는 즉각 전력믹스에서의 비중이 아닌, 전력망을 가동시킨 시간에 맞춰 시가를 결정할 것이다.

수입할 때도 마찬가지다. 전력망의 붕괴를 피하기 위해 석탄, 가스, 중유 발전소들은 대부분 메가와트시 단위로 수입해 온다. 그 결과 프랑스는 전체 전력량의 3/4을 원자력과 수력으로 공급하지만, 프랑스의 전기료는 실제 전력 생산가보다 화석 에너지 가격에 더 영향을 받는다. 따라서 2021년처럼 가스 가격이 상승하면 현물시장에서 전력가격이 폭등하고, 다른 거래소에서는 이를 기준으로 삼아 가격이 형성된다.(2) 장점은 거래소에서 통용되는 생산 업체별로, 각 시간대별로 가격이 달라진다는 점이다. 일례로, 13~19시 프랑스 전력의 도매가는 메가와트시당 160~600유로로 변동될 수 있다. 2022년 10월 4일 화요일에 그랬었다.

에너지 가격의 폭등에도 불구하고 EU는 계속해서 규제완화를 추진했다. 2022년 5월 18일 유럽 이사회와 의회에서, EU의 러시아 에너지 의존 중단 및 친환경 전환 가속화를 위한 REPowerEU 계획을 공식 발표했다.(3) REPowerEU 계획은 러시아-우크라이나 전쟁으로 달라진 새로운 국제 정세에 맞춘 27개의 에너지 전략이다. 이 계획은 요금 인상을 억제시키기 위해 기업, 국가, 지방자치단체, 가정에서 소비를 줄이도록 유도한다.

앞으로, 겨울을 어떻게 버틸 것인가?

아이러니하게도 유럽위원회와 유럽국가들은 대개 성장을 숭배하는 한편, 긴축정책은 멸시한다. 그러면서 민간 재생에너지원, 전기 자동차, 최근에는 수소와 같은 녹색 기술을 찬양한다. 따라서 단기간에 경제활동을 줄이거나 건물의 난방 온도를 낮출 방법은 거의 없다.

다행히 2022년~2023년 겨울은 온화했다. 하지만 다음 겨울은?

유럽집행위원회는 역시나 통합전력시장에 필수적인 한계비용 요금제의 수정을 거부했다. 그러나 유럽집행위원회는 가격 안정성을 요구하는 대기업의 목소리에는 귀를 기울였다. 대기업을 만족시키기 위해 유럽집행위원회는 전력구매계약(Power purchase agreement), 차액결제거래(Contracts For Difference)를 도입했다. 전력구매계약을 통해 전력발전소 생산자와 소비자는 장기간 직접 약정을 맺을 수 있다. 기간은 일반적으로 10~20년으로, 공급조건과 요금예측이 가능하다.

같은 목적의 차액결제거래는 시장의 이탈을 막고자 당국이 개입한다. 생산자는 거

(2) 장외시장, 선물시장, 당일시장 (Intraday market)은 더욱 정교하게 수요에 맞춰 생산한다.

(3) Repowering: 오래된 에너지 인프라를 보다 효율적이고 성능좋은 최신 시설로 교체한다는 뜻의 전문용어.

래소에 전력을 판매한다. 정부가 상한선과 하한선으로 동시에 작용할 기준가격을 정한다. 거래소의 시세가 기준가보다 낮다면 정부는 생산자에게 차액을 지급하고, 시장가가 높다면 생산자가 정부에 잉여분을 돌려준다. 유럽집행위원회는 도매가 안정화를 통해 최종 소비자가 지불할 소매가도 안정화 되길 원한다.

이런 복잡한 구조는 2010년대에 재생에너지 대형 프로젝트를 위해 등장하기 시작했고, 무엇보다 재정적인 보장이 필요한 대규모 생산자와 소비자를 위한 것이다. 이런 구조는 저탄소 관련 활동에서 더욱 확대될 것이다. 프랑스는 기존의 원자력에 적용할 것을 주장하지만, 독일은 거부하고 있다. 협상 결과에 상관없이 이런 계약들이 전력 거래소를 대신하지는 못해도, 공존은 할 것이다. 그래서 차별적용되는 이원시장이 등장했다. 하나는 대기업을 위한 상대적으로 안정화된 구역, 다른 하나는 그 외 소비자를 위한 매우 불안정하며, 규제 완화된 시장이다.

유럽집행위원회가 도매가에 맞춘 소매가 조정을 원하는 만큼, 규제 완화된 시장은 시장의 변동에 더 취약하다. 에너지 절약 권고를 핵심으로 한 EU의 2019/944 지침은 주요 공급자에게 한 가지 이상의 '변동 요금제' 제공을 강제한다. 변동 요금제 가입자는 매시간 소비한 전력만큼 현물시장가 시세에 따라 요금을 지불한다. 프랑스에서는 2021년 초 이런 유형의 요금제가 처음 등장했다.

<몸짓, no. 15>, 2009, - 프랑수아 모렐레

그러나 다음 달의 요금 폭등을 감당할 사람은 없었다. 이 분야의 선구 기업, 핀란드의 배리(Barry)사는 신속히 프랑스 시장에서 철수했다. 변동 요금제를 준비했던 프랑스의 이르끌레르(E.Leclerc) 에너지사도 포기했다. 정부와 언론에서는 이런 실패에 대해서는 언급하지 않는다. 이는 완전한 상업적 실패이자, 공급체계 그리고 수요와 공급의 법칙을 바탕으로 세운 요금체계의 파산이다. 소비자는 거부하는 변동요금제를, 편협한 자유주의에 휩싸인 EU가 강요하고 있는 것이다.

도매가와 소매가를 일치시키는 방식이 또 하나 있다. 2014년 스페인 정부는 '작은 소비자를 위한 자율가격'이라는 요금제를 도입했다. 전력 소비량에 따라 3가지 시간대를 설정해, 시간대별로 차등화된 금액을 적용해 매일 계산하는 요금제다. 일주일 동안 매일, 가격이 6번 바뀐다. 민간 공급자들이 소비자들에게 고정된 가격의 요금제보다 싸다고 제안하면서 이 요금제가 확대됐다.

질은 낮추고, 가격과 위험은 올리고

2021년 에너지 위기 이후, 벨기에에서는 고정된 가격의 요금제가 모두 사라졌다. 가입자는 다음 달의 가격만 겨우 알 수 있다. 프랑스전력공사(EDF)가 제안하는 규제요금은 일 년에 두 번, 2월과 8월에만 가격이 바뀐다. 경쟁력을 위해 민간 공급자는 이런 요금제를 갖춰야만 한다. 그런데 요금제에 변화가 생길 것 같다. 2022년 7월 13일, 경제 일간지 〈라트리뷴〉은 아네스 파니에 루나세르 에너지변환부 장관이 공급자들에게 전력 소비가 높은 시간대의 전기료를 인상하라고 요구했다고 폭로했다.(4)

EU와 각국 정부들은 오래된 계량기를 상호 소통이 가능한 스마트 원격 계량기로 교체하고 있다. 스마트 계량기는 하루에도 몇 번씩 전력 소비량이 높은 시간대에서 낮은 시간대나 중간 시간대로 변환이 가능하다. 또한, 실시간으로 거래소의 시세를 적용할 수 있다. 언론에서는 잘 언급하지 않는 사실이 하나 있다. 공급자가 스마트 계량기를 통해 체납자를 관리하고, 원격으로 전력공급을 중단할 수 있다는 것이다. 이런 방식은 선불 요금제 정착을 쉽게 해준다. 요금이 선불되지 않으면 공급은 중단된다.

벨기에 발론시에서는 100유로 이상 전기료를 체납한 가정에 '예산 계량기(Comp-teur à budget)'라는 스마트 계량기 설치를 법적으로 의무화했다. 영국에서는 약 400만 가구가 전기료를 선불한다. 에너지 위기 초부터, 공급자들은 수십만 명 소비자들의 요금제를 선불로 바꿨다. 그들의 스마트 계량기들은 원격으로 작동된다. 프랑스 링키(Linky) 계량기의 사양설명서에는 선불 옵션은 없다. 그러나 공급자의 요구에 따라 전력망의 관리 프로그램으로 원격으로 전력공급을 중단할 수 있다. 공급자는 가입자에게 선불을 강요하고, 체납되면 전력공급 중단을 요구할 수 있다.

에너지 시장이 기후변화의 풍파를 맞는 이 시점에서, 민간 사업자들과 EU는 서비스의 질은 낮추고, 가격과 취약계층의 위험부담은 올릴 듯하다. 불가능해 보이는 엄청난 일을, 풍부한 이윤을 거두면서 말이다. **ID**

(4) 'Électricité : l'Etat pousse les fournisseurs à revoir leur grille tarifaire pour passer l'hiver 겨울을 위해 정부는 전력공급자가 요금제를 검토할 것을 요구한다', <La Tribune>, 2022년 7월 13일.

글·오렐리앙 베르니에 Aurélien Bernier
저서 <터무니없이 비싼 에너지, 위기의 이면 L'énergie hors de prix. Les dessous de la crise>, Éditions de l'Atelier, Ivry-sur-Seine, 2023년 10월 6일 출간예정이다.

번역·김영란
번역위원

LE MONDE *diplomatique*

국제관계 전문시사지 〈르몽드 디플로마티크〉는 프랑스 〈르몽드〉의 자매지로
전세계 20개 언어, 37개 국제판으로 발행되는 월간지입니다.

창간 15주년 기념
1+1 파격 이벤트!

〈르몽드 디플로마티크〉 정기구독 신청 시 기존 사은품(《아트앤스터디 인문학365》 온라인강좌 1년 자유 수강권)과 함께

❶ 계간 무크지 〈마니에르 드 부아르〉 4권(랜덤, 7만 2,000원 상당) 또는

❷ 계간 문화예술비평지 〈크리티크M〉 1년 구독 (6만원 상당) 제공! (택1)

(9월 8일~사은품 소진 시까지)
(자세한 내용은 홈페이지 참조)

〈르몽드 디플로마티크〉 정기 구독

정가 1만 5,000원	
1년 10% 할인	~~18만원~~ ⇨ 16만 2,000원
2년 15% 할인	~~36만원~~ ⇨ 30만 6,000원
3년 20% 할인	~~54만원~~ ⇨ 43만 2,000원
10년 20% 할인+α	~~180만원~~ ⇨ 144만원

* 정기 구독 시 모든 기사 및
프랑스어 원문 일부 텍스트를 제공합니다.

Manière de voir
CORÉE

SF, 내일의 메시아

〈마니에르 드 부아르〉는 1987년 11월 창간 이래 문화예술, 기후변화를 비롯해 생태, 젠더, 동물, 에너지, 종교, 대중음악 등 다양한 분야에 걸쳐 매호별로 한 테마를 집중 진단해왔습니다.

계간 테마무크지
〈마니에르 드 부아르〉

크리티크M 6호

〈크리티크 M〉은 비평의 종말시대에 문화예술 비평의 부흥을 꿈꿉니다. 〈크리티크 M〉은 문학, 영화, 공연, 미술, 무용, 연극, 음악 등 다양한 주제와 고민에 대한 공론의 장을 펼쳐나갈 예정입니다.

계간 문화예술비평지
〈크리티크M〉

구독 문의 www.ilemonde.com | 02 777 2003

<위장, 시스티나 성당, 이브의 유혹>, 1962~1963 - 알랭 자크 _ 관련기사 41면

CONFLIT

분쟁

이스라엘 사상 최대의 항거

예고된 '하마스 참극', 이스라엘에서는 무슨 일이?

이스라엘은 팔레스타인 무장정파 하마스와 무장 충돌 속에 피의 복수전을 거듭하며 전쟁의 소용돌이에 처해있지만, 내부에서는 국내 문제로 골치를 앓고 있다. 사법제도를 개혁해 체제를 바꾸려는 베냐민 네타냐후 이스라엘 총리는 좀처럼 사그라들 줄 모르는 국민의 반대에 부딪혔다. 시위대는 우파 연정의 권위주의에 맞서 이스라엘의 민주주의를 지키려 한다.

샤를 앙데를랭 ▌기자

올해 초 이스라엘 사법제도 개혁안(기존 체제를 바꾸려는 의지의 초석)이 거센 논란을 일으키자 베냐민 네타냐후 총리의 고문들은 몇 주 지나지 않아 반대 세력이 줄어들고 시위도 잠잠해질 거라 믿었다. 이는 크나큰 오산이었다. 이스라엘 역사상 이 정도 규모의 시위, 그리고 정계에 대한 뜨거운 관심이 이 정도로 오래 지속된 유래가 없었다. 매주 토요일 저녁, 수십만 명의 시민들이 거리로 쏟아져 나왔다. 국기나 플래카드를 흔들며 박자에 맞춰 민주주의를 외치고, "당신들은 우리 세대에게 잘못 걸렸어. 평등이 사라진다면 정권을 전복시킬 것"이라며 합창했다.

이번 사법개혁안은 사법부의 영향력을 희생시켜 정권의 힘을 강화하려는 시도로 이스라엘 민주주의의 기반을 뒤흔드는 내용이라는 것이 모두의 의견이다. 이렇게 이스라엘 시민 일부가 각성했고, 이 흐름을 비종교 엘리트층이 정리했다. 2018년 7월 18일 네타냐후 총리가 크네세트(Knesset, 이스라엘 의회)에 이스라엘이 유대인 국민 국가임을 규정하는 법안을 통과시켰을 때도 싸움에 뛰어들지 않았던 이들이다.(1) 대법원은 비유대인 시민을 차별하는 해당 법안을 승인했다. 반향은 2022년 12월 마지막 주, 네타냐후 총리의 다음 내각이 구성된 이후에야 찾아왔다. 시온주의 과격 종교파, 그리고 인종차별주의자 메이르 카하네 랍비가 1968년 미국에서 창립한 조직의 사상을 계승하는 이들이 내각에 참여하게 된 것이다.(2)

네타냐후 정부에 맞선 '조국 내 자유'

백만장자 오르니 페트루슈카를 비롯한 테크기업 경영자, 길레드 셔와 같은 저명한 법조인, 전 이스라엘군 참모총장 단 할루츠와 군사 정보국 국장을 지낸 아모스 말카를 포함한 퇴역군인, 유명 경제학자들이 뭉쳐 120개 의석 중 64석을 차지하는 극우파, 메시아주의자, 유대교 정통파 연정에 맞설 만반의 준비를 시작했다. 이들은 정부 정책에

(1) Charles Enderlin, 'Israël devient une "ethnocratie" (한국어판 제목: 이스라엘, 유대민족 중심체제로 가나?)', <르몽드 디플로마티크> 프랑스어판·한국어판 2018년 9월호.

(2) Charles Enderlin, 'Israël, le coup d'État identitaire (한국어판 제목: 이스라엘의 정체성 쿠데타)', <르몽드 디플로마티크> 프랑스어판 2023년 2월호, 한국어판 2023년 3월호. / Charles Enderlin, 'En Israël, l'essor de l'ultranationalisme religieux(한국어판 제목: 국수주의의 최면에 걸린 이스라엘)', <르몽드 디플로마티크> 프랑스어판 2022년 9월호, 한국어판 2022년 11월호.

<다른 심연의 기슭에서>, 2011 - 네타 하라리 나본

반대하는 조직을 통합하는 비영리단체 '조국 내 자유(Hofshimbe Artzenou)'를 설립했다. 정당에 관계없이 민주주의 운동을 벌이는 폭넓은 단체들을 집결하는 것이 목적이다. 길레드 셔에 따르면 이 단체에 4만 명이 참여한 공개모금과 개인 후원금으로 수백만 셰켈(3)이 모였는데, 이 금액은 전체의 5%도 되지 않는다.

'조국 내 자유'는 비정부기구의 언론 활동이나 법적 대응에 재정적 후원이나 활동 지원을 제시한다. 혜택을 받는 각 기구들은 그 대신 비폭력, 그리고 1948년 이스라엘 독립 선언문의 원칙에 기반한 공동 플랫폼에 가입

해야 한다. "이스라엘 선지자들의 이상을 따르는 자유, 정의, 그리고 평화", "종교, 인종, 성별을 떠나 모든 국민에 대한 가장 완전한 사회적, 정치적 평등", "종교, 신념, 언어, 교육, 문화의 자유" 등 오늘날 지역단체 130곳과 전국 규모 단체 140곳이 운동에 참여하고 있다. 단체마다 각자의 특성이 있지만 이들의 공통적인 메시지는 네타냐후 연정에 맞서는 것이 나라를 위한 길이라는 것이다. 그래서 매 시위 때마다 시위대가 국기를 휘날리며 이스라엘 국가(하티크바)를 부르며 시위를 마무리하도록 장려한다.

1월 21일 11만 명이 텔아비브 하비마 극

(3) Shekel: 이스라엘의 화폐 단위, 2023년 10월 기준 1세켈은 약 0.24유로, 한화로는 약 340원. 100만 셰켈은 약 3억 4,071만 원이다.

장 앞에 집결해 카플란 거리를 행진했다. 비슷한 집회가 예루살렘, 하이파, 베르셰바를 비롯해 전국 150개 도시에서 벌어졌다. 이후 반대의 목소리는 멈춘 적이 없었다. 특히 신생 단체 '전우(Brothers and sisters in arms)'는 활발한 활동이 두드러지는 단체다. 이 단체는 "필요하다면 우리 목숨과 바꿔서라도 우리 조국을 지키며 또 다른 근동지역 독재자를 섬기지 않겠다"고 선서한 수천 명의 예비군을 집결시켰다.(4) 한 주가 지날

때마다 반대운동은 점점 거세졌고, 2월 25일 의회가 사법제도 개혁안을 1차 심의하자 시위대는 30만 명에 달했다.

연정 내에서 팔레스타인 행정 구역인 요르단강 서안 지구를 병합하자는 목소리가 커지는 가운데, 팔레스타인 분쟁에 대한 시위대의 생각은 어떨까? 토요일 저녁 텔아비브 카플란 거리에서 주요 집회의 조직 위원회가 모여 해당 주제를 다뤘다. 위원회의 일원인 로이 노이먼이 말

했다. "처음부터 정치적인 문제는 배제하기로 했습니다. 우파 발언자 측에서 논의를 원했지만 거절했습니다. 우리는 독재에 맞서 민주주의를 지키는 투쟁을 하고자 합니다. 하지만 심각한 사건이 벌어진다면 논의할 예정입니다."

정부 정책에 심기가 불편한 중도우파 세력을 포섭하려는 심산이다. 팔레스타인 영토 점령에 반대하는 이스라엘 퇴역군인 단체 '침묵을 깨다(Breaking the silence)'의 공동 회장 아브너 그바리아후는 이를 잘못된 전략으로 본다. "좌파에게 문을 닫고 우파에게 열어주는 것은 좋은 전략이 아닙니다. 이제 영토 병합파에게 중도세력이 필요치 않다는 점을 이해하지 못했어요. 게다가 중도우파는 팔레스타인에 손을 때려고 하지 않습니다."

그럼에도, 매주 토요일 팔레스타인 점령에 반대하는 30여 좌파 단체 소속 활동가 수천 명이 카플란 거리 교차로에 모인다. 팔레스타인 국기를 든 이들도 있다. 이들은 시위 조직 위원회와는 연결점이 없지만, 몇 달이 지나면서 대중 다수의 태도가 달라졌음을 느꼈다. '팔레스타인 점령 들여다보기(Looking the occupation in the eye)'라는 소규모 단체 회장 가이 히르슈펠트의 말이다. "우리를 향한 공감의 순간들이 있었어요. 우리 슬로건이 인쇄된 티셔츠를 사러 오더니 그걸 입고 시위에 참여하더군요. 티셔츠가 1만 2,000벌이나 팔렸어요!"

제3회 작은책 생활글 공모전

올해도 고 이오덕 선생의 글쓰기 교육 철학과 전태일 열사의 노동자 정신을 이어 온 〈작은책〉이 '제 3회 생활글 공모전'을 꾸립니다. 올해는 〈작은책〉 28주년입니다. 앞으로 공모전 작품 중 좋은 글을 모아 〈작은책〉 30주년 기념 단행본으로 묶어 내려고 합니다. 많이 응모해 주시고, 둘레에도 널리 알려 주세요!

세상을 바꾸는 힘, 일하는 사람들의 글쓰기

2023 9.1 (금) - 10. 31 (화)

작은책

응모 형식
작은책 홈페이지(sbook.co.kr)에서 신청서와 안내글을 내려받아 주세요.

응모 내용
살아온 이야기, 살아가는 이야기, 일터 이야기 등 자기가 보고 듣고 겪은 일을 써서 보내 주세요. 살면서 어렵고 힘든 이야기든 어려운 분들에게 희망이 될 이야기든 다 좋아요.

시상 내역
작은책상 1명 50만원
최우수상 1명 30만원
우수상 3명 20만원
장려상 7명 10만원

상장과 상품 (입상자 모두)
〈작은책〉 1년 정기 구독권

공모 접수
이메일 접수만 받습니다.
이메일 : sbook@sbook.co.kr

후원 매일노동뉴스 민들레 전태일재단

02)323-5391 | sbook@sbook.co.kr | www.sbook.co.kr

이스라엘 공군의 약 30%가 네타냐후 정부에 맞서

예루살렘의 상황은 이와 달랐다. 토요일 저녁마다 총리관저 앞에서 벌어지는 시위의 조직 위원회가 1월에 구성됐다. 그때부터 위원회는 폭넓은 스펙트럼의 대중에게 다가가기로 했다. '모두의 집을 지키자'라는 이름의 단체는 팔레스타인 점령에 반대하는 '자유 예루살렘(Free Jerusalem)'을 비롯해 예루살렘에서 활동하는 10여 개의 좌파 조직을 아우른다. 조직 위원회의 일원인 가이 슈와르츠는 다원주의적 접근법을 이렇게 설명했다. "우리는 다양한 배경을 가진 인사들을 초대했어요. 사법개혁에 반대하는 이스라엘 정착촌 거주자, 예루살렘의 명문 종교계 고등학교 교장, 아랍계 이스라엘인, 팔레스타인 활동가도 있죠." 종교활동에 충실한 유대인 중 적지 않은 수가 정기적으로 이 집회에 참여한다.

종전에 비해 팔레스타인에 관대한 태도를 보여 정착민들로부터 비난을 받았던 이스라엘군도 네타냐후 반대 운동의 영향을 받고 있다. 수천 명의 예비군이 자발적으로 응하던 복무를 중단한 것이다. 가장 큰 영향을 받은 곳은 공군이다. 파일럿, 승무원, 작전실 장교들의 약 60%가 자발적 예비군인데, 그들 중 약 절반이 네타냐후 독재에 맞서는 운동에 합류했다. 전투기 비행대 조종사들은 정기 훈련을 중단했고, 당분간 비행은 어려울 것이다. 벌써부터 추후에 있을 이스라엘 공군의 이란 원자력 발전소 공습에 참여하지 않겠다고 선언한 이들도 있다. 퇴역군인들이 공군사관학교에서 실시하던 훈련과 교육도 중단됐다.

종교파 민족주의자들은 공개적으로 불만을 토로하고 있다. 통신부 장관 슐로모 카르히는 X(구 트위터)에 이런 메세지를 남겼다. "복무를 거부하는 자들! 당신들 없이도 우리는 알아서 잘할 것이다. 썩 꺼져라!" 예비군과 군간부들을 향한 공격은 다달이 심해졌다. 극우파의 명령에 불복종한 참모들과 보안 기관 책임자들은 "좌파가 시키는 대로 하는 민병대"라는 비난을 받았다. 지난 6월 오릿 스트룩 정착선교부 장관은 심지어 이들을 러시아 민간군사조직 "바그너 그룹"에 비교했다. 국방참모총장, 검찰총장, 신베트(Shin Beth, 국내 첩보기관) 국장은 이스라엘 정착민들이 가한 반(反)팔레스타인 공격을 "민족주의 테러리즘"으로 규정하는 공식성명을 공동 발표했다. 이 같은 문제 제기는 수많은 이스라엘 국민이 팔레스타인 점령의 현실을 제대로 인식하는 계기가 됐다.(5)

예루살렘의 샬롬 하트만 연구소 소속 연구원 토머 페르시코가 이러한 현상을 다음과 같이 설명했다. "요르단강 서안 지구에 피비린내 나는 혼돈이 존재한다는 사실을 깨달은 겁니다. 정착민들은 오히려 자신들의 안전을 책임지는 군대와 국경수비대를 탓합니다. 정착촌 내에 도사리는 잔혹함 때문에 이스라엘이 위험에 빠지고 있어요. 우리는 이스라엘 정계 수뇌부에서 팔레스타인 점령이 진정으로 실존적인 문제임을 깨닫기 시작했다는 뚜렷한 변화를 목격하고 있는 셈입니다."

여하튼, 동원 가능한 병력이 대폭 축소된 이스라엘군은 평화의 시대에 전에 없던 위기를 맞았다. 지난 3월, 국방부 장관 요아브 갈란트는 상황에 개입하기로 결심했다. 갈란트는 총리에게 알리지 않은 채 공개적으로 사법개혁 중단을 촉구했다. "우리 사회의 분열이 군 내부까지 침투했다. 이는 국가안보에 즉각적이고 실재하는 심각한 위험이다.

(4) 'Why are we protesting?', Brothers and sisters in arms, www.brothersand sistersinarms.org

(5) Dominique Vidal, 'Cisjord-anie, de la colonisation à l'-annexion(한국어판 제목: 트럼프 등장 이후 더욱 대담해진 이스라엘 우파)', <르몽드 디플로마티크> 프랑스어판 2017년 2월호, 한국어판 2017년 3월호.

나는 결코 협력하지 않을 것이다!" 다음 날 저녁 런던에서 공식 일정을 마치고 돌아온 네타냐후 총리는 그를 장관직에서 해임했다.

그 시점, 이스라엘 방방곡곡에서 엄청난 인파가 일제히 거리로 쏟아져 나왔다. 텔아비브에서 10만 명의 시위자들이 외곽 순환도로를 점령했다. 예루살렘에서 몇천 명의 분노한 시위대가 경찰의 바리케이드를 넘어 아자 거리에 있는 총리관저까지 도달했다. 시위는 마치 폭동을 방불케 했다. 중도파 노조 단체 이스라엘 노동자 총연맹은 총파업을 선언했다. 벤구리온 국제공항은 일시적으로 폐쇄됐다. 총리에게는 선택의 여지가 없었다. TV로 중계된 영상에서 총리는 시위대에 위협적인 태도를 보였지만 이내 사법개혁중단을 발표했다. 의회의 야당 의원들과 협상해 합의하겠다고 물러났지만 "어떤 식으로든 개혁은 일어날 것"이라고 덧붙였다. 한편, 갈란트 장관은 여전히 장관직을 수행 중이다.

언론을 장악하려는 네타냐후

사실상 네타냐후 총리는 포기하지 않고 자신의 정책을 밀고 나가는 중이다. 7월 23일, 전국에서 시위하는 이스라엘 국민 50만 명을 무시한 채 의회 주변을 폐쇄하고 '합리성'의 원칙에 따라 판단할 가능성을 박탈해 대법원의 힘을 제한하는 '합헌법'이라는 법안을 통과시켰다. 야당 의원 모두가 투표를 거부했다. 이스라엘의 최고 권위 재판소는 과연 이 법을 승인할 것인가, 기각할 것인가?

9월 12일, 역사적인 공판에서 14명의 대법원 판사가 각자의 논거를 청취했다. 정부 측 대표 일란 봄바흐는 1948년 5월 14일 다비드 벤구리온이 선언한 건국문서의 유효성에 의문을 제기했다. "선거도 거치지 않은 37인이 급히 작성하고 서명한 한 시대의 독립선언문이 다음 시대까지 이어져야 합니까?" 연정이 몰아가는 원칙의 방향은 이렇다. "우리는 의석의 과반수를 얻음으로써 국민으로부터 나라를 다스릴 정당성을 부여받았다. 선거로 선출되지 않은 사법부의 간섭은 필요없다." 메세지는 명료하다. 극우파 및 메시아주의 동맹은 이스라엘을 유대인 국민 국가로 선언하는 법을 유일한 건국문서로 여긴다.

대법원은 몇 달 내로 판결을 내려야 한다. 이스라엘이 헌법적 수렁으로 빠지게 된다면 우리가 모를 일은 없을 것이다. 판결을 기다리는 사이에도 현 체제를 바꾸려는 네타냐후 총리의 의지는 계속되고 있다. 그는 시온주의자이자 우파 리쿠드당 출신인 통신부 장관 슐로모 카르히에게 언론 함구령을 맡겼다. 그가 준비 중인 법안은 헝가리 대통령 빅토르 오르반이 적용한 모델을 모방한 것으로, TV 채널과 인쇄 매체의 대부분을 행정부가 통제하는 위원회의 감시 아래 두는 것이다. 게다가 시위가 벌어지는 장소를 포함한 공공장소에 CCTV를 설치해 안면 인식 기술을 사용하려 한다.

다음 총선은 2026년 10월 27일로 예정돼 있다. 하지만 이 같은 사건들로 우파 연정이 총선을 앞당겨야 하지 않을까? **LD**

글·샤를 앙데를랭 Charles Enderlin
기자, 『Israël, l'agonie d'une démocratie 이스라엘, 민주주의의 종말』(Seuil, Paris, 2023)의 저자.

번역·정나영
번역위원

마크롱의 프랑스군에서 민주화는 헛된 꿈

프랑스는 오랫동안 냉전 종식과 핵 억지력의 효율성을 내세워 군대의 인적·물적 자원 감축을 정당화했다. 그러나 러시아의 우크라이나 침공으로 상황이 달라졌다. 유럽의 대대적인 재무장 움직임에 동참하면서 서민층 청년들을 상대로 병영 생활의 교육적 미덕을 찬양하는 것만으로 프랑스가 지정학적 야심을 되찾을 수 있을까?

알랑 포플라르 ▌중등 교사

퇴역 해군 장교인 역사학자 미셸 고야는 프랑스가 60년간 32번의 대규모 군사 원정과 "100여 차례의 소규모 작전"(1)에 참여했다고 기술했다. 이 통계에 따르면 프랑스는 파견 규모에서 월등히 앞선 미국의 뒤를 이어 세계에서 두 번째로 해외 파병을 많이 한 국가다. 고야는 "프랑스는 전 세계에서 파병 요청을 가장 많이 받는 국가"라는 설명을 덧붙였다. 프랑스군은 국내에서도 많은 임무를 수행한다. 대테러 감시를 담당하는 상티넬(Sentinelle) 부대가 대표적인 예다. 이 부대에 할당된 병력은 전체 육군의 10%에 해당하는 1만여 명에 달한다.(2)

"프랑스의 작은 세계 대전"과 점점 더 흐려지는 국방과 안보의 경계에도 불구하고 프랑스군에 할당된 자원은 감소했다. 2023년 7월 13일, 우크라이나 전쟁이 한창인 가운데 프랑스는 2024~2030 군사계획법을 채택했다. 프랑스 행정부는 이 법이 상황을 역전시킬 것으로 기대하고 있다. 하지만 병력 회복에는 시간이 걸릴 것이다. 장기적인 예산 삭감으로 프랑스군의 병력 수는 1991년 45만 3,000명에서 2023년 20만 3,000명으로 줄어들었다. 예비군 역시 42만 명에서 4만 1,000명으로 감소했다. 국가의 관심에서 멀어진 프랑스군이 현재 프랑스 전체 공무원 수에서 차지하는 비중은 1980년 대비 3배나 줄어든 4%에 불과하다.

1960년대, 프랑스는 '핵 억지력' 독트린을 채택하고 군대의 '구조조정'에 나섰다. 이후 냉전이 종식되자 프랑스는 병력 감축에 더욱 박차를 가했다. 1989년, 장피에르 슈벤느망 국방장관은 '프랑스군 2000' 계획을 발표하고 육·해·공군 및 헌병대 국내 사령부 23곳을 폐쇄 및 축소했다. 슈벤느망의 후임 피에르 죽스 장관은 더 큰 규모의 감축을 단행했다. 당시 프랑스 하원의장 로랑 파비위스는 "평화의 배당금"을 수령 할 때가 왔다고 주장했다. 그러나 전쟁은 계속됐다. 걸프전(1990~1991년)에서 코소보 전쟁(1998~1999년)을 거치는 동안 이제 공군의 "정밀한" 원격 작전이 전쟁의 승리를 좌우하게 됐다.

영토 방어와 전투군단의 시대는 저물었다. 국제 위기관리 컨설턴트 스테판 오드랑은 "적은 인적·물적 자원으로 독트린에 부합하는 신속하고 효율적인 작전"을 펼치도록 설계된 신속대응부대가 각광받는 시대가 열렸다고 설명했다. 신속대응부대는 대외 작전에 가장 먼저 투입되는 부대가 됐다. 이 부대

(1) Michel Goya, 『Le Temps des Guépards. La guerre mondiale de la France de 1961 à nos jours 치타의 시대. 1961년부터 현재까지 프랑스가 해외에서 벌이고 있는 전쟁』, Taillandier, Paris, 2022. 뒤에 나오는 인용문도 이 저서에서 발췌.

(2) Élie Tenenbaum, 'La sentinelle égarée? L'armée de terre face au terrorisme 상티넬의 방향 상실. 테러에 직면한 육군', 프랑스 국제관계연구소(IFRI), 2016년 6월.

<위장, 미켈란젤로>, 1962 - 알랭 자크

엘메르는 "비용과의 전쟁"을 벌였다. 1991~2021년, 프랑스군이 보유한 전차 수는 1,349에서 222대, 대형 수상함(surface vessel) 수는 41척에서 19척, 전투기 수는 686대에서 254대로 감소했다.(3) 장사정포, 지대공 미사일 방어체계 및 공병부대는 감축의 칼날을 피해갔다. 의무(醫務), 정비, 병참은 종종 외부에 위탁됐다. 프랑스군은 전문성을 잃어갔다. 방위 산업을 민영화한 프랑스는 국내 수요 충족보다 무기 수출에 열중했다. 그사이 프랑스 전역의 방산 공장이 문을 닫았다. 브레스트의 해군 기지에서 생테티엔의 '무기제조공장'에 이르기까지, 방산 노동자들은 파업으로 맞섰지만 국가 고용 노동자 수급감, 전략적 생산 시설 폐쇄, 경제 논리에 근거한 국가의 독립성 침해를 막을 수 없었다.

군인의 정치적 결사를 금지하는 '군인신분법'

이처럼 대폭적인 구조조정을 겪은 공공부문은 거의 없었다. 사회당(PS)은 집권당일 시절 병력 감축에 동조했다.(4) 방산 노동자들의 영향력이 미미했던 노동운동 역시 이를 용인하거나 방관했다. 전체 군인의 3/4을 차지하는 현역 군인에 비해 6만 3,000명에 불과한 민간인 노동자의 목소리는 힘을 발휘하지 못했다. 프랑스는 상대적으로 늦은 1945년 8월 군인의 투표권을 보장했지만 1972년 7월 13일 제정된 군인 신분법은 군인의 정치적 '결사'를 여전히 금지했다. 이 법은 또한 노동조합 성격의 직업단체 결성도 금지하기 때문에 군인들은 12개의 국립 군인단체 중 한 곳에만 가입할 수 있다.

뿐만 아니라, 프랑스군의 정치적 성향은 우파로 기울었다. 조합주의가 지배하는 경찰의 경우에서 알 수 있듯 군인노조를 결성한다고 해서 노동운동과의 극명한 단절을 해소할 수 있다는 보장도 없다. 군인들이 좌파에서 멀어진 이유는 총체적인 법규범보다 사회·문화적 경향 때문이다. 2022년, 프랑스 대선 1차 투표에서 군인들은 전국 평균보다 20%포인트 높은 극우지지 투표율을 보였다. 군부대가 있는 소도시 오손(코트도르주), 마이유르캉(오브주), 쉬프(마른주)에서 마린 르펜 후보

의 지휘관들은 진급 속도도 빠르다. 전문가들은 "제한된 사고의 틀에 갇힌" 장교들이 국가 최고 지도층을 차지했다고 평가했다. 이들은 반란 억제 및 대테러전에는 열을 올리지만 "전차, 철도 병참, 예비군은 불신"한다. 세계무대에서 존재감을 뽐내면서도 인명 손실 제한과 지출 삭감을 원하는 프랑스 정계에 이상적인 사고방식이 아닐 수 없다.

1996년 장이브 엘메르가 청장으로 부임하면서 프랑스 국방조달청(DGA)도 이런 독트린 변화에 동참했다. 이공계 출신으로 PSA 푸조·시트로앵 그룹(2021년 스텔란티스 그룹으로 통합)의 2인자라는 경력을 가진

와 에리크 제무르 후보는 각각 (전국 평균 득표율 30.22%보다 높은) 39.56%, 54.99%, 55.31%의 득표율을 기록했다.

좌파는 비록 군대의 지지를 얻지는 못했지만 국가와 국민의 주권이 달린 문제임을 인식하고 전쟁과 평화에 대해 진지하게 고민한 시기가 있었다. 이때 좌파는 비용 절감 논리에서 탈피한 시각을 추구했으며 군사 전문가들에게 전적으로 의지하지 않고 자체적으로 독트린을 확립했다. 장 조레스는 『새로운 군대(Armée nouvelle)』를 집필했다. 레온 트로츠키는 붉은 군대를 창설했다. 진보주의자들은 민족해방전쟁에 대한 열띤 논쟁을 벌였다. 드레퓌스 사건과 1920년대를 겪은 후 1968~16981년 다시 불거진 반군국주의도 진보주의자들의 논쟁에 불을 지폈다.

징집병 1만 5,000명이 사망한 알제리 전쟁 이후 1968년 프랑스는 68혁명에 휩싸였다. 이를 배경으로 역사학자 막심 로네가 "혁명적 반군국주의"로 묘사한 운동이 시작됐다.(5) 무정부주의자들과 트로츠키주의자들이 주축이 된 이 운동은 군인위원회 설립, 징집병 시위, 군인수첩 반납, 병역 거부, 명령 불복종 등 다양한 형태를 띠었다. 이런 항거 운동은 국제 정세의 영향으로 더욱 거세졌다. 베트남 전쟁(1955~1975), 칠레 쿠데타(1973), 그리스 군사독재(1967~1974)등의 사태는 국가 기관으로서의 군대에 대한 불신을 키웠다. 〈크로스앙레르(Crosse en l'air)〉, 〈르콜루주(le Col rouge)〉 등의 병영 신문도 군대에 대한 불신을 반영했다.

1973년 봄, (학업 중 군 복무 유예를 철폐한) 일명 '드브레법'에 항의하는 청년 시위로 군대에 대한 반감은 더욱 확산됐다. 이미 핵무기를 보유한 상황에서 징집제는 존재 이유를 상실한 듯했다. 식민지 전쟁도 끝났

으며 세계는 '긴장 완화' 단계에 접어들었다. 병영 생활의 물질적으로 열악한 조건, 불편함, 지루함에 비난이 쏟아졌다. 군사기지 확장에 반대하는 시위도 이 시기에 시작됐다. 1971~1981년, 각계각층의 운동가들은 라르자크에 모여 군사기지 확장 반대 시위를 벌였다.

"군대를 민주화할 수 있다는 주장은 헛된 꿈"

이로부터 반세기가 지난 지금, '권력과 권력의 군대'에 이의를 제기하는 목소리는 거의 들리지 않는다. 나탈리 아르토 노동자투쟁당(LO) 대표는 "군국주의는 군비증강을 조장하고 국민 의식을 이데올로기적으로 조작한다. 군대의 유형과 상관없이 '국방'은 결코 노동자 권익 보호와 동일시될 수 없다. 부르주아 국가의 틀 안에서 군대를 민주화할 수 있다는 주장은 헛된 꿈이다. 문제는 군대의 사회적 구성이 아니라 정치의식이다"라고 성토했다.

2019년, 프랑스 노동총연맹(CGT) 소속 항만 노동자들은 프랑스가 사우디아라비아로 수출하는 무기의 선적을 거부했다. 하지만 이제 노동운동은 경찰의 폭력과 군대화를 겨냥하고 있다. 군대가 질서 유지를 담당했던 시절 푸르미 학살(1891년)과 드라베이 학살(1908년)을 규탄했던 시위와 같은 맥락이다. 군대는 현재 좋은 이미지를 유지하고 있다. 2017년, 외인부대 제13연대가 라르자크 고원에 들어섰을 때, 이에 반대한 시위대는 100여 명에 불과했다. 일자리 창출과 탁아소, 중학교, 보건소 설립 약속 앞에 군사기지 확장 반대운동 단체 가르다렘 로 라르자크(Gardarem Lo Larzac)의 주장은 힘을 발

(3) Raphaël Briant, Jean-Baptiste Florant & Michel Pesqueur, 'La masse dans les armées françaises. Un défi pour la haute intensité 프랑스 군대의 총자산. 고강도 군대를 위한 숙제', 프랑스 국제관계연구소(IFRI), 2021년 6월.

(4) 사회당은 1981~1995년 대통령 그리고 1981~1986년, 1988~1993, 1997~2002년 총리를 배출했다.

(5) Maxime Launay, 'L'anti-militarisme des années 68 à la fin du service militaire 징병제 종식 후 1968년 반군국주의', Éric Fournier & Arnaud-Dominique Houte 외 공저, 『À bas l'armée! L'antimilitarisme en France du XIXème siècle à nos jours 군대는 물러가라! 19세기부터 오늘날의 프랑스의 반군국주의』, Éditions de la Sorbonne, Paris, 2023.

휘하지 못했다.

　(2001년 부로) 징집제를 중단한 1996년 2월 22일 법은 정치의식을 약화시켰다. 군사법원과 국가보안법원 폐지에 이어 징집제도 중단되자 군대는 "보편적 사회적 사실"로서의 지위를 상실했다.(6) 국방에 관한 정치적 합의 형성에 일조한 일련의 독트린 재조정도 군대 축소 움직임에 영향을 미쳤다. 프랑스 공산당(PCF)은 카나파 보고서가 발표된 1977년 이후 핵 억지력을 지지했다. 장피에르 슈벤느망이 세운 사회주의 연구조사교육원(CERES) 회원들과 샤를 에르뉘의 노력으로 사회당(PS) 역시 1978년부터 이 독트린을 받아들였다. 독일 사회민주당이나 영국 노동당은 핵 억지력에 반대했다. 국방부 내에서도 오랫동안 소수 의견에 머물렀던 독트린을 선택한 프랑스는 사회 인터내셔널 내부에서 고립됐다.

　반면, 환경보호정당들은 핵 억지력에 반대하는 입장을 유지했다. 제라르 레비 평화·군축위원회 공동의장은 "프랑스의 핵무기금지조약(TPNW) 가입에 동의한다. 이 조약의 1조는 핵무기의 사용, 개발, 생산, 시험, 배치, 비축 및 사용 위협을 금지한다. 적어도 이 점에 대해서는 유럽생태녹색당(EELV)도 전적으로 동의한다"라고 밝혔다. 1984년 창당대회부터 녹색당에 몸담은 레비 공동의장은 녹색당이 자유주의와 비폭력 전통을 망각한 채 최근의 군사 예산 확충에 반대하지 않은 점에 유감을 표했다. "군비 확충은 핵 억지력을 강화할 것이다. 이는 프랑스가 비준한 핵확산금지조약(NPT) 6조에 어긋난다. 이 수십억 유로를 시민 안전 강화나 가뭄 및 화재와 같은 중대 재해 예방에 필요한 병원선 혹은 소방 비행기 구매에 쓴다면 훨씬 더 이로울 것이다."

　레비 공동의장은 또한 환경보호론자들이 우크라이나 전쟁을 지지하는 상황을 개탄했다. "평화·군축위원회는 우크라이나 전쟁에 반대하는 소수 세력이다. 반면, 많은 녹색당원들은 비록 세계 녹색당 헌장에 위

신병의 환상과 탈영병의 후회

　마르세유 신병 모병소에서 마티외 다니엘루 사령관을 만났다. "이 모병소에서는 주로 운동능력이 뛰어난 저학력 남성 지원자를 모집한다. 모집된 병사 중 30~40%는 빈민가 출신으로 코모로인도 상당수다. 생계를 위해 군에 지원하는 경우가 많다. 고졸 미만 학력의 청년에게 숙식과 세탁 서비스가 제공되는 세후 급여 1,400유로의 정규직은 꽤나 매력적인 조건이다. 생계유지를 위해 군대에 지원했다고 해서 좋은 군인이 되지 말라는 법은 없다. 결격 요소는 과체중, 치아 건강 불량 혹은 팔에 철판이 박혀 있거나 사지가 온전하지 못한 경우밖에 없다. 신체적 장애가 있는 지원자는 모집하지 않는다. 차별이 아니라 상식적인 기준일 뿐이다. 비디오 게임이나 인플루언서들의 영향으로 지원자가 많은 엘리트 사격수의 경우 인지능력이 나쁘면 탈락 대상이다. 조준 능력이 떨어지거나 사시가 있으면 뽑지 않는다. '받아들이기 싫어도 그냥 받아들여'가 원칙이다. 매년 평균 1만 6,000명을 모집하고 있다. 맥도날드만큼은 아니지만 군은 프랑스에서 가장 큰 기업들 중 하나다."

　1965년, 드골 장군은 직업군인제로의 전환을 꾀했다. 하지만 당시 노동 시장은 완전고용상태였기 때문에 군에 지원하는 사람이 많지 않을 것으로 우려한 참모들은 드골을 설득했다.(1) 1990년대 들어 대량 실업이 발생하자 직업군인제 전환 계획이 부활했다. 하지만 2021년 육군 일반 사병 모집 공고 당 지원자가 1.27명에 그치는 등 지원율은 여전히 낮은 편이다.(2) 게다가, "2011~2016년, 건강 상태가 적합한 지원자 비율이 83%에서 76%로 감소했다". "신체 활동은 줄어드는 대신 화면 앞에서 보내는 시간이 늘어난 생활 방식이 과체중과 근시를 조장"했기 때문이다.(3) 2018년, <르몽드>에는 "지난 10년간 연평균 1,180명을 기록한 탈영병 중 거의 대부분은 육군 소속"이라는 기사가 실렸다.(4)

　"본인에게 제기된 혐의를 알고 있습니까? 바로 탈영입니다." 본지가 마르세유 신병 모병소를 찾은 날, 마르세유 군사 법정에서 열린 14건의 재판 중 12건이 탈영병 재판이었다. 법정에 위

배되더라도 전쟁으로 전쟁을 해결할 수 있다고 믿고 있다. 유럽의회에서 독일 녹색당(Grünen)과 구소련 국가들의 녹색당 노선에 동조하는 프랑스 녹색당 의원들을 보라. 야니크 자도는 심지어 북대서양조약기구(NATO)조차 언급한 적 없는 전투기 지원을 촉구한다."(7)

'전쟁 정당'의 등장, 군대의 전문화와 관련

우리는 이미 1980년대 차드 사태를 겪으며 "마침내 냉혈한 권력을 획득하고, 타베르니의 사회당 고문 역할을 맡고, 대통령핵 대피소에서 달팽이 요리를 맛볼 수 있게 된" 기쁨에 도취된 자들을 목격했다. 기 오깽겜은 이들을 "술집 전략가"로 불렀다.(8) 하지만 코소보 전쟁을 전환점으로 '군인-지식인 복합체'가 형성됐다.(9) 레비 공동의장은 "1999년, 유럽의회 선거에서 가장 당선이 유력한 후보였던 다니엘 콩방디는 녹색당이 구유고슬라비아에 대한 폭격을 지지하지 않으면 후보에서 사퇴하겠다고 위협했다. 녹색당은 결국 내정간섭권을 용인했다."라고 회고했다. 당시 〈르 누벨 옵세르바퇴르(Le Nouvel Observateur)〉, 〈리베라시옹(Libération)〉, 〈텔레라마(Télérama)〉, 〈샤를리 에브도(Charlie Hebdo)〉도 전쟁을 열렬히 지지했다. 이처럼 열띤 호전론은 프랑스에 국한되지 않고 토니 블레어 영국 총리의 노동당, 독일 요슈카 피셔 부총리의 녹색당까지 휩쓸었다.

(6) Maxime Léonard, 에리크 푸르니에 인터뷰, 'Crosse en l'air et rompons les rangs 전투를 거부하고 대열을 이탈하자!', <CQFD>, n° 185, Marseille, 2020년 3월.

(7) 이 인터뷰 이후 NATO는 입장을 바꿨다. 2023년 8월 17일, 미국은 결국 덴마크와 네덜란드가 우크라이나에 미국산 F16 전투기를 지원하는 것을 승인했다.

(8) Guy Hocquenghem, 『Lettre ouverte à ceux qui sont passés du col Mao au Rotary 차이나 칼라에서 로터리 클럽으로 개종한 이들에게 보내는 공개서한』, Albin Michel, Paris, 1986.

(9) Pierre Conesa, 『Vendre la guerre. Le complexe militaro-intellectuel 전쟁을 팔아라. 군인-지식인 복합체』, Éditions de l'Aube, La Tour-d'Aigue, 2022.

회부된 병사들 중 3명은 같은 포병연대 소속이었다. 20세 로페즈는 베니시외 출신이다. 로페즈는 이과 바칼로레아를 실패한 후 "강렬한 경험과 야외 취침"을 꿈꾸며 입대했다. "TV 광고나 유튜브 영상을 보면 환상을 품게 된다. 첫 3개월은 좋았다. 그러나, 40km 행군을 마치고 연대에 복귀하면 장교들은 일거리를 만들어냈다. 새벽 4시까지 청소를 해야 했다." 결국, 로페즈는 탈영했다.

21세 드무시는 발두아즈에서 '보안 관련' 실업계 바칼로레아 취득 후 5년 계약을 체결하고 입대했다. "당시 나는 대마초를 피우고 있었기 때문에 부모님은 내가 마침내 정신을 차렸다고 생각했다." 하지만 "장교들은 계속 내게 무능하다고 말했다. 이들의 부정적인 평가가 마치 번개처럼 뇌리에 꽂혔다. 결국 나는 탈영을 했다." 익명을 요구한 M.D.는 5년 계약을 갱신한 후 탈영했다. "나는 측량기사 직업 바칼로레아를 취득했지만 레위니옹에서의 삶은 쉽지 않았다." "스포츠와 스트레스"를 즐겼던 M.D.는 군대에서 "정신 상태를 단련"했다고 말하면서도 "내가 상사에게 아첨을 할 줄 모르는 사람이라는 것이 문제였다. 때문에 내게는 타히티와 기니아에서의 임무가 주어지지 않았다"라고 털어놨다.

로페즈, 드무시, M.D.는 집형유예 1~3개월을 선고받았다. 이들 중 2명은 현재 각각 보험회사와 콘크리트 회사에 재직 중이며 긴 머리와 수염을 좋아하는 나머지 한 명은 바닥청소차를 모는 건물 청소부로 일하고 있다. lb

글·알랑 포플라르 Allan Popelard

번역·김은희

---

(1) Marius Loris Rodionoff, 『Désobéir en guerre d'Algérie. La crise de l'autorité dans l'armée française 알제리 전쟁에서의 불복종. 프랑스군 내부적인 권위의 위기』, Le Seuil, Paris, 2023.

(2) Jean-Dominique Merchet, 'L'armée rencontre des difficultés inhabituelles de recrutement 병사 모집에 유난히 어려움을 겪고 있는 군대', <L'Opinion>, Paris, 2023년 8월 31일.

(3) 'Recrutement, fidélisation : quelle attractivité des carrières militaires 신병 모집과 충성심 고취: 군인이라는 직업의 매력은?', 상원외교위원회, Paris, 날짜 불명, https://www.senat.fr

(4) Faustine Vincent, 'Le temps des déserteurs 탈영병의 시대', <르몽드>, 2018년 4월 17일.

공산당과 공산당 연계 단체 평화운동 (Mouvement de la Paix)의 붕괴와 맞물린 '전쟁 정당'의 등장 역시 군대의 전문화와 무관하지 않다. 국방·군사위원회에서 활동 중인 굴복하지 않는 프랑스(LFI) 소속 오렐리앙 생툴 의원은 "병역의무 폐지로 국방에 대한 민주적 토론이 상당히 약화됐다"라고 설명했다. 전쟁과 평화에 대한 최종 결정권을 행정부가 쥐고 있고 국민은 이 결정에 복종해야 하는 제5공화국 체제에서는 재량권을 가진 기관과 오만한 부르주아 계층이 강화됐다.

프랑스 병역은 불평등한 의무

부르주아 계층은 전장이나 노동 현장에서 죽어가는 이들에게 관심이 없으며 국제 문제도 개의치 않는다. 예를 들어 부르주아들은 "따지길 좋아하는 이들, 힘 앞에 굴복하는 이들, 병역을 기피하는 이들, 겁을 먹고 항복하는 이들"을 맹렬히 꾸짖으며 "각자 있어야 할 곳에 있을 때 전쟁에서 승리할 수 있다"라고 주장한다. 즉, 부르주아가 있어야 할 곳은 "기관총 앞이 아니라 키보드 앞"이라는 논리다.(10)

징병제 중단 이전부터 이미 병역은 불평등한 의무였다. '공화국의 용광로'는 신화에 불과했다. 청년층의 1/4을 차지하는 고학력자들은 민간 복무로 대체가능한 3가지 병역 형태 중 하나를 선택했다. 이제 청년층은 완전히 분리됐다. 입대를 선택하는 이들은 주로 서민층이다. 탈산업화와 실업에 직면한 교외 빈곤 지역과 쇠락의 길을 걷는 농촌 지역 청년들에게 군대는 사회학자 브누아 코카르의 표현처럼 "지방에 머물면서도 국가 공무원이 될 수 있는 길" 중 하나다. "현지 경제는 '이곳'에서의 미래를 보장하지 못한다는 생각을 품게 된" 프랑스령 해외 영토 청년들에게도 마찬가지다.(11) 매년 육군 신병의 약 10%는 '주권방어군' 사전 배치 지역인 앤틸리스 제도, 인도양 또는 오세아니아 출신이 차지하고 있다. 1961년부터 맞춤형 병역제도(SMA)를 시행 중인 이 지역들은 청년 6,000명에게 직업 훈련을 제공하고 있다.

생툴 의원은 "많은 이들이 국방에 별다른 관심이 없는 상태로 국방을 당연시한다"고 설명하며 "사람들은 기껏해야 군대를 서비스 제공자로 여기며 해외 파병에 무관심하다. 그러나 시민의 참여 없이 특정 계급 혹은 이익 집단이 군대를 좌우한다면 국민주권은 존재할 수 없다"라고 덧붙였다. 의회를 더욱 존중하는 제6공화국으로의 전환과 국립방산기지 설립과 함께 LFI는 9개월간의 시민 복무제를 제안했다. 25세 미만 모든 남녀를 대상으로 하는 이 제도는 최저임금(SMIC) 수준의 월급을 지급하며 병영 생활을 할 필요 없이 거주지 근처에서 복무가 가능하다. (양심적 병역 거부권 행사가 가능한) 초기 군사 교육을 마친 후에는 공익 임무를 수행한다. 생툴 의원은 이 제도의 목표는 "장 조레스의 사상을 계승한 공화국 군대의 전통을 되살려" 시민 의식 약화를 방지하는 것이라고 설명했다.

하지만 이런 형태의 징병제로 강한 군대를 보유한 국가를 건설하기에는 갈 길이 멀다. 좌파의 뇌리에서 시민 병사와 발미 전투의 기억은 사라졌다. 에마뉘엘 마크롱 프랑스 대통령이 추구하는 SNU와 강력한 군대 건설과의 간극은 더욱 크다. 마크롱은 SNU에서 "전쟁 준비라는 군대의 궁극적 목적성"(12)은 배제하고 제복 착용, 깃발 게양, 행진 등의 군대식 의례만 차용했다. 현재 연간 3만 2,000명이 SNU에 자원하고 있다. 이 중 40%는 경찰, 군인 혹은 소방관의 자녀다.

(10) Raphaël Enthoven, 엑스 (X, 구Twitter), 2022년 2월 28일.

(11) Benoit Coquard, 『Ceux qui restent. Faire sa vie dans les campagnes en déclin 쇠락해가는 농촌에 남은 이들의 생계유지』, La Découverte, Paris, 2019.

(12) Bénédicte Chéron, 'Le SNU est l'héritier d'une pensée magique née dans les années 1960, 1960년대 탄생한 이해할 수 없는 사고를 계승한 SNU', <르몽드>, 2019년 6월 18일.

<야창, 월트 디즈니-TV를 보는 도널드>, 1963 - 에렝 지크

이들은 15~17세 청소년으로 거주지 외의 지역에서 12일간 "결속력 강화 훈련"을 받은 후 같은 해에 12일간 '공익 임무'를 수행한다. 2021년 SNU를 거친 청소년 50%는 제복을 착용하는 기관을 선택했다. 마지막 단계는 최소 3개월~1년 사이에서 선택한 기간 동안 시민봉사 활동을 하거나 헌병대에서 근무하는 것이다.

2024년 3월부터 SNU의 적용 범위는 확대될 예정이다. 사라 엘 아이리 전 청소년·SNU 담당 차관은 이제 고등학교 과정에 해당하는 전문 기술 자격증(CAP) 과정 1·2학년 학생도 SNU 대상이 될 것이라고 발표했다. 수업 시간에 진행되는 이 "교육 과정"에 참여하면 "(파르쿠르쉽(Parcoursup, 프랑스 대학 입학 지원 온라인 플랫폼-역주)의 알고리즘 계산에 합산되는 점수를 획득"할 수 있다.(13)

좌파 단체들은 'SNU에 반대하는 모임(Non au SNU)', '청년·시민·해방'이라는 두 그룹으로 집결해 아이리 차관의 계획에 반대했다. CGT는 "청년의 군사화"라며 비난했으며 고등학생연합(MNL)은 "노동법 철폐를 향한 일보전진"으로 매도하며 "청년 견습생(인턴)들이 정규직 노동자에 준하는 노

(13) Aude Bariéty et Caroline Beyer, 'Le SNU va être intégré en classe de seconde, annonce Sarah El Haïry au Figaro 사라 엘 아이리, 고등학교 1학년 과정까지 SNU 확대 발표', <Le Figaro>, Paris, 2023년 6월 15.

(14) 'Retour en douce du service militaire et du contrôle de la jeunesse, le Service National Universel est le nouveau moyen d'embrigadement qu'à trouver l'État 은근슬쩍 부활한 병역과 청소년 통제, 보편적 국방의무는 국가가 찾아낸 새로운 징병 수단이다', 고등학생연합(Mouvement national lycéen), www. mnl-syndicat.fr

(15) 'SNU au lycée, générali-sation ou obligation? 고등학교에서의 SNU, 전면화인가 의무화인가', 2023년 2월 26일, www.snes.edu

(16) 'SNU에 반대하는 모임(Non au SNU)' 성명서, 2022년 7월 18일.

(17) Bénédicte Chéron, 『Le Soldat méconnu. Les Franççais et leurs armée : état des lieux 인정받지 못하는 군인. 프랑스와 프랑스의 군대:현황』, Armand Colin, Paris, 2018.

(18) Christophe Charle, 'Le pantouflage en France (vers 1880-vers 1980) 프랑스 공무원의 민간 이직', <Les Annales>, 1987, 42-5.

(19) Éliane Assassi, 'Un phé-nomène tentaculaire : l'influence croissante des cabinets de conseil sur les politiques publiques 광범위하게 확산된 현상: 공공 정책에 대한 컨설팅 회사의 영향력 증가', 상원 컨설팅 회사 조사 위원회 보고서, Paris, n° 578, 1권 (2021-2022), 2022년 3월 16일.

동을 주 35시간 이상, 무보수로 하게 될 것"이라고 지적했다.(14) 전국중등교사노조(Snes-FSU)는 SNU로 인해 "학교가 국가의 미래를 건설하는 대표 기관의 지위를 상실"했으며 특히 SNU의 결속력 강화 훈련은 수업 일수를 침해한다고 개탄했다.(15) 인권연맹(LDH), EELV, 전국노동조합총연맹(CNT), 사상의자유연맹 역시 국방부와 교육부의 "야만적 결합"을 규탄했다.(16)

공공영역의 군사화는 권위주의적 신자유주의

군대와 학교 간 연계를 강화하는 SNU의 목표는 현역 및 예비역 신병 모집 확대다. 나아가, 군대에 '사회적 역할'을 부여하는 것이다. 역사학자 베네딕트 셰롱이 지적했듯, 알제리 전쟁 직후 지배계급은 군대에 군사적 역할 외에 '사회적 역할'을 부여하고자 계속 노력했다.(17) 걷잡을 수 없는 사회와 재난의 시대일수록 사람들은 군대에 더욱 의지하고, 군대화된 사회를 피난처로 여긴다. 사회 전체가 혼란에 빠지면 전직 참모총장이 작가로 성공하고 레지옹도뇌르 훈장 수여자가 인플루언서로 등극하거나 생존주의 같은 사회 쇠퇴기적 관행이 나타난다.

공공 영역의 군사화는 권위주의적 신자유주의의 도래를 의미한다. (테러, 바이러스와의) 전쟁은 통치의 한 방식으로 자리 잡고 있다. 군사 엘리트와 경제 엘리트 사이의 경계가 점점 더 빨리 허물어지고 있다. 역사학자 크리스토프 샤를은 "간전기(1·2차대전 사이) 이후, 모든 고위 공무원을 통틀어 고위 장교들의 민간분야 전향이 가장 크게 증가했다"라고 설명했다.(18) 한편 피에르 드 빌리에(2014~2017년 합참의장), 드

니 파비에(국립헌병대장), 크리스토프 고마르(군사정보국장), 앙투안 크뢰(군총감찰관)은 각각 보스턴그룹컨설팅(BCG)의 수석 고문 그리고 토탈(Total), 유니베일-로담코-웨스트필드(URW), 소시에테제네랄(Société Générale)의 보안 책임자로 임명됐다. 이처럼 군인의 민간 분야 이직은 군사기업에만 국한되지 않는다. 한 상원 보고서에 다르면, 2018년에서 2021년 사이 군 장성 6명이 컨설팅회사에 합류했고 54명은 컨설팅 회사를 차렸다.(19)

생시르 육사가 개발한 몰입형 연수 프로그램

도미니크 뤼카는 신체·정신 훈련관으로 30년 동안 공군에 몸담았다. 퇴역 후 그는 민간분야로 전향했다. "2010년대 초 경영 미숙으로 프랑스전력공사(EDF)와 우체국의 직원들이 자살하는 사건들이 있었다. 이때 나는 내 능력이 민간 회사에서도 활용될 수 있겠다는 생각이 들었다." 뤼카는 이제 힐튼(Hilton), 빈치 오토루트(Vinci Autoroute), 레비스(Levis) 고위 경영진 대상 코칭 전문가로 활동 중이다. 경영자들은 "솔직함, 겸손, 전통 그리고 특히 인간 존중이라는 군대의 가치에 매력을 느낀다. 우리는 초경쟁적인 경제와 끊임없는 싸움의 시대에 살고 있다. 준비한 자만이 경쟁과 싸움에서 승리할 수 있다."

뤼카의 경쟁자들도 생겨났다. "내가 이 일을 처음 시작했을 때만 해도 경영자 교육 프로그램을 제공하는 사람이 많지 않았다. 하지만 이제 수많은 코칭 전문가가 존재한다." 국방부는 이런 '군대'와 '코칭'의 융합이 어떤 이점을 주는지 파악했다. 육군은 "국민

에게 더 가까이 다가간다는 것은 때로는 국민에게 영감을 주기 위해 노력하는 것을 의미한다"라고 설명하며 "군대라는 계급 체계 외에 다른 조직을 지휘해야 하는 이들 즉 기업 총수 등 경영인, 교수 등 교육자, 노동감독관, 정치 지도자 등 많은 사람들에게 권위에 대한 군대의 철학을 전파"하겠다는 포부를 밝혔다.(20)

생시르 육군 사관학교는 "리더십 개발을 희망하고 경영자의 영혼을 가진" 그랑제콜 학생들에게 6개월간의 몰입형 연수 프로그램을 제공한다. "불확실한 상황에서 올바른 결정을 내리는 법", "팀의 헌신을 끌어내는 법", "안전지대에서 벗어나는 법"을 배우고 싶은 기업 임원들도 이 프로그램에 참여할 수 있다.(21) 동료들과 공기총, 레이저총 서바이벌 게임을 한다고 해서 이런 역량을 체득할 수 있는 것은 아니다. 생시르 사관학교에서는 침상을 정리하고, 임시 뗏목을 만

들고, 칠흑같이 어두운 터널을 기며, 담력과 적응력을 키우고, 회복 탄력성을 시험하고, 승리하는 법을 배운다. 모병관인 동시에 징집병인 이들은 이 프로그램을 마치면 또다시 전쟁터로 향할 것이다. 만인이 만인을 상대로 싸우는 전쟁터다. ⓵

(20) 프랑스 육군, 『Comman-dement et fraternité, l'exercice de l'autorité dans l'Armée de terre 명령과 형제애, 프랑스 육군의 권위 행사』, Economica, Parois, 2016. Nicolas Chabut가 다음 기사에서 인용 'Pour un service des officiers hors les murs 군 장교가 부대 밖 세상에 기여할 수 있는 법', <Revue Défense Nationale>, 2019, www.defnat.com

(21) 생시르 육군 사관학교와 평생교육원(SCYFCO)의 홍보 책자 문구 인용.

글·알랑 포플라르 Allan Popelard
중등교사

번역·김은희
번역위원

Manière de voir

〈마니에르 드 부아르〉 12호
출간 즉시 알라딘 1위!

권 당 정가 18,000원
1년 정기구독 시 72,000원
⇨ 65,000원

불가능한 팔레스타인 주권 독립

해법 없는 하마스-이스라엘 전쟁의 뿌리

이스라엘과 여러 아랍국가가 관계 정상화 협정을 체결함에 따라 팔레스타인 문제는 해결국면을 맞이하는 듯했다. 하지만 최근 하마스가 이스라엘 침공을 감행하면서 이 문제가 다시 수면 위로 떠올랐다. 이를 보면, 팔레스타인의 현실이 얼마나 지속적인 평화와 안보에 걸림돌이 되는지 짐작할 수 있다.

토마 베스코비 ▌독립 연구원

지난 10월 7일 하마스가 이스라엘을 공격하기 전, 이스라엘과 팔레스타인 간에는 협상도 '평화 구축 프로세스'도 없었다. 30년 전 체결된 오슬로 평화협정은 양측의 이해관계를 조율해 합의점을 찾고자 했으나, 실제로는 식민지화와 점령을 강화하는 결과를 낳았다. 이번 교전이 일어나기 한 달 전, 팔레스타인 정책조사연구소(Palestinian Center for Policy and Survey Research)에서 실시한 여론조사 결과를 보면, 팔레스타인 국민들의 약 2/3가 현 상황이 1993년 이전보다 악화됐다고 답했다.(1)

그러나 이스라엘의 관점에서는 '평화 구축 프로세스'와 악화한 현 상황이 반드시 실패를 의미하지는 않는다. 이스라엘 일간지 <하레츠>의 기자 아미라 하스가 설명하듯, 팔레스타인 거주지가 생겨난 것은 오히려 '이스라엘 집권세력 내 타협의 결과'다.(2) 요컨대, 점령지의 윤곽을 재정의해 이스라엘 지형에서 팔레스타인 국민들을 정치적으로 지워버리는 것이다. 그렇게 하면 팔레스타인 국민들을 추방하거나 요르단강 서안지구를 공식적으로 합병할 필요도 없다.(3)

완전한 주권국가로서의 팔레스타인이라는 가능성은, 이스라엘 협상가들의 의제에 포함된 적이 없다. 팔레스타인해방기구(PLO)와 지도자 야세르 아라파트가 1947년의 유엔 분할안에 따라 할당된 영토의 22%에 자치국가를 건설하고 팔레스타인의 완전한 주권국가를 포기한 것은 역사적 타협이다. 하지만 이스라엘은 미국이라는 편향된 중재국의 비호 아래, 모든 조건을 협상 대상으로 남겨 뒀다.

양쪽 모두 외면하는 '두 국가 해법'

팔레스타인 정책조사연구소는 또 다른 여론조사에서 '두 국가 해법(Two-state solution, 팔레스타인이 주권국가로 독립해 이스라엘과 '국가 대 국가'로 공존하는 방안-역주)'에 찬성하는 비율이 양쪽 사회에서 모두 그 어느 때보다 낮게 나타났다고 밝혔다.(4) 팔레스타인에서 '두 국가 해법'에 찬성하는 비율은 33%로 2020년의 43%에 비해 10%p 감소했다. 이스라엘에서 두 국가 해법에 찬성하는 비율은 39%(유대인 중에서는 34%)였다.

(1) 'Public opinion poll n° 89', Palestinian Center for Policy and Survey Research 팔레스타인 정책조사연구소, Ramallah, 2023년 9월 3일, https://www.pcpsr.org

(2) Amira Hass, 'For Israel, the Oslo Accords were a resounding success', <Haaretz>, Tel-Aviv, 2023년 9월 12일.

(3) Dominique Vidal, 'Cisjordanie, de la colonisation à l'annexion (한국어판 제목: 트럼프 등장 이후 더욱 대담해진 이스라엘 우파)', <르몽드 디플로마티크> 프랑스어판 2017년 2월호, 한국어판 2017년 3월호.

(4) 'The Palestine / Israeli pulse, a joint poll summary report', Palestinian Center for Policy and Survey Research 팔레스타인 정책조사연구소, 2023년 1월, https://www.pcpsr.org

지난 11일(현지시간) 이스라엘 '아이언돔' 미사일 방공망이 가자지구에서 발사된 팔레스타인 무장 정파 하마스의 로켓을 요격하고 있다. 2023.10.12

이 수치는 맥락 속에서 해석해야 한다. 팔레스타인 사람들이 '두 국가 해법'을 외면하는 것은 이 해법을 원하지 않아서가 아니다. 실현 가능성이 없다고 보기 때문이다. 한편, 대안적 해결책은 그 어느 쪽에서도 높은 지지를 얻지 못했다. 이스라엘과 팔레스타인의 권익을 모두 대변하는 민주국가 수립 찬성률은 이스라엘과 팔레스타인 각각 20%, 23%에 그쳤다.

지난 30년 동안 팔레스타인 국민들이 '두 국가 해법'을 믿지 않고 주권 획득에 대한 희망을 내려놓은 이유는 4가지로 요약할 수 있다. 첫째, 그동안 점령지의 식민지화는 전혀 둔화할 조짐이 없었고, 두 사회 간의 상호의존성은 더욱 강화됐다. 팔레스타인 국민들은 이스라엘 경제에 의존한다. 점령된 영토는 이스라엘 군산복합체의 실험실일 뿐 아니라 지역 주민들에게서 수탈한 자원으로 제멋대로 투기를 일삼는 토지 자본가들에게도 상당한 돈벌이가 된다.

둘째, 팔레스타인 자치정부가 국가의 역할을 제대로 못하고 있다. 오히려 권위적인 마흐무드 압바스 팔레스타인 자치정부 수반과 그의 정권이 헤매는 동안, 이스라엘 군대와의 안보협력에 따라 점령군의 보조 역할을 자처하곤 했다. 베냐민 네타냐후가 이끄는 이스라엘 극우 정부의 합병주의적 야심 앞에, 팔레스타인 자치정부는 무력하다. 팔레스타인은 2011년에 유네스코에 가입했고, 2012년에 UN '옵서버 국가' 자격을 획득했으며, 2015년에는 국제형사재판소의 당사국 공식승인을 받는 등 외교적 성과를 올렸다. 하지만 달라진 것은 없었다.

셋째, 팔레스타인은 서안지구와 가자지구로 분할됐으며, 설상가상 지도부마저 내분을 겪고 있다. 서안지구에 대한 파타의 독재적 통치는 가자지구의 하마스의 권위주의적 통치 못지않게 팔레스타인 국민들을 억압하고 있다. 가자지구에서 이스라엘의 봉쇄령과 이집트의 국경폐쇄로 육해공에서 길이 모두 막혀버린 팔레스타인은 인구와 물자의 자유로운 출입도 불가능하며, 어떤 주권도 행사하지 못하는 상태다. 요아브 갈란트 이스라엘 국방부 장관은 하마스 공격 이튿날 전기, 수도, 식량 공급을 중단하라는 명령을 내렸다. 그렇지 않아도 29세 이하 실업률

지난 15일(현지시간) 팔레스타인 무장정파 하마스가 공격한 이스라엘 크파르 아자 키부츠

이 75%에 달하고 주민 210만 명의 80%가 인도적 지원에 의존하는 가자지구의 고충이 얼마나 커졌는지는 말할 필요가 없을 정도다.

끝으로, 팔레스타인 독립 국가 수립을 이끌어야 할 '평화 구축 프로세스'는 도리어 이스라엘 지도자들에게 점령지에 대한 장악력을 강화하는 시간을 벌어줬다. 무엇보다도 오슬로 협정 이행을 위한 재정적, 외교적 협조를 약속한 국가들은 이 지역의 문제를 양국 간 갈등으로만 치부하며, 이스라엘의 국제법 위반에 대한 제재를 회피하고 있다. 건국 이래 유엔의 결의를 단 한 번도 지키지 않은 이스라엘을 식민세력으로 본다면 제재함이 마땅하다. 팔레스타인의 권리를 존중하는 것이 곧 이스라엘의 생존과 직결된 문제라는 인식을 이스라엘 정치 지도자들이 하게끔 만들어야 한다.

일상 경제활동에선
이미 단일국가가 존재

이스라엘 의회 크네세트(Knesset) 의원 120명들 중 최소 100명은 정착촌 유지를 옹호하며, 과반수는 서안지구의 전체 또는 일부 합병에 동의한다. 이스라엘과 팔레스타인 영토에서 아랍인 인구는 710만 명, 유대인 인구는 700만 명에 달한다. 지중해와 요르단강 사이에 있는 이 땅에는 실질적인 국경이 하나뿐이며(이스라엘 당국이 관리), 교역에는 이스라엘의 통화, 셰켈이 주로 사용된다. 물리적 요소, 제도적 요소 모두 두 인구를 분리하지만, 실상 더 복합적인 접근이 필요하며, 사실상 단일 국가가 이미 존재한다는 점을 인정해야 한다.(5)

이스라엘이 세운 '분리장벽'은 1967년 이후 그어진 녹색 경계선(Green Line)의 20%에 불과하므로 국경 역할을 할 수 없다. 요르단강 서안의 10%는 이스라엘 쪽에 있다. 게다가 유대계 이스라엘 시민 약 70만 명이 서안지구와 동예루살렘의 정착촌에 거주하면서 상점과 도로 등 일상적인 공간을 팔레스타인 주민과 공유한다. 서안지구 약 15만 명, 가자지구 약 1만 7,000명의 팔레스타인 국민이 매일 일하러 이스라엘로 넘어간다. 실상 이스

(5) Michael Barnett, Nathan Brown, Marc Lynch, Shibley Telhami, 'Israel's one-state reality', <Foreign Affairs>, New York, 제102권, 제3호, 2023년 4월~5월호.

라엘 기관과 의회가 이스라엘 전체 인구와 마찬가지로 점령지 주민의 일상생활 전반 또는 일부를 관장한다. 그래서 500만 명이 넘는 점령지 주민은 이스라엘 정부가 내리는 결정에 영향력을 행사할 도리가 없다. 결국 같은 지역 내에서 이스라엘인과 팔레스타인 국민에게는 거주지와 소속 국가에 따라 각기 다른 법과 사법제도가 적용된다.

그러나, 유독 이스라엘인들만 특권을 누리고 있다. 따라서 이스라엘과 팔레스타인, 국제 비정부기구(NGO)가 이스라엘 정권을 아파르트헤이트(인종 격리 정책) 정권으로 규정한 것이다. 이런 독특한 국가 상황에서 팔레스타인 국민들은 점령군의 결정과 정착민들의 수탈로부터 아무런 보호를 받지 못하며, 일부 팔레스타인 청년들은 무장봉기를 시도한다. 최근 제닌과 나블루스에서 '라이온스 덴(Lions' Den, 사자의 굴)' 등 팔레스타인 무장단체들이 생겨났다.(6) 이스라엘 시민사회는 현상(現狀)으로 인식되는 이런 상황에 익숙해져 있고, 2차 인티파다(2000~2005년, 팔레스타인 국민들의 반이스라엘 투쟁-역주) 이후 시행된 정책은 팔레스타인 국민들을 보이지 않는 존재로 전락시켰다. 이번 10월 7일 사태는 억압에 시달리고, 희망과 존엄과 자유를 빼앗긴 팔레스타인 사람들을 재조명했다.

'진정한 독립 팔레스타인 국가'라는 전망이 요원해진 가운데, 두 시민 사회는 새로운 접근법을 모색 중이다. '모두를 위한 땅(A Land for All)' 운동은 2012년부터 민주주의, 이동과 정착의 자유, 예루살렘을 비롯한 천연자원에 대한 두 민족 간 주권 공유, 정의와 안보에 대한 동등한 접근을 보장하는 '연방-두 국가 해법'을 지지해 왔다. 2017년 이스라엘의 아랍계·유대계 거주도시인 하이파에서 시작된 '단일 민주국가 캠페인(One Democratic State Campaign, ODSC)'도 있다. 이 캠페인은 두 사회 간 공동정치 프로젝트의 기틀이 될 10가지 프로그램을 중점으로 구성됐다.

또 다른 해법이 나올 수 있을까?

무장조직은 사라지지 않을 것이다. 그러나, 10월 7일 침공이 이스라엘 사회에 가져온 충격을 고려하면 이들 세력의 영향력은 줄어들 가능성이 크다. 이번 사태에 앞서 네타냐후 총리의 사법개혁에 반대하는 시민들이 40주에 걸쳐 시위를 벌였다. 하지만 이스라엘의 점령에 반대하는 진영은 시위대에게 팔레스타인 국민들의 운명이 우선시 돼야 하며, 그 어떤 민주주의도 아파르트헤이트나 영토 점령과는 공존할 수 없다는 점을 어필하지 못했다.(7) 10월 7일 이후, 반식민 좌파와 소수의 지식인을 제외한 이스라엘 정치권 전체가 하마스와의 '전쟁에서 승리하기 위한' 대규모 작전을 촉구하고 나섰다.

팔레스타인 민족 운동의 핵심 조직을 제거하는 것이 가능할 경우, 이스라엘의 네타냐후 총리가 권력을 유지하게 됐을 때는 대체 어떤 행동을 감행할 것인가 하는 의문을 품게 된다. 그리고 만약 그가 총리직을 떠난다면, 후임 정부는 과연 팔레스타인 문제를 다른 관점으로 대하고, 새로운 해법을 찾아낼 수 있을까? 그래서 출신, 종교와 무관하게 지중해와 요르단강 사이에 사는 모든 시민에게 동등한 개인의 권리와 집단적 권리를 보장할 것인가? **⒧ⅅ**

(6) Akram Belkaïd, Olivier Pironet, 'La jeunesse palestinienne ne s'avoue pas vaincue(한국어판 제목: 팔레스타인 청년에게 항복이란 없다)', <르몽드 디플로마티크> 프랑스어판 2018년 2월호, 한국어판 2018년 4월호.

(7) Charles Enderlin, 'Fronde historique en Israël(한국어판 제목: 예고된 '하마스 참극', 이스라엘에서는 무슨 일이?)', <르몽드 디플로마티크> 프랑스어판 2023년 10월호, 한국어판 2023년 11월호.

글·토마 베스코비 Thomas Vescovi
이스라엘 및 팔레스타인 지역 전문 독립 연구원

번역·이푸로라
번역위원

<거절!>, 2021 - 누 바레토_ 관련기사 73면

MONDIAL

지구촌

코로나19 사태로 상흔이 깊은 중국의 엘리트층

잃어버린 차이나 드림, 기나긴 겨울잠 속으로

중국의 지식인들에게, 코로나 팬데믹은 어떤 경험으로 남았을까? 3년에 걸친 봉쇄조치, 시진핑 주석이 돌발적으로 단행한 코로나 제로 정책 해제 사태에 대해 어떻게 느꼈을까? 캐나다의 저명한 대학교수이자 중국의 사상 및 사회문제에 정통한 데이비드 오운비가 반체제 학자나, 정권에 포섭된 지식인이 아닌, 일반 개인 연구가들을 찾아 나섰다. 잠시 그의 여정에 동참해보자.

데이비드 오운비 ▌독일 할레 소재 막스 플랑크 인류학연구소 객원연구원

코로나19 팬데믹 사태가 일어나기 전까지는, 중국은 꽤 가까운 나라였다. 몬트리올과 베이징 사이에 북극을 경유하는 직항로가 있어서, 12시간이면 날아갈 수 있는 나라가 중국이었다. 2023년 봄, 중국 정부는 지난 3년간의 봉쇄조치를 전격 해제했다. 하지만 기존의 직항로가 사라졌다. 그 바람에 나는 장장 30시간이 넘는 비행시간을 감내하며, 몬트리올-토론토-취리히-홍콩 티켓을 예매해야 했다. 그리고 얼마 지나지 않아 코로나 사태의 여파가 미친 곳은 비단 항공 노선만이 아니었음을 깨달았다.

나는 우여곡절 끝에 '차이나 드림'을 찾아 나섰다. 2018년 개설한 블로그, '차이나 드림을 읽다'에 나온 그 '차이나 드림'을 찾아서 말이다. 나는 평소 중국 지식인들의 삶을 따라가고자, 정권 선전에 포섭된 부패한 작가 혹은 정권에 등을 돌린 반체제 작가가 아닌, 일반 지식인 작가들의 글을 다룬다. 그들의 글을 읽고 번역하고, 또 그런 글의 배경을 분석하거나 소개해왔다.(1) 물론 신장 위구르, 티베트, 홍콩, 시진핑 주석 등 일부 금기시되는 주제도 있다. 하지만 이런 민감한 문제들만 제외하고 현안을 다루는 논쟁과 토론의 장이 중국에도 존재한다.

여기서 '작가'는, '중국적 색채가 짙은 대중적 지식인'을 뜻한다. 대부분은 학문 연구만이 아니라, 대중 대상의 글도 쓰는 대학교수들이다. 그들은 오늘날 중국 전역에 들어선 고속열차나 최신식 공항들과 마찬가지로, 개혁 · 개방 시대의 순수한 산물로 간주된다. 이런 종류의 공간에서는 지적 다양성과 독재정권이 실로 기묘한 공존을 이룬다. 다원주의와 그 토대인 사상의 자유는 내가 몇 년 동안 교류해온 이들 사상가들이 말하는 '차이나 드림'의 일부다.

하지만, 시 주석은 이들과는 정반대 비전을 추구한다. 시 주석은 다원주의에 단호히 반대하며, 집권 초기부터 일종의 사상적 규율을 강제해왔다. 이에 대해 지식인들은 나름의 방법으로 저항해오고 있다. 우리 블로그에 게재된 글들이 그런 사실을 여실히 입증한다. 지난 3년간 철저한 봉쇄조치와 고립정책을 실시한 중국은 그동안 어떻게 변했을까? 코로나19 사태 전에 내가 마지막으로 중국을 방문한 것은 2018년 12월이었다. 그리고 올해 5월 1일부터 23일까지 베이징에서 한 주, 상하이에서 한 주, 그리고 홍콩에서 며칠을 체류할 기회를 얻었다.

'제로 코로나' 정책 중단이 남긴 고통스런 상처들

간만에 만난 중국의 모습은 좋아 보였다. 베이징은

내 기억 속의 모습보다 훨씬 더 아름답고 청결했다. 우리는 시안 종루 인근, 한 아기자기한 골목길에 자리한 근사한 호텔에 투숙했다. 사방에서 쾌적한 기운이 풍겼다. 상하이도 봉쇄의 시련을 딛고 일상의 리듬을 회복했다. 거리와 식당은 활기에 넘쳤고, 지하철은 매일 족히 1,000만 명은 돼 보이는 승객들을 부지런히 실어 날랐다. 지하철은 어느 역이나 쏟아지는 인파로 발 디딜 틈이 없었다. '대체 어떻게 저 많은 승객들을 실어 나를까?' 의문이 들 정도였지만, 지하철은 별 이상 없이 운행됐다.

나는 팬데믹 사태 전에 10년짜리 비자를 받아놓았었다. 그 비자의 유효기간이 남아 있어서 중국에 들어가는 건 어렵지 않았다. 덕분에, 만나려던 사람들을 어렵지 않게 만날 수 있었다. 그들 중에는 초면인 인터뷰이들도 있었는데, 이메일이나 위챗 메신저를 통해 인터뷰 승낙을 얻은 후 만나러 갔다. 중국은 가는 곳마다 곳곳에 카메라가 설치돼 있었다. 특히 상하이 공항은 안면인식기술을 활용해 탑승 수속 절차를 진행한다. 그럼에도 감시당한다는 불쾌감은 들지 않았다. 내가 만난 사람들도 굳이 카메라를 피하려 애쓰지 않았다.

하지만 곧, 나는 중국의 개방적이고 역동적인 얼굴 뒤에 감춰진 어두운 이면을 발견했다. '제로 코로나' 정책 해제의 후유증은 상당히 깊었다. 우리는 지금껏 바이러스를 상대로 벌인 중국의 무자비한 사투의 역사를 고

<접기 n°56>, 2018 - 민조정

스란히 곁에서 지켜봤다. 첫 해는 매우 혹독했지만 정부의 엄격한 방역조치가 어느 정도 결실을 맺은 한 해였다. 두 번째 해에는, 통제 시스템이 확연히 허점을 드러내는 와중에도 중국 정부가 첫 해와 거의 동일한 모델을 고집했다. 그러다 세 번째 해에 들어서면서, 세계 전역이 오미크론 변이와 '공존'을 선언한 가운데 중국은 돌발적인 격리와 엄격한 봉쇄조치에 열을 올렸다. 그러더니 느닷없이 하루아침에 모든 봉쇄조치를 해제해버렸다.

그다음은, 공포영화가 상영됐다. 순식간에 모든 통제가 사라지고, 사람들이 줄줄이 바이러스에 감염된 것이다. 수십만 명, 수백만 명. 어쩌면 그 이상의 사망자가 줄줄이 속출했다. 그럼에도 정부는 바이러스와의 전쟁에서 승리를 선언했다. 당시 다른 모든 이들처럼 우리도 '제로 코로나' 정책을 돌발적으로 중단한 중국 정부의 실로 놀라운 무능함과 극단적 냉소주의에 큰 충격을 받았다. 하지만, 정작 이 사건이 중국인의 정신에 미친 영향까지는 파악하지 못했다.

하루는 베이징에서 두 중국인 청년, X와 Y를 만났다. 민간기업에서 기자와 에디터로 일하는 30대 청년들이다. 우리는 생면부지의 사이임에도 인터뷰 구실을 찾아낼 수 있었다. 나는 택시에서 내리자마자 철저히 준비된 밀실로 인도됐고, 그곳에서 두 청년은 1시간 반에 걸쳐 심경을 털어놓았다. 어떤

이야기였을까? 일종의 참사처럼 체험된, 코로나 방역 해제 사태에 대한 이야기였다. 성난 표정의 Y는 아주 직설적으로 말했다. "선생님은 평소 정부가 선생님을 보호해줄 것이라 생각하시지요? 최소한이라도요. 하지만 현실은 전혀 그렇지 않습니다. 한 번 생각해 보세요. 선생님이 어떤 일을 겪든 정부는 전혀 무관한 상황을요."

방역 해제 조치가 정치적 결정이라는 데 이의를 제기할 중국인은 없을 것이다. 심지어 일각에서는 해당 조치가, 2022년 10월 중순 개최된 제20차 당 대회처럼, 공산당의 중요한 행사 이후를 겨냥한 맞춤형 정책이라고 생각하기도 한다. 또한 '제로 코로나' 정책이 시 주석의 이미지, 그의 자아(Ego)와 긴밀히 연관돼 있다는 사실도 모르는 사람은 없다. 지난해 시민들이 봉쇄 및 방역 조치에 불만이 높았던 것도 그 때문이다. 2022년 11월 말 시위가 그 사실을 여실히 입증한다.

"완전히 균형감각 잃어버려"

그럼에도 중국 정부가 한겨울에 심지어 고령층에 대한 사전 백신 접종 프로그램도, 의약품 재고 확보도 없이, 무작정 돌발적으로 180도 노선을 변경하리라고 예상한 사람은 아무도 없었다. 오미크론 변이가 그저 단순 감기를 일으킬 뿐이라고 확언하며, 중국 정부가 바이러스와의 전쟁에서 승리를 선언할 것이라고는 아무도 생각하지 못했다. 당신의 할아버지가 코로나 바이러스에 걸려 사망했다는 사실은 아무런 문제가 되지 않았다. 마오쩌둥의 말처럼 사람은 언젠가는 모두 죽을 운명이니 말이다!

우리는 여기서 잠시, 청년층의 눈에는 중국 정부를 가장 적절하게 규정하는 가치가 바로 능력이라는 (이었다는) 점을 제대로 이해할 필요가 있다. 청년 세대도 중국 정부가 권위주의(전제주의)적이라는 사실을, 특히 시 주석 정권에서 이런 성향이 더욱 심화됐다는 사실을 잘 안다. 하지만 권위주의는 비단 어제 오늘의 현실이 아니다. 물론 일각에서는 변화를 요구하는 목소리도 적지 않지만, 여하튼 중국인은 권위주의 현실에 이미 익숙하다. 더욱이 지난 수십 년 동안 중국의 환골탈태를 이끈 것도 바로 이 권위주의 정권이었다. 덕분에 젊은 세대는 할아버지 세대에서는 절대 상상조차 할 수 없었던 눈부신 번영을 누릴 수 있었다.

그런 의미에서, 젊은 세대는 냉

소적인 면과 애국적인 면을 동시에 지니고 있다. 그들은 첨단 기술을 자랑하는 번영한 중국에 대해 커다란 자부심을 느낀다. 적어도 2022년 12월 중순까지는 그러했다. 하지만 중국 정부는 심각한 보건 혼란 사태를 부채질하며 그동안 쟁취한 모든 정권의 정당성을 제 손으로 허물었다. 중국 정부가 이기적인 결정을 내린 지 이미 5개월이 지났지만, Y는 여전히 끓어오르는 분노를 삭이지 못했다.

X도 혼란스러운 표정을 감추지 못했다. "살면서 이런 종류의 사태에 대비한 교육은 전혀 받아본 적이 없습니다. 앞으로 어떻게 살아야 될지 막막해요. 완전히 균형감각을 잃은 것 같습니다." X는 직장이나 정부에서 일하던 친구들이 돌연 "시스템의 일부가 되기를 원치 않는다"라며 일을 그만둔 이야기를 길게 들려줬다. 흔히 중국어로 '납작 엎드리다'라는 표현이 있다. 타격을 피하고 몸을 보호하기 위해 머리를 수그리는 행위를 뜻한다.

X의 친구들 중, 아예 중국을 등진 이들도 많았다고 한다. 중국에 남아있다고 해도, 코로나 사태의 여파로 직장생활은 물론 일상까지 힘들어진 친구들도 많다. 흡사 이라크 전쟁 참전 후 트라우마로 고통받는 미군 병사들처럼 말이다. 그는 외국인인 내게 이 모든 이야기를 낱낱이 들려주고 싶어했다. 중국에서는 이런 문제를 다루려는 사람은 찾아볼 수 없기 때문이었다. 이 문제에 대해 거론한다는 것은, 곧 바이러스와의 '승리'를 문제시하는 것이고, 결국 온갖 잠재적 문제를 야기할 수밖에 없기 때문이었다. 한편 그는 특히 중소기업 현장에서 나타나고 있는 일상적인 노동분쟁 상황에 대해서도 들려줬다. 3년 동안 문을 닫았던 기업들이 온갖 경영난에 허우적거리며, 여전히 정부 정책의 후유증으로 깊이 시름하고 있다는 것이었다. 청년의 이야기를 들으면, 어느새 중국인은 분노와 혼돈, 불행, 환멸, 이 모든 감정을 동시에 느끼고 있는 듯 보인다. 분명 중국에는 어울리지 않는 모습일 것이다. 나는 문득 X와 그 친구들이 무엇인가를 애도하고 있다는 생각이 들었다. 나는 이 예기치 못한 강렬한 만남에 심경이 복잡해졌다.

다음날, 한 대학교수와 함께 점심 식사를 했다. 나는 그 교수에게 전날 X와 Y에게 들은 이야기를 들려줬다. 내 말을 들은 교수는, 주저 없이 동의를 표했다. 그러면서 개인별 차이는 있겠지만, 현재 중국인들은 외상 후 스트레스 장애에 시달린다고 덧붙였다. 사실상 내가 만난 모든 이들이 똑같은 이야기를 했다. 모두가 '제로 코로나' 정책 중단이 회복하기 힘든 고통스러운 상처를 남겼다고 확신했다. 그나마 노인 세대는 그럭저럭 이 커다란 상처를 견뎌내고 있는 것처럼 보였다. 적어도 나와 교류하는 지식인들 중 상당수는 그렇게 생각했다.

그들 중 한 명은 "우리는 이미 6월 4일을 경험한 적이 있다"라며, 1989년 발생한 천안문 사태를 환기했다. 천안문 사태는 국가의 정당성과 신뢰를 뒤흔든 대대적인 사건이었다. 사실상 당-국가의 역사는 이런 종류의 수많은 위기로 점철돼왔다. 하지만 이런 온갖 풍파에도 여전히 불굴의 건재함을 과시하고 있다.

"아무도, 아무 말도 할 수 없다"

내가 번역한 글들을 저술한 저자들은 돌발적인 방역 해제 사태보다는, 오히려 시주석이 이끄는 오늘날 중국의 일상적인 현실을 더 괴로워했다 "아무도 더 이상 아무 말도 할 수 없다." 중국 정부의 키워드 검열 시스템을 지적하는 이들이 한결같이 토로하는 말이다. 최근에는 심지어 '종교'라는 극히 평범한 단어조차 금기어로 지정되는 바람에, 어떤 글에서도 이 단어를 찾아볼 수 없게 됐다. 중국판 페이스북 혹은 트위터에 해당하는, 위챗이나 웨이보에 게시된 글들 중 상당수도 아무런 해명 없이 삭제되는 일이 빈번했다.

이들 중국 지식인들은 내가 그들과 교류한 지난 10여 년 전부터 줄곧 똑같은 불만("아무도 더 이상 아무 말도 할 수 없다.")을 제기해왔다. 그런 만큼 그들의 말을 차분히 거리를 두고 들여다볼 필요가 있다. 그들은 시주석이 집권 이전 시절을 그리워하는 것일지 모른다. 공산당이 "이제는 역사의 페이지를 넘겨야 할 때"라는 말을 그들이 공공연히 할 수 있었던 시절을 말이다. 오늘날에는 이런 말이 더 이상 허용되지 않는다. 하지만 '그 누구도 더 이상 어떤 말도 할 수 없는' 것은 아니다. 여전히 중국에는 양서들이 꾸준히 출간되고 있고, 나도 번역거리를 찾는 데 어려움이 없다.

하지만 나의 지식인 친구들이 그 어느 때보다 중국의 현실에 환멸을 느끼고 있는 것은 사실이다. 그들 중 상당수는 더 이상 어떤 글도 읽을 수 없다고 토로하거나, 혹은 이제는 위챗 그룹 간 교류에만 만족할 수밖에 없는 처지라고 말한다. 나도 '중국에서 누가 어떤 글을 쓰는지'에 대해 때로는 그들보다 훨씬 더 많은 정보를 누리고 있다는 느낌을 수차례 경험했다. 과거에는 경험한 적이 없었던 일이다. 여전히 '바짝 엎드리기'를 거부하는 수많은 지식인들은 정부의 통제가 가장 심각한 대학 캠퍼스를 어떻게든 벗어나기 위해 안간힘을 쓴다. 그들은 가급적 대학 밖에서 직업 활동을 영위하고자 한다. 가령 강연료를 두둑하게 주는 기업인들의 모임에 나가 개인 강연을 한다. 이는 학문의 발전에는 전혀 도움이 되지 않는다. 흥미로운 사실 한 가지를 소개하겠다. 나의 지인 한 명에 따르면, 이들 기업가들은 대개 반미주의에 사로잡혀 있어서, 아주 작은 문제도 전부 미국 탓으로 돌리곤 한다. 모든 문제의 원흉은 트럼프가 주도하고, 바이든이 계승한 중국 봉쇄 정책이라고 말이다. 과거에는 찾아볼 수 없었던 현상이다.

한편 나는 이번에 이미 베스트셀러를 한 권 출간한 데 이어 두 후속작을 구상 중인 한 자유주의 성향의 젊은 작가를 만나봤다. 그는 훨씬 더 낙관적인 비전을 가진 인물로, 그의 연구도 면밀히 살펴볼 가치가 충분해 보였다. 한편 나는 평소 즐겨 참고하는 잡지인 〈문화종횡〉의 편집진과 어느 오후를 함께 보내기도 했다. 중국 정부에 대한 가벼운 비판이 담긴 글들을 포함해, 나는 그 매거진에서 25~30편의 글을 선별해 번역한 적이 있었다. 사실 중국인이든 서양인이든, 내가 알고 지내는 많은 언론인 친구들은 대개 정치계에 대해 냉소적인 태도를 보일 때가 많다.

하지만 이번에 만난 〈문화종횡〉의 경우는 달랐다. 그런 만큼 나는 〈문화종횡〉의 언론인들이 당-국가의 노선에 철저히 동조하는 모습에 깜짝 놀라지 않을 수 없었다. 현재의 상황을 아주 여실히 보여주는 최근의 일화가 있다. 한 자유주의 성향의 지인이 내게 그보다 훨씬 더 '급진적인' 성격을 지닌 또 다른 자유주의자들에 대해 이야기해줬다. 그들 중 일부는 트럼프를 지지하기까지 하는데, 그들은 공산당을 무너뜨릴 기회가 될 수 있다는 이유로 대만과의 전쟁에 우호적이라고 했다. 친구는 다소 냉소적인 말투로, 이들 급진주의 세력의 대다수는 부유층이고, 일부는 미국에 주택을 소유하고 있다고 귀띔했다. 그러면서 그는 이런 말로 이야기를 끝맺었다.

"내게는 그런 정도의 재산이 없다네. 그래서 나는 전쟁을 원하지 않아. 가급적 오래 중국에서 살고 싶다네. 적어도 감옥에 갇히기 전까지 말일세."

이제, 우리의 차이나 드림은 기나긴 겨울잠에 들어간 것일까. ⒧Ⓓ

글·데이비드 오운비 David Ownby
독일 할레 소재 막스 플랑크 인류학연구소 객원연구원. 중국 지식인의 삶을 연구하고 있다. 주요 지시로는 『중국의 비상과 중국의 대중적 지식인(L'Essor de la Chine et les intellectuels publics chinois)』(Editions du Collège de France, Paris, 2023)이 있다.

번역·허보미
번역위원

(1) David Ownby, 'Cette Chine qui pense en marge des discours officiels 표리부동한 중국', <르몽드 디플로마티크> 프랑스어판 2023년 1월호.

영국 노동당원이 브렉시트를 지지했던 시절

노동당원들의 반대에도 무릅쓰고 노동당 지도부 해럴드 윌슨은 영국의 유럽공동체가입을 비준시켰다. 이로써 정치적 재편의 길을 열었고, 2020년 1월에는 영국의 유럽연합 탈퇴로 귀결됐다.

아녜스 알렉산드르 콜리에 ▌부르고뉴대학교 현대영국문명학과 교수

다시는 예전과 같지 않을 것이다. 1973년은 약속과 함께 시작됐다. 언론은 1월 1일 영국의 유럽경제공동체(EEC) 가입을 거의 만장일치로 환영했다. 〈옵저버〉는 '유럽 가이드'를 발행해 EEC 가입과 관련된 현안이 무엇인지 설명했다. 〈더 타임스〉는 이를 '화려한 모험'이라고 묘사했다. 〈데일리 미러〉는 "영국인들만으로 충분하고, 신이 외국인들과 그들의 우스꽝스러운 관습으로부터 영국인들을 보호하기 위해 영국 해협을 만들었다는 믿음이 조금이라도 남아있다면, 오늘 그 믿음은 사라질 것"이라고 했다.(1) 인플레이션이 9.2%에 달하고 1인당 부의 창출이 세계 11위를 차지하는 등 상황이 계속 악화됐기 때문이다.(2) 영국이 유럽에 기대하는 경제적 구원은 없을 것이다. 유럽으로의 통합과 브렉시트 이후에도 살아남을 수 있을 만큼 견고한 미국과의 특별한 관계도 포기하지 않을 것이다.(3)

ECC 가입으로 시작된 정치의 재구성

반면에 정치적 재구성은 EEC 가입과 함께 시작됐다. EEC는 오랫동안 좌파의 비판적 세력에 부유한 국가의 자본주의적 집단으로 인식됐고, 우파 주권주의자들에게 프랑스-독일의 침입으로 간주되는 두려움의 대상이었다. 그러나 그 후 몇 달, 또 몇 년 동안 유럽 문제는 보수당과 노동당 진영을 재편하고 새로운 정당의 출현에 기여했으며 대중매체에서 끝없는 논란의 불을 지폈다.

1957년 로마 조약이 체결됐을 때, 경계심이 많은 영국인은 이웃한 유럽 국가들에 단순한 연합을 제안했었다. EEC는 이를 거부했는데, 처음으로 경제적 성공을 거둔 해럴드 맥밀런 보수당 정부(1957~1963)는 긴밀한 유대관계의 이점에 더욱 주목했다. 당시 영국 외무장관이었던 에드워드 히스가 영연방(Commonwealth of Nations)산 필수품에 대한 특혜 관세와 새로운 공동 농업정책에 관해 2년에 걸친 어려운 협상 끝에, 샤를 드골 프랑스 대통령은 1963년 거부권을 행사했다. 프랑스 대통령은 영국이 미국의 '트로이 목마'가 아닐까 경계했다. 1967년, 그는 이번에는 해럴드 윌슨이 이끄는 노동당 정부가 새롭게 접수한 가입 신청을 거부했다.

1970년 영국 보수당이 재집권했을 때, 프랑스의 대통령은 영국과 대화를 재개할 의향이 있는 조르주 퐁피두였다. 또한, 영국의 수장은 친유럽주의자인 에드워드 히스였다. 영국의 히스 총리는 제국주의에 대한 향수도 없었고, 미국과의 '특별한 관계'에 대한 애착도 없었다. 영국 토리당은 '유럽의 정당'을 자처했고 노동당은 전반적으로 '공동 시장'에 적대적이었기 때문에 유럽 문제는 좌우 분열과 맞물려 있는 것처럼 보였다. 그러나 1971년 10월 28일 의회에서 EU 가입 원칙에 대한 표결이 실시되면서 각 진영에서 처음으로 불협화음이 드러났고, 유럽 예산 중 영국의 분담금과 같은 근본적인 문제는 여전히 해결되지 않은 상태였다.

1974년 선거에서 영국 노동당이 가까스로 이겼다. 그들은 EEC 가입조건을 근본적으로 재협상하고, 집권 후 1년 이내에 협상 결과 비준을 위한 국민투표를 실시

하겠다는 정책을 내놓았다. 해럴드 윌슨 총리는 일부의 동의만 얻어냈다. 1975년 4월, 노동당 의원 145명은 그를 지지하지 않았고 하원에 제출된 협의안 비준을 거부했고, 의원 138명만 협의안에 동의했다. 영국 정부는 보수당과 자유당의 지원 덕분에 체면을 차릴 수 있었다.

안건은 '영국이 유럽공동체에 잔류해야 한다고 생각하십니까?'였다. 국민투표는 1975년 6월 5일에 실시됐다. 노동당, 가장 극우파의 카리스마 넘치고 반(反)이민을 주장한 인물인 에녹 파월 전 하원의원과 가까운 보수당 일부, 다수의 노동조합, 스코틀랜드 및 웨일스 민족주의 정당 등이 참여한 '국민투표캠페인(National Referendum Campaign, NRC)'은 보수당, 자유당, 노동당의 우파 세력 대부분을 결집한 '유럽 속의 영국(Britain in Europe)'에 맞서 반대를 지지했다. 재계와 언론의 지지 덕분에 '찬성'파가 67%라는 큰 득표율로 승리했다.

"여전히 고전입니다."
작가들이 사랑한 고전 영미문학 번역서 시리즈
스틸 클래식 첫 번째 책
『나는 크리스티나 로세티입니다』

Still Classics 1

크리스티나 로세티 ― 나는 크리스티나 로세티입니다

나는 크리스티나 로세티입니다
크리스티나 로세티

김군 옮김

외국서

SC 1

크리스티나 로세티 지음 | 김군 옮김 | 별책부록 | 13,000원

버지니아 울프가 주목한 시인, 크리스티나 로세티
"나는 시인입니다. 내가 누구인지 알고 싶거든 내 시를 읽으세요."

유럽 잔류라는 선택은 경제 상황 악화와 맞물려 처음으로 진보 진영 내 힘의 균형에 변화를 가져왔다. 당장 4월부터 데니스 힐리 재무부 장관은 긴축 재정을 실시해야 했다. 그리고 6월 10일, 총리는 개입주의 성향이 강한 앤서니 벤 산업부 장관을 보다 신중한 에릭 발리로 교체한다고 발표했다. 이 개편은 벤이 열렬히 지지했던 '반대'파가 패한 지 불과 며칠 만에 이뤄졌다.(4) 노동당은 고용주에게 계획경제를 강제하려는 생각을 포기하고 노조에 적정한 임금안을 받아들이도록 촉구하는 등 경제에 전환점을 마련했다.(5)

1976년 윌슨이 건강상의 이유로 사임하자 후임으로 제임스 캘러헌이 외무장관이 됐는데, 그는 전년도에 EEC 가입조건을 최소한으로 재협상한 바 있다. 새 총리는 정부 내 '반대' 지지자들을 배제하고 긴축 정책을 지속적으로 강행했다. 심지어 1976년부터는 영국 정부가 도움을 청한 국제통화기금(IMF)의 요청에 따라 허리띠를 더욱 졸라매야 했다. 좌파 정당과는 확실하게 결별하게 됐다.

Since 1979
: 마거릿 대처의 승리 이후

3년 후인 1979년, 마거릿 대처가 이끄는 영국 보수당이 승리했다. 신임 총리는 광대한 시장과 자유주의의 약속으로 보이는 유럽을 받아들였다. 대처는 1975년 2월 당 대표가 된 후 전후 합의, 복지 국가, 케인스주의 정책과 결별할 것을 약속하며 '유럽을 위한 위대한 찬성'을 촉구했다. 대처는 1983년 재선 이후까지 이 정책을 실행하지 않았지만, 그녀가 제임스 캘러헌을 이기면서 진보 진영을 두 번째로 재구성하는 또 다른 정치적 격변을 일으켰다.

1980년 가을 블랙풀 전당대회에서 EEC 탈퇴 동의안이 채택되고, 이 안을 지지했던 마이클 풋이 같은 해 11월 당 대표가 되면서 좌파는 노동당의 주도권을 되찾았다. 또한 노동당 우파의 주요 인사 3명인 데이비드 오웬, 윌리엄 로저스, 셜리 윌리엄스는 EEC 탈퇴에 반대하는 공개서한을 〈가디언〉에 발표했다. 이들은 노동당 출신 전 재무장관인 로이 젠킨스와 함께 '4인조'를 결성해 1981년 1월 25일 사회민주당(SDP) 창당을 공식화하는 '라임하우스 선언'에 서명했다. 보수당 의원 1명을 포함한 하원의원 14명이 유럽공동체와 북대서양조약기구(NATO) 가입에 동조하며 이 당에 합류했다.

그들은 1983년 6월 선거에 후보를 출마시켜서 노동당의 완패에 기여했다. 그러나 노동당 패배는 1982년 마거릿 대처가 아르헨티나와 벌어진 포클랜드 전쟁에서 승리하면서 얻은 명성이 큰 역할을 했다. 300만 명 이상의 실업자가 발생하고 실업률이 다른 EEC 회원국 평균의 두 배에 달하는 등 유독 비참한 경제 상황에도 불구하고 이 군사 개입의 성공은 일방적인 핵 군축을 지지하고 트로츠키주의 무장 세력에 가까운 마이클 풋에 비해 대처가 결정적인 우위를 점할 수 있게 해줬다. 1983년 10월 브라이튼 전당대회에서 닐 키녹이 풋의 뒤를 이어 당수가 됐다. 새로운 지도부 아래 노동당은 점차 유럽 차원의 대의를 위해 결집했다.

우파는 점차 유럽 차원의 대의와 거리를 두기 시작했다. 1980년대에는 수사학적으로만 보였던 이런 거리두기는 이후 10년 동안 더욱 뚜렷해졌고 보수당 진영 내 힘의 균형을 뒤흔들었다. 마거릿 대처는 첫 임기 동안 노동당 전임자인 윌슨과 캘러헌의 전철을 밟았는데, 그들은 온건한 유럽주의자였고 영국의 유럽 예산 분담금 감축에 큰 관심을 가졌다. 1984년 유럽 예산에 대한 영국

의 분담금을 60% 삭감하는 데에 성공한 대처는 1986년 단일유럽의정서에 서명해 유럽단일시장 실현을 가능하게 했고, 1990년 10월 8일 영국의 파운드 스털링이 유럽 통화시스템(EMS)에 가입하는 것도 반대하지 않았다.(6)

그러나 대처는 마지막 임기 때 유럽 프로젝트에 대해 급진적 비판을 펼쳤다. 당시 자크 들로르가 의장을 맡던 유럽위원회가 추진한 유럽 사회 모델의 원칙은 영국 노동조합의 지지를 얻었지만, 대처는 유명한 1988년 브뤼헤 연설에서 훨씬 더 자유롭고 정부 간 관계 중심적인 유럽을 찬미하며 연방주의와 유럽공동체의 기술관료주의적 일탈에 대해 신랄하게 비판했다. 이 연설은 친유럽파인 제프리 하우와 마이클 헤슬타인을 비롯한 정부 핵심 인사들의 분노를 불러일으켰다.

내부 불화는 1990년 11월 대처의 실각으로 이어졌다. 재무장관 존 메이저가 대처의 후임이 됐다. 1992년 2월 7일 마스트리흐트에서 유럽연합에 관한 조약에 서명한 인물도 존 메이저다. 그러나 대처의 관점을 지지하는 사람들은 이 조약이 의회에서 비준되는 것을 막으려 했다. 당시 영국의 일부에서는 유럽에 반대하는 움직임이 일어나 대중언론, 특히 루퍼트 머독의 신문사와 수십 개의 단체가 결집했다. 그중 일부는 프랑스계 영국인 억만장자 제임스 골드스미스 등 사업가들의 지원을 받았다. 이듬해에는 영국독립당(UKIP)이 창당됐다. 이 당은 유럽의회에 후보를 출마시켰고, 20년 후 유럽의회에서 첫 번째 영국 정당이 됐다.

국민투표의 결과는?

앤서니 블레어(1997~2008년)와 고든 브라운(2008~2010년)의 노동당은 비록 단일 통화를 채택하지 않고 별다른 열의도 없이 유럽연합에 동조했지만, 마스트리히트 조약이 내건 원칙은 우파 내에서 꾸준히 성장하는 운동의 출발점이 됐다.(7) 2010년 보수당이 정권을 되찾았을 때, 데이비드 캐머런 신임 총리는 전례 없는 유럽연합 반대 시위에 직면하게 됐다. 그래서 그는 2015년 5월 재선에 성공하면 영국의 유럽연합 잔류 여

부에 대한 국민투표 실시를 약속해야 했다.

'잔류파'와 '탈퇴파'로 양극화되고 보수당이 노동당과의 관계보다 더 적대적인 두 진영으로 내부가 나뉘는 등 좌우 분열이 사라진 거 아니냐는 엉뚱한 현실 인식을 제공한 선거운동 이후, 이 국민투표가 어떤 결과로 이어졌는지 우리는 잘 알고 있다.(8) 1973년, 유럽은 국가적 논쟁의 중심에 섰다. 유럽은 항상 영국 정당을 심하게 분열시켰던 두 가지 현안, 즉 세계에서의 영국의 위치와 경제 및 사회에서의 정부의 역할과 연관이 있었기에 지속적으로 논쟁의 대상이 됐다. 그 과정에서 유럽은 창당, 정치 참여자 간의 경쟁, 내부 불화의 요인이 됐다.

브렉시트 이후 노동당 좌파는 혼란에 빠졌다. 유럽연합 탈퇴론자로 알려진 급진적 지도자 제러미 코빈 때문에 난감해진 도시의 청년활동가들은 유럽연합 '탈퇴' 투표를 외국인 혐오로 해석한 반면, 2019년 보리스 존슨의 연설에 마음을 움직이기 전까지 노동당에 충성했던 영국 북부 유권자들은 '탈퇴'를 지지했다.(9) 보수당의 경우, 이 국민투표를 거치면서 친유럽 성향으로 남아있던 의원들이 퇴출되고 대의에 전적으로 헌신하는 새로운 의원들이 선출됐다. 이제 브렉시트는 어느 정도 사회적 합의로 자리 잡았고, 이 결정을 환영하든 이 상황에 체념하든 2023년 영국의 정치 논쟁에서 유럽은 더 이상 현안이 되지 않는다.(10)

그러나 오늘날 이민 문제나 스코틀랜드와 북아일랜드의 미래를 둘러싸고 벌어지는 정체성에 관한 분란은 지속적인 분열을 야기하고 있다. **ID**

글·아녜스 알렉산드르 콜리에 Agnès Alexandre-Collier
부르고뉴대학교 현대영국문명학과 교수

번역·서희정
번역위원

(1) Dominic Sandbrook, 『State of Emergency. The Way We Were: Britain, 1970~1974』, Penguin, London, 2010.

(2) Jim Tomlinson, 『The Politics of Decline. Understanding Post-War Britain』, Longman, Harlow, 2000.

(3) Alexander Zevin, 'Malgré le Brexit, introuvable souveraineté britannique 브렉시트에도 불구하고 행방불명인 영국의 주권', <르몽드 디플로마티크> 프랑스어판, 2023년 2월호.

(4) Anthony Benn, 'Quand la gauche travailliste dénonçait Bruxelles 좌파 노동당원이 유럽연합을 비난할 때', <마니에르 드 부아르>, n°153, 'Royaume-Uni, de l'Empire au Brexit 영국, 제국에서 브렉시트까지', 2017년 6~7월호.

(5) J. Denis Derbyshire & Ian Derbyshire, 『Politics in Britain. From Callaghan to Thatcher』, Chambers, Edinburgh, 1990.

(6) 'Euroscepticism under Margaret Thatcher and David Cameron: From Theory to Practice', L'Observatoire de la société britannique, n°17, 2015, https://journals.openedition.org/osb/

(7) 『La Grande-Bretagne eurosceptique? L'Europe dans le débat politique britannique 유럽에 회의적인 영국? 영국 정계의 논란의 대상이 된 유럽』, Editions du Temps, Nantes, 2002.

(8) 브렉시트 이후 양극화에 관한 정확한 정보를 얻고 싶다면, Pauline Schnapper & Emmanuel Avril (2019), 『Où va le Royaume-Uni? Le Brexit et après 영국은 어디로 가는가? 브렉시트와 그 이후』, Odile Jacob, Paris, 2019 / Maria Sobolewska et Robert Ford, 『Brexitland Identity, Diversity and the Reshaping of British Politics』, Cambridge, Cambridge University Press, 2020.

(9) Chris Bickerton, 'Pourquoi le Labour a perdu 노동당은 왜 실각했나', <르몽드 디플로마티크> 프랑스어판, 2020년 2월호.

(10) Marc Lenormand, 'L'été indien du mécontentement britannique 영국의 불만스러운 인디언 섬머', <르몽드 디플로마티크> 프랑스어판, 2022년 11월호.

그리스 철도, 비극의 여정

지난 2월 28일 그리스에서 발생한 열차 충돌 사고로 뭇 그리스인들은 10년 전 자신들의 뜻이 유럽연합과 맞부딪혔던 때를 떠올렸다. 57명이라는 사망자는 공공서비스의 몰락과 민영화의 폐단을 의미했지만, 그리스와 EU 당국이 성실한 조사를 이행할 희망은 별로 없어 보인다.

엘리자 페리괴르 ▮언론인

새벽녘의 한 계곡 유역에서 금속 잔해가 나뒹구는 가운데 그 위로 연기가 피어올랐다. 3월 초, 그리스 언론은 아테네-테살로니키 철로의 이 불에 탄 금속 더미 주위에서 분주히 움직이는 구조대의 모습을 연이어 방송으로 내보냈다.

전날 밤 11시를 지난 시각 그리스 중부 라리사 시에서 그리 멀지 않은 템페(테살리아 주) 중심부에서는 승객 352명을 실은 여객열차가 한 화물열차와 충돌하는 사고가 일어났다. 두 열차는 같은 선로에 있는 줄 모른 채 약 12분 동안 마주 보면서 달리다가 정면충돌했다. 이 사고로 57명이 사망하고 최소 85명이 부상을 입었으며, 피해자 중 상당수는 월요일까지 연장된 황금연휴를 즐기고 집으로 돌아오던 대학생들이었다. 2023년 2월 28일의 이 열차 사고는 그리스 역사상 가장 많은 사상자를 낸 철도 참사로 기록된다.

"그리스 철도망은 21세기에 적합하지 않아"

현재 진행 중인 조사는 책임 소재를 규명하기까지 수개월이 걸릴 것으로 보인다. 라리사 역장이 선로 변경을 잘못 지시한 실수를 인정하긴 했지만, 대다수 그리스인들에게 이는 사고 후 키리아코스 미초타키스 총리의 말마따나 그저 "사람의 실수"로 여겨지지 않는다. 그보

다는 시스템 전체가 문제의 원인이라고 생각하는 경우가 많다. 실제로 라리사 역장은 철도 전문가가 아닌 교육부 공무원 출신으로, 몇 달간의 직무 교육만 받은 뒤 현장에 신규 채용됐고, 그나마도 혼자 업무를 담당했다. 교통부 장관 역시 사임 전 그리스 철도망이 "21세기에 적합하지 않다"는 점을 시인했다. 5월 21일 총선을 앞두고 일어난 이 사고로 자유보수계열의 여당 신민주주의당도 권력 기반이 취약해졌다.

참사 후 그리스인 수만 명은 "정부는 살인자", "템페 사고는 예고된 범죄" 등의 구호를 외치며 시위를 몇 주 이어갔다. 시위대는 국영 철도망을 운영하는 공기업인 그리스 철도청(OSE)과 정부 측에 해명을 요구하며, 그리스의 모든 여객열차 및 대다수 화물열차를 운영하는 철도회사로 2017년 이탈리아 공기업 페로비에 델로 스타토 이탈리아네에 매각된 헬레닉 트레인 측에도 책임을 묻고 있다.

한 민간기업의 화물열차 기관사 게오르기오스 도고리티스(29세)는 "예견 가능했던 사고라 더욱 유감스럽다"라며 쓸쓸한 표정을 보였다. 아테네 북쪽으로 30킬로미터 떨어진 아피드네스의 작은 역에서 그는 취재진에게 신호등을 보여줬는데, 모두 빨간색으로 고정이 돼 있었다. 도고리티스는 "이 신호등이 한 번도 파란색으로 바뀐 적이 없다"고 분개하며 "2,500km에 이르는 그리스

철도 구간 중 약 1,700km에 설치된 현대식 신호기 대부분이 불량"이라고 덧붙였다. 케이블 도난, 고장, 마모 등 결함의 이유도 다양하다.

그의 설명에 따르면 "장치의 설치시기도 제각각이고 제조국도 죄다 다르다. 교체 부품도 구하기 힘들고, 그나마도 정부와 행정 당국에서 일 처리를 제대로 해주지 않아 수입이 지연되는 경우가 많다." 현재 신호 체계는 수동으로 작동 중이며, 기차는 시간당 160km 이상으로 달릴 수 없다. 철도청 소속인 역장들은 기관사에게 선로가 비어있다고 알려주며 직접 출발 명령을 내려야 한다.

그리스에서의 철도 운행은 모두 이런 식이었고, 사람의 실수를 바로잡아줄 비상 안전장치는 전혀 없다. 도고리티스는 "유럽형열차제어시스템(ETCS : 차량 및 선로에 설치된 '발리스'라는 통신 장치를 이용한 열차 제어 시스템)이 2000년대 말 도입됐지만, 이는 신호기 없이 작동할 수 없는 시스템이다. ETCS를 갖추지 않은 다른 나라들은 최소한 Indusi, LZB, ATP 등 열차의 자동 정차를 위한 다른 비상 안전 시스템을 구비하고 있다. 하지만 그리스는 그렇지 않았다"고 거듭 강조했다. 그에 따르면 이는 "정치적 선택"이었다는 것이다.

하지만 EU 철도청과 그리스 철도 노조에서는 진작 경고를 보냈다. 사고가 일어나기 전부터 이미 그리스 철도는 100만km 당 사망자 1명으로 평균치를 5배 웃돌며 EU 내에서 선로 위 사망률이 가장 높은 나라였다.(1) 19세기 바티뇰 건축회사가 설계한 최초의 철도는 산악지대의 마을과 항구를 연결해주기 위한 것이었다. "하지만 정부는 항상 통행료와 유류세 등 수익성이 더 높은 도로 쪽으로의 자금 지원을 선호했다"는 게 도고리티스의 평이다.

"역장, 기술자, 전기 기사도 부족해"

유수의 민간 버스회사 Ktel은 11만 7,000km에 이르는 국내 도로에서 "전체 승객의 80%" 가량을 수송한다고 자부한다. 이런 상황에서 그리스 철도망의 1/3은 최근 몇 년간 추진된 긴축정책에 희생됐다. 펠로폰네소스 반도의 경우를 보자. 2000년 706km, 2009년 435km였던 철도 통행 구간이 현재는 68km에 불과하다.(2) 살로니카-아테네 구간은 여전히 이용인구가 많은 노선이다. 하지만 이 구간의 전체 일일 운행횟수는 2009년 30여 회에서 현재 14회로 줄었다.

2014년 이후 유럽연합에서는 그리스 철도 현대화를 위해 약 8억 5,000만 유로 규모의 예산을 할당했다. 그러나 이번 참사는 '717계약'에서 드러난 바와 같이 EU의 예산 집행이 심각하게 지연되고 있음을 보여준다. 2014년 그리스 철도청(OSE) 자회사 에르고스가 알스톰 및 그리스 악토르 사와 체결한 '717계약'은 아테네-살로니카-프로마초나스 구간의 신호 체계 현대화를 위해 4,100만 유로의 예산을 지원한다는 내용을 담고 있다. 자금은 대부분 EU 기금에서 충당된다.

2016년에 마무리됐어야 할 이 작업은 지금도 끝나지 않은 상태다. 지난 9년간 시리자당(2015~2019)에서 신민주주의당(2019~)으로 주도권이 넘어가며 정권 이양이 이뤄졌어도 상황은 그대로다. 현지 탐사보도 매체에 따르면, 이 작업이 지연되는 주된 이유는 계약 내용에 대한 의견 차이 때문이다.(3) 알스톰 측에서는 짤막한 이메일로 "작업이 계속 진행 중"이라고만 밝히고 있다.

시앙스포 릴의 교원인 조르고스 바살로스는 그리스의 법치 문제도 제기했다. "기업들 중 일부는 정부나 법조계 눈치를 보지 않아도 된다고 생각한다"는 것이다. 2022년 9월, 독일 최대의 뇌물 스캔들에 연루돼 1심에서 유죄 판결을 받은 독일 산업체 지멘스의 전직 임원 15명에 대한 항소심 무죄 판결은 시민 다수에게 충격을 안겨주며 면책 관행에 대한 인식을 심어줬다. 헬레닉 트레인 소속 기술자이자 그리스 노동자 총연맹(GSEE) 사무총장인 니콜라오스 키웃수키스는 인적 자원 없이 철도 현대화를 실현할 순 없다고 강조한다. 그는 다음과 같이 주장한다. "트로이카 삼두체제(ECB, IMF, EU집행위)에서는 그리스 철도청 인력을 대폭 줄이고 비용 절감을 실현함으로써 철도청 숨통을 끊어놓은 것처럼 그리스 전체의 숨통까지 끊어 놓았다."

2010년 그리스 재정위기 당시 유럽중앙은행(ECB)

<건널목>, 1919 - 페르낭 레제

과 IMF, EU 집행위원회는 그리스에 재정 지원을 해주는 대신 1차 경제 구조조정 프로그램을 통해 예산 삭감과 공공 서비스 해체를 단행했다. 인력과잉으로 지적된 철도청(OSE) 및 트레인OSE(국영 철도운영사였으나 구제 금융 후 '헬레닉트레인'이란 이름으로 민영화된 기업)도 이 '충격요법'의 표적이었다.

하지만 사회당 집권 시절(2009~2011) 교통부 장관을 역임한 디미트리스 레파스는 "소위 '트로이카' 체제가 출범하고 1차 양해각서가 발효되기 전에도 그리스 철도 재정은 이미 걷잡을 수 없는 상태였다. 2009년 철도청의 부채는 107억 유로에 달했고, 트레인OSE의 연간 적자는 12억 유로에 육박했다"고 반박했다. 그리스 의회는

2010년 11월, 그리스 정부와 '트로이카'가 구상한 구조 조정안을 최종 채택했다. 이듬해 그리스 철도의 약 1/3이 운행 중단됐고, 철도청 직원 5,150명 가운데 2,300명 이상이 다른 부처로 이동되거나 명예퇴직 당했다.

그러나 레파스 전 장관은 "특정 부문 필수인력의 경우, 법에 따라 전출을 거부했다"라고 항변했다. 키웃수키스 사무총장은 "안전에 대한 고려가 전혀 없는 인사 조치였다"라고 개탄한다. 퇴직자의 빈자리가 채워지지 않아 회사는 텅 비고 직원 평균 연령은 높아졌으며, "지금은 역장, 기술자, 전기 기사도 부족하다"고 한다. 인력 출혈은 꾸준히 지속됐고, 현재 철도청 직원은 천 명에 불과하다. 게다가 레파스 전 장관 스스로도 인정하는 바

와 같이 "교통 업무에 배정된 직원 수는 200명 정도"로, 2012년에 비하면 훨씬 적은 수준이다.

사람 잡는 민영화

이번 템페 참사는 구조조정 이후 현저히 줄어든 그리스의 철도 운영 역량을 무참히 드러냈다. 선로 변경을 잘못 지시한 책임으로 현재 기소 중인 라리사 역장도 2011년 전출된 직원 중 하나였다. 과거 철도청에서 수화물을 취급하다가 교육부로 전출된 그는 2022년 철도청으로 복귀한 후 2023년 라리사 역장으로 부임했다. 키웃수키스 사무총장은 "라리사 역장은 철도 업무를 감당하기에는 역량이 부족한 인물"이라며 분개했다. 철도 규제 당국 측에서도 열차 충돌사고 후 철도청 내 직원 교육의 허점을 시인했다. 키웃수키스는 "트로이카가 철도청을 헐값에 팔기 위해 기업 신용도를 떨어뜨리려 한 것"이라고 판단했다.

철도 노선 관리 주체와 사업 운영 주체의 분리를 권장하는 유럽연합 지침에 따라 트레인 OSE는 2005년 철도청(OSE)과 분리됐다. 여객 및 화물열차의 운영을 담당하던 이 공기업은 2017년 '트로이카'의 요구로 민영화 수순을 밟았다.(4) 그리스는 부채를 갚기 위해 항만, 공항은 물론 각종 인프라 부문 공기업을 최대한 매각해야 했는데, 트레인 OSE의 경우 사려는 사람이 없어 헐값에 팔려나갔다는 안타까운 후문이다. 유럽 시장을 장악하려는 이탈리아 국영기업 페로비에 델로 스타토 이탈리아네가 인수를 위해 지불한 돈은 4,500만 유로에 불과했다.

아테네 대학의 교수 겸 경제학자 니코스 테오카라키스는 "그리스 구제금융을 주도하던 트로이카가 그리스 국영기업일 당시의 철도공사는 비난했으면서도 정작 이 회사가 이탈리아 기업의 자산으로 들어가자 종전의 편견을 버렸다"고 강조했다. 본디 공공 서비스에 속해야 하는 철도의 '자연 독점적' 성격을 언급하면서 테오카라키스 교수는 1990년대 민영화된 영국 철도의 쓰라린 교훈을 되짚어줬다. 민영화가 이뤄지면 기업의 수익이 증대되는 만큼 필연적으로 안전이 위협을 받는다는 것이다.(5)

헬레닉 트레인은 수익성이 떨어진다고 판단되는 노선을 유지하기 위해 그리스 정부로부터 매년 5,000만 유로를 지원받는다. 이 기업은 이탈리아산 고속열차 펜돌리노 ETR470 5대를 구매했는데, 이 열차는 잦은 고장으로 이미 스위스에서도 퇴출됐다. 한 기관사는 "철도 이용료가 더 비싸졌는데, ETR470은 외관만 화려할 뿐 승객을 위한 공간은 더 작다. 게다가 빨리 달리지도 못한다. 그리스에서는 그 어떤 기차도 시속 160km 이상 주행할 수 없기 때문이다."

헬레닉 트레인은 템페 참사에서의 모든 책임을 부인하고 있다. 하지만 시위대는 첫 집회 때부터 이 기업을 정조준했다. 아테네 본사와 의회 앞에서 시위대는 "살인자", "우리의 목숨과 맞바꾼 당신들의 수익", "사람 잡는 민영화" 등의 구호를 외쳐댔다. 열차 참사에 대한 원성을 넘어서서 시위대의 현수막은 소위 '트로이카'라고 불리는 구제금융 3주체에 대한 그리스인들의 한을 담아내고 있었다.

채권단의 당초 예상에 따르면 민영화 수익이 500억 유로로 추산됐지만, 2011년과 2020년 사이 민영화로 인한 이득은 90억 유로에 불과했다.(6) 그리고 이와 함께 사회적 차원에서의 무수한 부수적 피해가 발생했다. 🆔

글·엘리자 페리괴르 Élisa Perrigueur
언론인

번역·배영란
번역위원

(1) 'Report on railway safety and interoperability in the EU', 유럽철도청, 2022, www.era.europa.eu
(2) 그리스철도청(OSE) 웹사이트 자료. https://ose.gr
(3) '역장의 진짜 이름은 악토르와 알스톰', <Reporters United>, 2023년 3월 6일, www.repor- tersunited.gr
(4) Niels Kadritzke, 'Grande braderie en Grèce(한국어판 제목: 그리스 투기꾼들만 살판 난 '강제 민영화')', <르몽드 디플로마티크> 한국어판·프랑스어판 2016년 7월호.
(5) Marc Nussbaumer, 'Le chaos des chemins de fer britanniques 아수라장이 된 영국 철도', <르몽드 디플로마티크> 프랑스어판 2022년 4월호.
(6) 민영화기금 'Hellenic Republic Asset Development Fund' 측 결산 자료. https://hradf.com

이라크에서 세력 확장하는 알하시드 민병대

다수의 민병대로 구성된 알하시드 알샤비(Al-Hashd Al-Shaabi, 인민동원군)는 현재 이라크 정치권에서 지배적인 위치에 있다. 이슬람국가(IS)에 맞서기 위해 이란 혁명수비대를 모델로 창설된 이 준(準)군사연합체는 정부를 질책할 수 있으며, 한편 알하시드 알샤비의 소속 무장단체들은 이제 주저 없이 선거판에도 뛰어들고 있다.

아델 바카완 ▮ 프랑스 이라크연구소 소장

2014년 6월 10일, 이라크는 경악했다. 이라크 북부 최대 도시인 모술이 이슬람국가(IS)에 함락된 것이다. 군대, 대테러 병력, 경찰, 기타 국가 안보기관들이 수백 명의 지하디스트를 당해낼 수 없다는 사실이 드러났다. 엄청난 규모의 물자가 이 수니파 무장단체에 넘어갔다. 이 국가적 비극으로, 이라크 전역에 공포와 모욕감이 확산됐다. 모술이 함락되고 3일 후, 이라크 시아파의 본거지 나자프의 최고 종교 지도자인 알리 알시스타니(Ali Al-Sistani)는 국민들에게 군사 결집을 명하고 다에시(Daech, IS의 아랍어 명칭)의 공세에 저항할 것을 촉구하는 파트와(Fatwa, 이슬람법에 따른 결정이나 명령-역주)를 내렸다.

수천 명의 청년들이 이 명령에 응답해 곳곳에서 일어나고 있거나 이미 존재하는 민병대에 합류했다. 자원입대한 이들에게 신뢰를 잃은 정규군에 입대한다는 것은 고려할 필요도 없다. 바그다드 정부는 이런 움직임을 지속적으로 관리하는 차원에서 '알하시드 알샤비'라는 플랫폼을 구축해, 성향이 다른 여러 민병 집단을 조직하고 지휘했다. 이렇게 '알하시드'가 탄생했다. 이라크 정치인들 중 발 빠른 자들은 사담 후세인 독재 시절의 정예부대에 빗대 '새 공화국 수비대'라는 이름을 붙였다. 이 연합체는 IS를 물리치는 데 가세할 것이고, 이제 이라크 정치계에 결정적인 영향력을 행사할 것이다.

이라크의 공식기관으로 자리잡다

같은 목적으로 모인 이 무장세력들이 IS나, 여전히 IS 소속이라고 주장하는 무리를 상대로 한 전쟁에서만 영향력을 행사하지는 않을 것이다.(1) 2023년 7월 정부의 예산 발표만 봐도 알하시드의 위세를 알 수 있다. 정부는 알하시드 병력이 현재 23만 8,075명(2021년 12만 2,000명)에 달하며, 이는 25억 유로(국가 예산의 1.8%) 규모의 급여를 받는 공무원의 약 6%라고 밝혔다. 병력이 45만 4,000명, 내무부 인원이 70만 명이라는 것이다. 민병대의 집단 규모가 어떻게 이 정도에 이르고, 공공 재정에서 어떻게 그런 비중을 차지할 수 있었을까? 이 물음에 답하려면 후세인 이후 이라크의 변화를 살펴봐야 한다.

2003년 4월 9일, 독재자가 몰락한 뒤 수립된 정권에 알하시드는 현재 이란이슬람공화국을 수호하는 혁명수비대처럼 이라크의 생존을 책임지는 존재가 됐다. 지하디스트에 맞선다는 알하시드의 원래 임무만으로는 정권의 수호자라는 명분이 부족했기에, 알하시드의 활동을 합법화하고 지속성을 보장하며 이라크 영토 및 국민에 대한 통제력을 허용하는 법적 틀이 마련됐다. 2016년 11월 26일, 의회는 이런 취지에서 한 법안을 채택했다. 이로써 알하시드는 총리를 총사령관으로 하는 이라크 내 공식기관으로 자리 잡았다. 국가 제도에 속한 준군사조직이므로, 형식적인 지휘 체계는 실상 정부의 권한을 벗어난다.

여기서 실권(實權)과 정부를 확실히 구분해야 한

<전쟁의 끝에서>, 2020 - 리야드 네마

다. 먼저 실권은 이란 모델에서 착안한 친(親)이란 집단이 세운 것이다. 2000년대 중반 시아파의 우세를 바탕으로 득세한 실권은 독자적인 규율과 전략에 따라 운영되며, 쿠르드족도 수니파도 국가적 합의를 기대할 수 있는 파트너로 인정하지 않는다. 한편 이라크 정부는 정세를 변화시키는 역할을 하고 변방에 불과한 곳에서 활동한다. 실질적 영향력을 행사하는 세력들은 전면에 이런 이

미지를 앞세우고 활동하면서, 총선을 조직해 상대적 대안으로서 새 정부 구성을 허용하는 것은 물론, 자신들의 존립을 문제 삼지 않는 한 정당들 사이의 정치적 경쟁까지도 용인한다.

이런 점에서 무스타파 알카지미가 그랬듯, 알하시드나 그 소속 단체들 중 하나가 이라크 정부와 직접 충돌할 가능성도 있다.(2) 2021년 11월 5일과 6일 사이 밤에

수도 바그다드에서 경비가 가장 삼엄한 '그린 존' 한복판에서 이라크 총리 관저가 드론 공격의 표적이 된 것이다. 총리는 무사했지만, 많은 이라크인들이 이 공격의 배후에 알하시드가 있다고 본다. 사실 알카지미는 2020년 1월 3일 바그다드에서 쿠드스군 사령관인 이란의 가셈 솔레이마니 장군과, 카타이브 헤즈볼라(신의 정당 여단)의 창시자이자 알하시드의 실세인 마흐디 알무한디스(기술자)의 암살을 공모한 의혹을 받았다. 또한 이라크 총리는 정권 내에서 가장 급진적인 친이란계 단체들을 고립시키고, 준군사동맹의 영향력을 축소시키고자 국제사회에서 입지를 굳히려 했다는 비난을 받았다.

알하시드 내 3대 세력

알하시드는 가끔 이해관계의 대립을 빚기도 하는 3개의 주류로 나뉜다. 첫 번째는 이념적으로 이란을 따르며 현재 이 연합을 주도하는 세력이다. 두 번째 집단은 나자프의 마르자야, 즉 알시스타니가 구현하는 종교적 권위를 표방한다. 마지막으로 세 번째 분파는 이라크 민족주의를 정치 노선으로 택하고 있으며, 주요 인사는 정치 및 종교 지도자 무크타다 알사드르다. IS의 패배 이후, 마지막 두 부류는 서로 다른 길을 걸었다.

마르자야의 군대는 이라크군을 통합했으나, 알사드르의 군대는 사라야 알살람(Saraya Al-Salam, 평화여단)으로 재조직돼 재정적 지원을 받고자 알하시드의 일원으로 남았다. 시간이 지나면서 사라야 알살람도 알하시드에 대한 실질적 통제권을 친이란계에 넘겨주고 이들과 거리를 뒀다. 이 3개의 큰 분파 외에, 수니파나 소수민족(기독교계, 예지디계, 샤바크계(3)) 등에 소속된 소규모 무장 단체들이 있다. 이들은 자신들의 이익에 따라 주요 집단 중 하나와 동맹을 맺는데, 비중이 가장 큰 친이란계를 선택하는 경우가 다반사다.

알하시드를 구성하는 단체들은 이라크 정당 활동에 참여하는 정치 분파를 형성해온 만큼 중용한 영향력

수수께끼에 싸인 무크타다 알사드르

무크타다 알사드르는 무엇을 원하는가? 이라크의 주요 성직자이자 정치인인 그는 의외의 행보로 놀라움을 안겨주고 있다. 그는 이 나라의 가장 강력한 민병대인 사라야 알살람(평화여단)의 지도자이자, 2018년에 설립돼 2021년 총선 이후 의회 내 제1세력이 된 민족주의 정치세력의 지도자이기도 하다. 그는 추앙받는 지도자이자 1999년 나자프에서 사담 후세인 정권에 의해 암살당한 모하마드 사데크 알사드르의 아들로, 이란과 미국의 영향력을 똑같이 거부하며 이라크 공산주의자들과의 동맹도 서슴지 않았다.

전성기를 구가하던 2022년 8월, 정계 은퇴를 선언한 그는 73명의 의원들에게 의원직 사퇴를 명령해 모두를 놀라게 했다. 이 결정으로 그의 지지자들과 바그다드 정규군 사이에 충돌이 발생했고, 수십 명이 사망하고 수백 명이 부상을 입었다. 2023년 4월 14일, 이 종교 지도자는 대부분의 활동을 '최소 1년간' 중단한다고 다시 한번 발표했다. 진짜 철군인가 정치적 작전인가?

알사드르는 발표를 할 때마다, 그가 활동을 중단했을 때 생기는 공백과 혼란을 강조한다.

이런 행보는 그의 시아파 쪽 경쟁자들뿐 아니라 정부도 한 발 물러서게 만들고 있으며, 이라크 정계에서 그의 입지를 강화하는 결과를 낳았다. 스톡홀름에서 코란을 불태운 사건에 항의하는 뜻에서, 지난 7월 20일 알하시드 지지자들이 바그다드 주재 스웨덴 대사관에 불을 지른 사건은 우연히 벌어진 일이 아니다. 이라크 당국은 이번 공격을 비난하면서도 바그다드 주재 스웨덴 대사에게 즉각 추방 명령을 내렸다. 알사드르가 이슬람의 유일한 수호자로 자처하는 행태를 막겠다는 뜻이다. **LD**

글·아크람 벨카이드 Akram Belkaïd

번역·조민영

을 행사한다. 이를 통해 의회에서 의석수를 확보하고 정부에 진출해 국가 자원의 혜택을 받을 수 있었고, 정권 내 권력 관계를 관장할 때 조정의 여지를 넓힐 수 있었다. 2018년 이후 치러진 총선에서 민병대와 연관된 정당들이 조직적으로 선두를 차지했다. 예를 들어 2018년 5월 12일, 평화여단의 지원을 받는 알사드르 정당이 54석으로 1위를 차지했다. 바드르(예언자 무함마드와 그 지지자들의 군사적 승리에서 따온 이름) 민병대, 아사이브 알 알하크(정의로운 동맹), 카타이브 헤즈볼라가 지지하는 친이란계 하디 알아메리의 정당은 48석으로 2위를 차지했다.

반면 당시 총리이자 서구와 걸프 국가들의 지지를 받은 하이데르 알아바디의 정당은 42석으로 3위에 머물렀다. 2021년에 알사드르의 정당은 73석으로 1위를 되찾았다. 알아메리의 의석과 또 다른 친이란계 인사인 누리 알말리키 전임 총리의 의석을 합하면 총 51석이다. 따라서 알하시드 민병대원들이 지지하는 정당이 이라크 정치계를 좌지우지한다고 볼 수 있다.

불법적 세금 징수, 밀수

상당한 국가 예산 외에도 알하시드는 이란 혁명수비대처럼 경제적 자율화를 추진하는 중이다. 2022년 11월 정부는 카타이브 헤즈볼라의 설립자를 기리는 의미에서 공공사업 회사인 무한디스 설립을 승인했다. 인프라 건설 현장과 관련해 국가가 주계약자인 이라크는 재건이 한창인데, 이라크에서 자본금이 6,500만 유로에 달하는 이 회사는 알하시드가 계약을 체결하고 상당한 재정적 자원을 확보하는 데 도움을 줄 것이다. 이 재원은 알하시드에 적대적인 태도를 보일지 모르는 정부의 압력에 대비하는 데 필요하다.

또한 알하시드군은 이라크가 수입하는 상품에 불법적으로 세금을 징수해 이익을 얻는다. 이란과의 국경을 따라 분산된 5개의 공식 터미널, 튀르키예와의 유일한 교차점, 움카스르 항만을 지키는 민병대는 운송업자들에게 십일조를 징수해 세관의 더딘 일 처리를 피해갈 수 있게

해준다. 2021년 3월, 이라크 재무부는 세관이 정상적으로 납부해야 할 관세의 10~12%만 징수했다고 인정했다.

이라크에서 또는 이라크로 석유 등 물자를 밀수하는 것도 민병대에는 매우 중요한 수입원이다. 2022년 7월 15일, 이라크 국가 안보기관은 지난 몇 달간 100만 리터 이상의 밀수 석유를 압수했다고 밝혔다. 두 달 전, 이라크 국영석유제품회사는 밀수 석유가 1일 700만 리터에 달하는 것으로 자체 추산했다. 이 정도면 국가 전체 1일 생산량의 절반에 달한다. 2017~2019년 이라크는 밀수로 20억 달러 상당의 석유를 도둑맞은 셈이다.(4)

시간이 흐르면서 알하시드는 뿌리를 내리고 영향력을 확대했다. 서구사회에는 알하시드가 민병대 연합체에 지나지 않는다는 인식이 널리 퍼져 있는데, 이런 인식은 점점 힘을 잃어간다. 이 조직은 사회적 기반, 무장세력, 정치적 대표자와 재정적 수단을 부릴 수 있다. 이 조직을 정계 밖으로 몰아내는 것은, 점점 어려워질 것이다. **ID**

글·아델 바카완Adel Bakawan
프랑스 이라크연구소(CFRI) 소장

번역·조민영
번역위원

(1) Laurent Perpigna Iban, 'En Irak, le retour de Daech 이슬람국가(IS)의 부활', <르몽드 디플로마티크> 프랑스어판, 2021년 12월호.
(2) 'L'impossible gestion de la diversité en Irak 이라크의 불가능한 다양성 관리', <Politique étrangère>, Paris, 2022년 봄호.
(3) 샤바크는 기원이 불분명한 이질적인 공동체를 이루며, 그 수는 수십만 명으로 추산한다. 이들은 모술 동부 니네베 평원에 위치한 60여 개 마을에 흩어져 살고 있다.
(4) 'Milices armées, facteurs d'émergence, risques et remèdes 무장 민병대, 출현 요인, 위험, 해법'(아랍어), 유럽 대테러 및 정보연구센터(European Centre for Counterterrorism and Intelligence Studies), 2022년 9월 24일, https://en.europarabct.com

군사정권의 '해법'이 된 보크사이트

매우 사교적인 기니 군사정권

2023년 9월 21일, 기니의 마마디 둠부야 대령이 유엔 총회 참석차 뉴욕을 방문했다. 같은 서아프리카에서 쿠데타를 일으킨 다른 국가들과는 정반대 행보다. 둠부야 대령은 2021년 정권을 잡은 이후, 공식 및 비공식 회담을 확대하며 외교관계를 맺고 있다. 물론, 자국 지하자원에 대한 감시도 소홀히 하지 않는다.

탕지 비항 ▌지리학자

"우리는 보크사이트 세계 최대 생산국이어야만 한다. 국제사회에서 굽신거릴 수는 없지 않나."(1)

지난 4월 26일 국회 질의에서 기니 과도 정부의 모리산다 쿠야테 외교부 장관이 말했다. 마마디 둠부야 대령이 이끄는 '국가화해발전위원회(CNRD)'는 2021년 9월 5일 쿠데타로 권력을 잡은 군사정권으로, 민간에 권력을 돌려주기 위해 공식적으로 2024년에 예정된 선거 진행에는 무관심한 듯 보인다. 이들 무장폭동 세력은 지난 2년간 선거와 관련한 그 어떤 행동도 취하지 않았다. 그런데도 이들은 비슷한 상황에 놓인 사헬 지역의 다른 나라들과 달리 국제적인 압박을 받지 않았다.(2)

국제사회의 대우가 이렇게 다른 이유는 무엇일까? 말리, 부르키나파소, 니제르에서 국가를 장악한 군인들과는 반대로 기니 군사정권은 강대국들과 균형 잡힌 관계를 유지하기로 했다. 미국과 프랑스 등 '국제사회' 역시 이런 결정을 어느 정도 수용했다. 기니에 지하자원이라는 엄청난 이점이 있기에 가능했던 일이다. 미국, 러시아, 중국 기업들은 지난 수십 년 동안 기니의 보크사이트를 탐냈고, 최근에는 철광석으로 시선이 확장됐다. 프랑스는 근래 사헬 지역에서 실망스러운 상황들을 겪은 탓에, 동맹국을 하나라도 더 붙들어 놓고 싶은 심정이다.

강대국들은 제각기 현 상황에 대해 만족하는 눈치지만 서아프리카 경제공동체(ECOWAS)는 기니에 압박을 가할 수단이 거의 없다. 사실, 부르키나파소, 말리, 니제르와 달리 기니는 자체 통화를 발행하고, 해상 접경지의 이점을 누리며, 광산 부문 덕분에 상당한 공공 수입을 창출하고 있어서 지역 차원의 금융 및 경제 제재에 큰 영향을 받지 않는다.

기니의 보크사이트로 재미를 본 중국

기니는 중국의 지리경제학 측면에서 매우 중요한 국가이기도 하다. 권력을 잃고 물러난 알파 콩데 전 대통령은 중국에는 아주 귀중한 동맹이었다. 2020년 세 번째로 대통령에 당선됐을 때에 국내외에서 큰 논란이 일었지만, 알파 콩데 정권하에서 많은 이익을 얻었던 중국은 콩데 대통령의 당선을 축하했다. 기니는 2018년부터 중국의 신실크로드 전략인 '일대일로' 정책에도 참여해 왔다. 보크사이트 개발과 관련해서는, 2014년 설립된 '보케 광업회사(SMB)' 컨소시엄이 눈부신 성장을 이뤄냈다. 세계적인 알루미늄 생산 기업인 중국 기업 홍차오가 SMB의 주주다.(3)

SMB는, 1960년대 '아메리카 알루미늄 컴퍼니(Alcoa)'와 다른 기업들이 설립한 '기니 보크사이트회사(CBG)'의 생산 기록을 단숨에 넘어섰다. 비정부기구 '악시옹 민(Action Mines)'의 아마두 바 대표에 따르면

"2017년, 중국은 기니와 전략적 협정을 체결하고, 향후 20년 동안 도로, 항만, 대학교 등 기반시설 구축을 위해 기니에 200억 달러를 지원하기로 했다. 이 지원금은 천연자원을 담보로 결정됐고, 지원금 상환은 중국의 보크사이트 개발 기업 세 곳의 몫이다."(4)

보크사이트로 재미를 본 중국은, 세계 최대 미개발 철광석 매장지로 알려진 기니의 시만두(Simandou)산에 눈독을 들인다. 아마두 바는 이렇게 덧붙였다. "기본 협정이 체결됐었다. 하지만 쿠데타가 일어났고, 중국은 손해를 입을까 걱정했을 것이다. 그러나 마마디 둠부야 대령은 모든 협정을 지키겠다고 빠르게 발표해 중국을 안심시켰다." 철광석 매장지는 4개 블록으로 나뉜다. 두 곳은 영국-호주 합작 회사인 '리오 틴토'와 중국 국영기업 '차이날코'가 공동 운영하는 심퍼(Simfer)가 개발하고, 나머지 두 곳은 SMB 컨소시엄의 기업들로 구성된 '위닝 컨소시엄 시만두(WCS)'에서 개발한다.

CNRD가 기니의 권력을 잡은 이후, 중국은 기니에서 존재감을 더욱 키웠다. 중국의 철강 대기업 '바오우'는 리오 틴토와 시만두 기반시설 개발을 위한 구속력 없는 협정에 서명했다. 이 협정은 향후 주주협약으로 이어질 수 있고, 그렇게 되면 바오우는 시만두에 매장된 철광석을 사용할 수 있는 철강기업으로 자리매김할 것이다. 아마두 바는 "매우 전략적인 프로젝트"라면서 다음과 같이 분석했다. "이라크, 시리아 그리고 우크라이나도 국가 재건이 필요하고, 미국도 대규모 건설 사업을 시작했다. 곧 국제시장에서 강철 가격이 오름세를 보일 것이다."

중국이 이토록 기니에 많은 투자를 하는 이유는 원자재의 안정적인 공급과 공급원의 다양화를 위해서다. 사실 중국은 오스트레일리아에 대한 의존도를 낮추려는 중이다. 거대 광산 국가인 오스트레일리아는 미국의 동맹으로, 이미 중국과 무역 분쟁을 겪었다. 중국은 전체 수입량의 40%를 기니에서 들여오기로 하면서 보크사이트 문제를 해결했고, 시만두 프로젝트가 강철 공급원 다양화에 도움이 되기를 기대하고 있다. 중국 강철 수입량의 60%가 여전히 오스트레일리아에서 들어오고 있기 때문이다.

<거절!>, 2021 - 누 바레토

러시아-기니-서방세계의 트라이앵글

한편, 러시아도 알파 콩데 전 대통령을 전폭적으로 지지했었다. 알렉산드르 브레가제 러시아 대사는 2019년 외교관들이 모인 자리에서 "헌법은 교리가 아니고, 성경도 코란도 아니다. 헌법은 현실에 맞출 수 있어야 한다"라고 말하며 콩데 전 대통령의 3선 연임을 공개적으로 옹호했다. 그러나, 쿠데타 이후 기니와 러시아의 관계에도 약간의 변화가 있었다. 유엔 총회에서 열렸던 우크라이나 전쟁과 관련한 여러 투표에서 기니는 불출석 또는 기권을 했다.(5) 둠부야 대령은 말리와 부르키나파소의 군

크사이트를 채굴해온 러시아의 알루미늄 제련 기업 '루살(Rusal)'은(7) 우크라이나 전쟁 속에서도 기니에서 기업 활동을 유지하고 있다. 채굴된 광석 대부분을 처리했던 우크라이나 미콜라이우에 위치한 루살의 제련 공장은 가동을 멈췄지만, 아일랜드 리머릭에 있는 자회사 루살 오기니시 공장은 최대치로 가동 중이다. 유럽인들이 해당 공장의 알루미늄 공급에 전적으로 의존하고 있어서 제재 대상도 아니다. 러시아에는 기니 유학생도 많다.

프랑스로서는 기니 군사정권과 좋은 관계를 유지하는 것이 급선무다. 말리와 부르키나파소에서는 쿠데타 세력과의 불화로 군대를 철수할 수밖에 없었고,(8) 니제르에서도 2023년 말까지 군대를 철수해야 하기 때문이다. 사실 군사쿠데타는 프랑스와 기니의 관계 회복을 위한 좋은 기회였다. 에마뉘엘 마크롱 프랑스 대통령이 알파 콩데 전 대통령의 3선을 비판하는 등 콩데 정권에서는 양국 관계가 얼어붙었기 때문이다. 쿠데타 이후에도 양국 관계가 잠시 단절됐지만, 프랑스는 빠르게 군사 협력을 재개했다.

지하디스트들의 위협이 기니만으로 확대되는 가운데, 말리 접경 지역의 안전 확보는 기니에 매우 중요한 사안이다. 프랑스 외인부대에서 복무하고, 프랑스 발랑스(드롬) 출신의 군사 경찰과 결혼한 둠부야 대령은 프랑스에 도움을 요청했다. 둠부야 정권의 아부바카르 시디키 카마라 국방부 장관(일명 '이디 아민') 은 2022년 6월 중순 파리에서 열린 국제 무기 전시회 '유로사토리'를 방문했는데, 티에리 부르카르 프랑스 참모총장이 직접 카마라 장관을 영접하기도 했다.

쿠데타에 대한 프랑스와 미국의 태도

쿠데타 정권이라고 해서, 프랑스 정부와 기업들이 그들과 계약을 거부할까? 전혀 그렇지 않다. 코야-다볼라 도로 재건 공사의 감리를 맡았던 기업 에지스(Egis)는 시만두 프로젝트에서 정부의 컨설팅 엔지니어로 선정됐다. 프랑스 외교부의 크리술라 자카로풀루 국무장관은 지난 4월 기니를 방문했을 때, 기니가 민간 통치 체

사정권 그리고 2019년 콩데 대통령과 다른 행보를 보였다. 지난 7월 러시아-아프리카 정상회담에 불참한 것이다. 서방 국가들의 심기를 건드리지 않기 위한 것으로 보인다. 기니는 러시아산 전투 헬리콥터 구매 의사도 번복했는데, 이 역시 미국의 제재를 두려워한 것으로 보인다.(6)

그렇지만 러시아는 여전히 기니의 주요한 협력 국가다. 양국의 관계는 오래전부터 이어졌다. 소비에트 연방은, 기니와 프랑스의 관계가 단절되자 1958년에 기니의 독립을 즉시 인정하고, 아흐메드 세쿠 투레 정권(1958~1984)을 지지했다. 1970년대부터 기니에서 보

제로 변환하는 데 프랑스가 '동행'할 수 있다고 강조했다. 프랑스 기업 아즈텔코(Aztelco)는 새로운 유권자 파일 작성을 위한 유권자 생체인식 조사업체로 거의 확정되고 있다. 게다가, 프랑스는 최근 보건 및 통신 분야(라디오와 TV) 프로젝트 두 건에 대해 총 1억 5,000만 유로(2023년 10월 기준, 한화로 약 2,140억 원)를 기니에 빌려주기로 했다.(9)

한편, 미국은 명확한 태도를 보이지 않고 있다. 일단은 평소 쿠데타에 대처하던 방식대로 기니와 군사협력을 중단하고, 아프리카 국가들과의 자유무역협정인 '아프리카 성장 기회법(AGOA)'에서 기니를 제외했다. 트로이 피트럴 미국 대사는 자유를 존중하고, 정치계 및 사회단체들과 대화할 것을 기니의 과도정부에 거듭 촉구하고 있다. 그러나 중국이 기니의 주요 협력국이 되는 것을 미국이 좌시하지는 않을 것이다. 2023년에는 기니 정부와 미국 기업 '웨스트 아프리카 LNG그룹'의 협상이 진전을 보였고, 해당 기업은 기니의 광산 도시 캄사르에 액화천연가스(LNG)터미널을 건설한다고 발표했다. LNG 터미널에서는 기니 영토에서 보크사이트를 처리하는 데 필요한 에너지원을 공급할 수 있다.

기니 과도정부는 이런 상황을 이용해 외교적 고립을 막고 반대파 세력을 견제하고 있다. 말리 및 부르키나파소와는 정반대 상황이다. 기니의 대표적인 두 정치 지도자 알파 콩데와 셀루 달렌 디알로는 해외로 망명했다. 재임 시절 비리와 시위대 유혈 진압 혐의로 기소된 알파 콩데는 튀르키예로 향했다. 군인 출신인 란사나 콩데 대통령 정권(1984~2008)에서 총리를 지냈으며, 알파 콩데의 정치적 경쟁자인 셀루 달렌 디알로는 자신의 정당 '기니민주연합(UFDG)'을 이끌고 해외에서 선거를 준비해야 한다.

셀루 달렌 디알로 역시 2002년 기니 국영 항공사의 민영화 당시 비리 혐의로 기소 대상이다. 파리에 체류 중인 그는 우리에게 그것이 "터무니없는 기소"라 며 미국에 대해 강한 유감을 표했다. "미국은 대사관 홈페이지에 과도정부의 종료 및 민간으로의 권력 이양까지 남은 날짜 수를 표시했었다. 그러나 현 정부가 항의하자, 그 표시를 삭제했다."

알파 콩데 대통령의 3선 반대 투쟁을 이끌었던 민중운동, FNDC(Front national pour la défense de la Constitution, 헌법수호 국민전선) 관계자들은 군사정권의 시위 금지 명령에 불구하고 2022년 7월과 8월, 10월 그리고 2023년 3월, 5월, 9월까지 시위를 벌였다. 민간으로의 권력 이양을 요구하는 시위였다. 군대는 이들을 가차 없이 체포했다. 일부는 법원 판결도 없이 10개월간 수감됐고, 일부는 해외로 피신했다. 결국 FNDC는 해산되고 말았다. 2022년 6월 이후, 30명의 시위대가 코나크리 전역에 배치된 경찰과 군인들의 총에 목숨을 잃었다. **LD**

글·탕지 비항 Tangi Bihan
지리학자, 파리 1(팡테옹-소르본) 대학교.

번역·김자연
번역위원

(1) Sekou Sanoh, 'Révélations sur les sanctions contre la Guinée 기니에 대한 제재를 폭로하다', <Guinéenews>, Conakry, 2023.4.26. https://guineenews.org
(2) Anne-Cécile Robert, 'Pourquoi tous ces putschs(한국어판 제목: 연이은 쿠데타의 원인은?)', <르몽드 디플로마티크> 프랑스어판 2023년 9월호, 한국어판 2023년 10월호.
(3) Olivier Blamangin, Akoumba Diallo, Agnès Faivre, 'Les bons comptes offshore du champion de la bauxite guinéenne 해외로 빠져나가는 기니 최대 보크사이트 기업의 수익', <Afrique XXI>, Paris, 2022.2.10.
(4) Chalco(Chinalco의 자회사), CDM Chine, State Power Investment Corporation (SPIC).
(5) Anne-Cécile Robert, 'La guerre en Ukraine vue d'Afrique 아프리카의 관점으로 본 우크라이나 전쟁', <르몽드 디플로마티크> 프랑스어판 2023년 2월호.
(6) 'La junte de Mamadi Doumbouya en quête d'hélicoptères de combat 전투용 헬리콥터를 구하고 있는 마마디 둠부야 군사정권', <Africa Intelligence>, Paris, 2023.4.11.
(7) Julien Brygo, 'Les Russes et le "petit bijou" de la Guinée(한국어판 제목: 러시아와 기니의 불편한 동거)', <르몽드 디플로마티크> 프랑스어판, 한국어판 2009년 10월호.
(8) Rémi Carayol, 'La France partie pour rester au Sahel(한국어판 제목: 사헬 지역에 머물기 위해 프랑스를 떠나다)', <르몽드 디플로마티크> 프랑스어판 2023년 3월호, 한국어판 2023년 4월호.
(9) 'Signature de deux accords intergouvernementaux en Guinée 기니에서 정부 간 협정 두 건 체결', 재무국, Paris, 2023.2.2

서사하라 영유권을 둘러싼 모로코-프랑스 갈등

지난 1월부터, 프랑스에는 모로코 대사가 주재하지 않는다. 프랑스와 모로코, 양국은 최근 몇 년간 갈등을 지속하며 관계가 악화됐는데, 9월 8일 지진 후 모로코가 프랑스의 인도적 지원을 거부하면서 양국 간 갈등에 다시 불이 붙었다. 하지만 지중해를 사이에 둔 두 나라는 긴밀한 이해관계로 얽혀있다.

아부바크르 자마이 ▮국제학 교수

9월 8일, 모로코를 강타한 지진으로 약 3,000명의 사망자와 수천 명의 부상자 그리고 수만 명의 이재민이 발생했다. 이런 상황임에도, 모로코는 프랑스 정부의 인도주의 지원을 거부했다. 두 나라의 지속된 갈등이, 이제 회복 불가능한 수준에 이른 것일까?

이 질문을 던지기 전에, 한 가지 알아둘 사실이 있다. 모로코 왕실이 마크롱 대통령을 좋아하지 않는다는 점이다. 9월 16일, 모로코 통신사 MAP(Maghreb Arabe Presse)는 "프랑스 대통령의 방문은 일정에도 계획에도 없다"는 공식 입장을 발표했다. 여기서 주목할 부분은, 공식 입장이 나온 시점이다. 카트린 콜론나 프랑스 외무부 장관이 "조만간 마크롱 대통령이 모로코를 방문할 수도 있다"라는 내용의 발표를 한 지 몇 시간 만에 갑자기 공식 입장을 내보낸 것이다.

그에 며칠 앞서, 마크롱 대통령은 프랑스의 지원을 거부한 모로코 정부 및 국민들을 향해 엑스(X·구 트위터)에 동영상 메시지를 올렸다.(1) 모로코 측에 지원 의사를 표명한 이 메시지에, 모로코 당국은 불편한 심기를 드러냈다. 아랍에미리트와 스페인, 카타르, 영국의 지원만 수용하고 (다른 40개 국가를 비롯해) 프랑스의 지원을 거부한 모로코 측에 '가진 자로서의 아량'을 과시하려 했다는 게 관련 책임자들의 해석이다.

모로코와 프랑스, 두 나라의 갈등은 어제오늘 일이 아니다. 그러나, 이번 지원 거부 논란으로 더욱 고조되고 있다. 사실 2020년 12월, 미국이 서사하라 지역에 대한 모로코 주권을 인정한 이후 모로코와 프랑스의 관계는 악화일로를 걸어왔다. 모로코의 나세르 부리타 외무장관은 서구권 동맹들이 미국과 같은 입장을 취해줄 것을 촉구했다. 2022년 8월 모로코 국왕도 한 연설에서 "앞으로는 사하라 문제가 왕국의 동맹 관계를 결정짓는 유일한 잣대가 될 것이며, 이는 모로코의 우방과 파트너십을 정하는 유일한 척도"라고 단언하며 왕실의 요구를 거듭 강조했다. 2022년 12월, 모로코 국민의 비자 발급과 관련해 "원만한 영사 관계"가 회복되며 양국 갈등이 완화 조짐을 보였다. 이때에도, 부리타 장관은 모로코를 찾은 콜론나 장관에게 단호히 같은 입장을 피력했다.

모로코가 프랑스를 비판하는 표면적 이유는, 프랑스가 서사하라 지역에 대한 모로코의 영유권을 인정하지 않는다는 것이다.(2) 하지만 프랑스를 향한 모로코의 불만은 꽤 복잡한 배경을 가지고 있다. 과거 트럼프 전 대통령 재임 시절, 미국은 유엔 주도 해법에 대한 지지 입장을 철회하고 갑작스레 외교 노선을 선회해줬다. 그 대가로 모로코는 이스라엘과의 관계를 정상화해야 했다. 모로코 국민 대다수는 팔레스타인을 지지했으므로, 정부로서는 국민의 지지를 잃는 위험까지 감수하고 미국의 노선 변경을 얻어낸 셈이었다.

이스라엘-모로코-프랑스의 역학관계

하지만 정부가 이스라엘과의 관계 정상화를 통해 얻을 국익에 대해 언론에서 대대적으로 홍보를 하고 나섰음에도 2022년 기준 모로코 국민의 67%는 여전히 이스라엘과의 관계 정상화에 대해 반대 의사를 드러냈다.(3) 이런 상황에서 프랑스가 서사하라 지역에 대한 모로코의 영유권을 인정하면, 국민들에게 이스라엘과 손을 잡을 만하다는 명분을 보여줄 수 있다.

프랑스가 미국처럼 모로코의 손을 들어주지 않은 것은 사실이다. 그러나 프랑스에 대한 모로코의 적대감은 그것만으로 설명하기 어렵다. 사실 프랑스는 모로코의 요구를 받아들여 서사하라 주민의 자결권도 인정하지 않았다. 미국도, 스페인도 이점에 대해 입장을 분명히 하지 않고 있다. 게다가 바이든 정부는 서사하라 지역에 대한 모로코의 주권을 인정한 트럼프 정부와 다른 행보를 보이고 있다. 모로코 왕실로서는 당혹스러운 상황이다. 2021년 1월, 미국의 바이든 신임 정부는 유엔을 통한 절차적 해법을 다시 한번 지지하고 나섰다. 이렇게 되면, 서사하라 주민의 자결권 문제는 유엔 서부 사하라 선거지원단의 임기 연장을 위한 안보리 연간 결의안에 즉각 포함된다.

모로코는 2007년부터 '서사하라 자립안'을 대안으로 제시하고 있다. 해당 제안은 국제사회의 신뢰는 얻어냈으나, 서사하라 자결권 박탈이 분쟁 해결에 도움이 된다는 주장은 관철시키지 못했다. 따라서 미국 정부의 입장은 서사하라 문제의 전환점이라 할 수 있다. 서사하라 주민들이 투표를 통해 자신의 운명을 결정할 권리를, 미국이 인정할 것인지 아닌지의 문제이기 때문이다. 그러나 바이든 정부는 모로코에게 우호적이었던 이전 트럼프 정부의 입장을 변경했다. 모로코의 반발에 아랑곳하지 않고 말이다.

스페인의 경우도 마찬가지다. 2022년 3월, 모로코 왕실은 국왕 모하메드 6세가 페드로 산체스 스페인 총리로부터 서한을 받았다고 공표했다. 모로코가 제시한 자립안에 대해 산체스 총리가 서사하라 지역 갈등 해소를

위한 "가장 진지하고 믿을 만하며 현실적인 대안"이라 단언했다는 것이었다. 스페인 총리가 보냈다는 이 서한으로 스페인과 알제리 사이에는 심각한 외교 위기가 초래됐다. 알제리는 자결권을 인정하는 유엔 중재 하의 해법에 호의적인 입장이었기 때문이다. 스페인 우파는 물론 소속당의 반대가 거센 가운데 언론의 질문을 받은 산체스 총리는 해당 사실 일체를 부인함은 물론 서한의 존재 자체를 인정하지 않았다. 9월 21일 유엔 총회 연설에서도 산체스 총리는 유엔을 통한 해법에 대한 지지 의사를 재차 확인시켰다. 하지만 이 또한 모로코와의 외교 불화로 이어지진 않았다.

이런 상황들을 종합해보면, 프랑스가 미국, 스페인보다 더 모로코의 반발을 살 이유는 없어 보인다. 오히려 프랑스는 유엔 안보리 상임이사국들 중 모로코의 이익을 가장 존중해준 국가라고 할 수 있다. 2014년, "유엔 선거지원단 역할에 인권존중 감시업무도 추가해야 한다"라는 폴리사리오 인민해방전선(서사하라 해방을 위한 무장조직)의 요구를 오바마 정부가 지지했을 때, 그것을 막아준 것도 프랑스였다. 그 요구가 모로코 왕실을 언제든 위협할 소지가 있었기 때문이다.

유독 프랑스에 날을 세우는 모로코

모로코가 미국, 스페인과 달리 유독 프랑스에만 날을 세운 사례가 또 있다. 언론의 자유를 침해한 모로코 당국을 규탄하는 2023년 1월 19일 유럽의회 결의안을 마크롱계 의원들이 지지하자, 프랑스의 친정부 언론에서는 이를 두고 긍정적인 평을 내놓았다.(4) 그날 이후, 모로코는 프랑스 주재 대사를 두지 않는 처사까지 강행했다. 이에 따라 2021년 10월부터 프랑스 주재 모로코 대사직을 수행하던 모하메드 반샤분은 국왕의 명으로 대사 업무가 종결됐다. 그러나 2022년 11월 모로코의 스파이웨어 사용에 대해, 그리고 유엔인권이사회 앞에서 인권운동가들에게 압력을 가한 것에 대해 미국이 모로코를 비난했을 때는, 모로코는 이렇다 할 대응을 하지 않았다.

이스라엘과의 관계 호전 이후 프랑스 당국자에 대한 모로코 측의 냉대는 보다 노골적인 양상을 띤다. 그나마 예전에는 절제된 방식으로 불만을 표했으나, 이제는 태도가 달라졌다. 모로코-이스라엘 간의 관계 정상화로 서구권, 특히 미국 쪽 친 이스라엘 세력의 로비를 통해 절대권력이라도 손에 쥔 듯한 태도다. 더욱이 군사 및 첩보 분야에서는 이스라엘의 노골적인 지원까지 받고 있다.

기자인 조르주 말브뤼노와 크리스티앙 셰노의 최근 저서 『프랑스의 실추(Le Déclassement français)』 (Michel Lafon, 2022)에는, 모로코 정보국이 마크롱 대통령 등 프랑스 정계 인사에 대해 '페가수스'라는 스파이웨어를 사용한 사실이 담겨있다. 프랑스 정보기관에 따르면, 모로코 정보국이 프랑스 내 이스라엘 정보국에서 비밀리에 일한 정황이 포착되기까지 했다. 토탈, 에어버스 등 전략기업에 고용된 이중국적자에 대한 수사도 여러 건 진행됐다. 그중 두 건에서는 간첩혐의로 유죄 판결까지 내려졌다는 후문이다.

그러나, 프랑스와 모로코 정보국 간의 갈등이 촉발된 시점은 이 스파이웨어 사건이나 간첩 수사 사건 때가 아니다. 그보다 한참 전인 2014년 2월이다. 프랑스 법무부에는 반인륜범죄 및 고문 혐의로 다수의 고소가 접수됐다. 피의자는 압델라티프 아무치로, 모로코 국토감시총국(DGST) 및 국가안보총국(DGSN)을 아우르는 막강한 안보 총책임자였다. 프랑스 사법 경찰관들은 파리에 온 그를 급습해 관련 범죄 혐의 중 하나를 관할하는 예심판사의 법원 소환 명령서를 전달했다. 아무치 국장은 정부 내 거물이었던 만큼, 모로코 당국은 거세게 반발했다. 같은 해 5월, 한 친 정부 계열 언론에서는 프랑스 해외보안 총국(DGSE)의 모로코 지국장 신원을 공개했다. 그에 따라 프랑스는 해당 인사를 황급히 본국으로 불러들여야 했다.

하지만 2015년 11월에는 파리 테러 당시 모로코 정보국이 프랑스 측에 도움을 준 덕분에 양국 간 긴장 완화의 길이 열리는 듯했다. 앞선 2월에도 이미 긴장 완화의 조짐이 보였다. 프랑스의 베르나르 카즈뇌브 장관이 모로코를 방문해 아무치 국장에게 레지옹도뇌르 훈장을

<군주의 의지>, 2016 - 모하메드 레클레티

수여했기 때문이다.

갈등 속에서도 공생하는 두 나라

모로코 정부가 프랑스의 지원을 거부하고 프랑스 주재 자국 대사관까지 철수했고, 양측 언론에서도 서로 신랄한 비판을 주고받는 상황이라면, 두 나라의 관계는 끝장이 날까? 그러기는 쉽지 않아 보인다. 양국은 여전히 상당한 규모의 경제 교류를 지속하고 있기 때문이다.

자동차 부품 수출을 확대하려는 모로코에서는 프랑스의 자동차 제조사 르노 및 스텔란티스를 자국의 산업 성장 동력으로 삼고 있다. 프랑스 기업 측에서 봤을 때도 모로코는 꽤 중요한 시장이다. 각 기업의 주요 시장과도 지리적으로 인접해있고 인건비도 저렴할 뿐 아니라 현대적인 인프라 시설도 구축돼 있다. 게다가 기업 활동에 유리한 조세 제도까지 갖춘 상황이다. 이런 식으로 모로코가 이들 다국적 기업에 제공하는 이점은 여러 가지다. 프랑스는 몇 년 전부터 스페인에 모로코의 1위 무역상대국 자리를 내줬지만,(5) 여전히 모로코의 2위 무역상대국이자, 최대 관광소비국이다. 게다가 모로코는 재외국민의 송금액이 GDP의 10%를 차지하는데, 이 송금액 중 32%가 프랑스에서 온다.

양국의 교류가 단절되기 어려운 이유가 또 있다. 모로코와 프랑스의 정계 및 재계 고위급 인사들이 공동의 이해관계를 유지하고 있다는 점이다. 모로코 국왕 소유의 알마다(Al-Mada) 상사는 프랑스 기업 다수를 사업 파트너로 두고 있으며, 그중 하나는 프랑스 정부 통제 하의 에너지 기업 엔지(Engie)사다. 알마다 상사는 개방도가 높아 국제 경쟁이 치열한 시장보다도 금융과 에너지 등 정부 감시도가 높은 분야에서 주로 개인 투자를 진행한다. 모로코 왕실 통제 하의 정부에서 직접 규제하는 분야인 만큼 왕실이 어느 정도 경쟁 우위를 점하고, 엔지 사를 비롯한 파트너 기업 또한 그에 따른 이득을 얻는다. 엔지가 화력발전소 사피에너지 측에 알마다 사와 함께 공동 주주로 이름을 올리고 있는 이유다. 사피에너지는 역내에 미치는 환경영향 문제로 인해 비정부기구 다수로부터 비판을 받고 있지만, 그에 따른 시정은 딱히 이뤄진 바가 없다.

이렇듯 프랑스와 모로코 양국은 각자 상대방에게서 이득을 취하고 있다. 한쪽에선 모로코 왕실 소유의 권위주의 정부가 프랑스와의 관계에서 이득을 보고 있고, 다른 한쪽에선 이 같은 정권 구조에 기대어 경제적 이득을 본다. 그런데, 인간의 허점이 관계의 균형을 위태롭게 하는 경우가 있다. 프랑스 언론에서 정권 친화적 성향으로 활동하는 소설가 타하르 벤 젤룬은 현재의 갈등이 알제리 국왕에 대한 마크롱 대통령의 예의 부족에서 부분적으로 그 이유를 찾을 수 있을 것이라 지적한다.

페가수스 사건이 한창일 때 모하메드 6세 국왕이 개인적으로 마크롱 대통령에게 전화를 걸어 모로코 정보국은 그를 정탐하지 않았다고 설득하려 했음에도 마크롱 대통령이 왕의 말을 믿지 않았다는 것이다. 국왕의 분노가 가라앉지 않는 한, 양국관계는 긴장 상태가 지속될 전망이다. Ⓛⅅ

글·아부바크르 자마이 Aboubakre Jamaï
엑상프로방스 소재 American College of the Mediterranean 대학 국제교류학 교수

번역·배영란
번역위원

(1) @EmmanuelMacron, "Marocaines, Marocains, Nous sommes à vos côtés. 모로코 국민 여러분, 우리(프랑스)는 당신들 곁에 있습니다" 2023년 9월 13일, https://twitter.com/EmmanuelMacron/status/1701656893226205493?s=20

(2) Réda Zaïreg, 'Consensus marocain sur le Sahara 사하라 건에 관한 모로코 합의', <마니에르 드 부아르> 제181호, 'Le Maghreb en danger 위기의 마그렙 지역', 2022년 2-3월호.

(3) Arab Opinion Index 2022, 2023년 1월, https://arabcenterdc.org

(4) 'Résolution du Parlement européen du 19 janvier 2023 sur la situation des journalistes au Maroc, en particulier le cas d'Omar Radi 모로코 언론 현황에 대한 2023년 1월 19일 유럽 의회 결의안 : 오마르 라디 사례를 중심으로', 유럽연합 관보, Luxembourg, 2023년 1월 19일.

(5) 'France-Maroc. Les relations économiques impactées par la crise politique 정치 위기로 타격 받는 프랑스-모로코 경제 교류', 2023년 6월 21일, https://econostrum.info

아르헨티나인의 가우초

가우초 마르틴 피에로는 호세 에르난데스의 시에 등장하는 인물로, 한 세기 반이 넘도록 아르헨티나인들의 상상력에서 중심적인 위치를 차지해 왔다. 가우초는 아르헨티나의 토착민이자 영웅이다. 후안 도밍고 전 페론 대통령은 자신이 가우초의 후예라고 주장했고, 교황 프란치스코 1세도 자주 인용하는 이른바 '아르헨티나가 낳은 자식'이다. 그러나 아르헨티나의 소설가 호르헤 루이스 보르헤스를 비롯한 일각에서는 비판적인 목소리가 들린다.

파비엔 팔렘 ▌〈부에노스아이레스〉 기자

독일이 2014년 브라질 월드컵 결승전에서 아르헨티나를 꺾고 우승을 차지했다. 고국 베를린에 돌아온 선수들은 환영식에 모인 관중들 앞에서 아르헨티나 선수들을 조롱했다. 이들은 구부정한 자세로 무대에 올라 한목소리로 노래를 불렀다. "가우초는 이렇게 걷지요. 이렇게요." 그러고는 어깨를 활짝 펴고는 의기양양하게 같은 곡조를 되풀이했다. "독일인은 이렇게 걷지요. 이렇게요." 관중들은 환호와 함성을 쏟아내며 다 함께 노래를 불렀다.(1)

2014년 7월, 월드컵 결승전 이틀날에 일어난 일이다. 분노의 물결이 아르헨티나의 부에노스아이레스를 휩쓸었다. 가우초를 감히 조롱했다고 여긴 수많은 팬이 모욕감을 씻어내기 위해 거리로 몰려들었다. 그리고 페론주의자 언론인 빅토르 우고 모랄레스처럼 이른바 빛의 속도로 고드윈의 법칙(Godwin's law, 온라인 토론이 길어지면 나치나 히틀러에 비유하는 말이 나올 확률이 높아진다는 법칙으로 미국의 변호사 마이크 고드윈이 1990년에 언급했다-역주)을 몸소 증명해 보였다. "독일 선수들은 '더러운 나치'다!" 대체 가우초가 어떤 인물이길래, 아르헨티나인들이 그 명예를 지키려고 그토록 애쓰는 것일까?

독일 선수들은 가우초를 '아르헨티나인'과 동의어로 여겼을지도 모르지만, 사실 가우초는 라플라타강 유역에서 가축을 키우는 고독한 반(半)유목민으로, 남미의 카우보이라고도 할 수 있다. 들판과 소, 낭송시, 술, 난투와 관련된 이 지역의 전통적인 인물상이기도 하다. 가우초는 2022년 탄생 150주년을 맞이한 호세 에르난데스(1834~1886)의 서사시 『마르틴 피에로』로 세상에 널리 알려졌다.(2) 이 시는 오늘날에도 여전히 많은 이들의 사랑받는다.

아르헨티나의 국경일, '가우초의 날'

어떤 정치 성향을 보였든, 시골 사람이든, 도시인이든 마르틴 피에로의 모습은 모든 아르헨티나 사람들의 마음에 깊이 자리 잡고 있다. 가우초는 정치 연설에 흔히 언급되고, 문학이나 영화로 재해석되며, 아르헨티나에서 가장 권위가 높은 영화상을 일컫는 이름이기도 하다. 12월 6일은 '가우초의 날(Día nacional del Gaucho)'로 아르헨티나의 국경일로 기념할 정도다.

에르난데스의 시 『마르틴 피에로』는 세상에 나오자마자 대단한 인기를 누렸다. 난롯가 옆에서 낭송되면서 글을 모르는 사람들 사이에서도 널리 알려졌다. 이 시는 아르헨티나 영토 정복에 동원돼 군대에 강제 징집된 어

나의 희망은 하늘의 새처럼 자유롭게 사는 것. <마르틴 피에로>, 1984 - 리카르도 카르파니

느 불행한 남자의 이야기를 담았다. 당시에 정부는 원주민으로 알려진 인디오(인디언)들을 박해하는 군사 작전을 폈다. 피에로는 상관의 부당한 대우에 불만을 품고, 국가에 대한 사명마저 희미해져 결국 부대를 탈영하고 만다. 그리고 가족한테서도 버림받은 그는 '인디오들' 사이에서 살기로 한다. 당시의 시대적 맥락을 생각하면, 무척 정치적인 내용으로 읽힌다.

당시는 아르헨티나는 중앙집권론자들과 연방주의자들이 서로 대립하던 시기였다. 중앙집권론자들은 정치권력을 중앙집권화하고 자유무역을 강행하고자 했던 수도 부에노스아이레스 귀족들이었고, 연방주의자들은 보호무역주의에 편승하는 토호 체제적 보수주의자들이었다. 연방주의자들은 『마르틴 피에로』를 지침서로 삼았지만, 중앙집권론자들은 해당 작품을 문명과 야만 간의 대립으로 해석했다. 중앙집권론자들에게 지침서가 된 책은 『파쿤도 혹은 아르헨티나 팜파스의 문명과 야만』이다(이하 『파쿤도』).(3) 아르헨티나 17대 대통령을 역임한 도밍고 파우스티노 사르미엔토가 집필한 책이다. 1845년에 출판된 이 책은 첫 문장 "On ne tue point les idées(아무도 사상을 죽일 수는 없다)"라는 프랑스어 문장으로 시작하며, 유럽을 문명으로 묘사한다.

역사학자 에세키엘 아다모프스키는 이렇게 설명했다. "중앙집권론자들의 담론은 식민지에 대한 유럽인의 담론에서 영감을 받았다. 사르미엔토는 저서 『파쿤도』에서 아르헨티나 역사를 이와 같은 프리즘을 통해 이해해야 한다고 주장했다. (...) 그러한 생각에는 상호 대립하는 두 국가가 있다는 전제가 있다. 그중 하나는 도시, 백인, 유럽인, 지식인으로 대표되는 국가며, 다른 하나는 농촌, 크리오요(Criollo, 서인도제도를 포함한 남북아메리카의 에스파냐 식민지에서 태어난 백인. 본래는 식민지에서 태어난 유럽인의 자손을 일컫는 말. 크리올이라고도 함), 평민, 비백인의 국가다."(4)

가우초는 스페인 정착민, 원주민, 아프리카에서 강제로 끌려온 노예 사이에서 태어난 크리오요다. 최초로 이 시를 프랑스어로 완역한 아르헨티나 문학 전문가 폴 베르데보예(1912~2001)는 크리오요를 '국가의 자식'이라고 번역했다. 가우초들이 아르헨티나의 문명화 사업에 동원돼 겪어야 했던 애환을 이 시골 출신 주인공을 통해 보여주고, 동시대인들의 관심을 환기하고자 했던 작가의 정신을 충실히 반영한 셈이다.

에르난데스는 상권 『마르틴 피에로』가 발표된 지 7년 후, 하권 『마르틴 피에로의 귀환』을 출간했다. 하권의 시는 전작에 비해 더 길고 모호하며, 가우초의 반항적인 성격도 한층 수그러든 것으로 묘사된다. 가우초는 권력과 화해했다. 이러한 반전은 작가가 겪은 정치적 변화를 반영한다. 『마르틴 피에로의 귀환』이 출간된 1879년에 에르난데스는 중앙집권체제를 지향하였던 단방당(Partido Unitario)의 의회 의원이 됐다.

유순해진 가우초는 도시인들에게 융화됐다. 반면 인디오들은 야만적으로 그려졌다. 아르헨티나 정부는 1878년 원주민을 말살하는 군사작전 '사막 정벌'에 착수했다. 작가 카를로스 가메로는 이렇게 평가한다. "상권과 하권 사이의 이념적 격차로 인해 에르난데스는 서로 다른 정치적 서사를 조화시키고 사르미엔토가 제시한 이분법적 도식을 뛰어넘는 업적을 이뤘다. 그러나 상하권에서 일관되게 드러난 생각이 있다. 바로 인디오를 통합하는 것은 불가능하다는 것이다."(5)

투쟁의 상징, 마르틴 피에로

이후 마르틴 피에로는 더 극심한 당파적 논쟁에 끌려들어 간다. 1904년에 무정부주의 신문 〈라 프로테스타(La Protesta)〉는 가장 유명한 이 가우초의 이름을 따서 문화지 부록을 만들었다. 어제의 소외된 사람들은 동시대 사람들을 이끄는 기수다. 1904년 3월 3일자 부록지 〈마르틴 피에로〉에 실린 글에 따르면 "마르틴 피에로는 한 시대를 거쳐 간 인간 삶의 상징이자 관습, 제도, 신념, 악덕과 미덕을 여실히 보여주는 인물이다. 자신을 억압하는 사회의 상류층에 맞서 투쟁하는 계급의 외침이며, 불의에 대한 항거이기도 하다."

1870년에 아르헨티나 인구는 188만 명에 불과했으나, '대이민의 시대'로 불리는 1860~1930년 사이에 600만 명이 넘는 유럽 이민자들이 몰려들면서 아르헨티나는 역사의 새로운 장을 열었다. 20세기 초의 무정부주의자들은 대부분 이런 유럽 정착민들의 후손으로, 크리오요로 인정받고자 했다. 아르헨티나인이 되기 위해서였다. 이 작품은 유럽 정착민 사회에도 비슷한 영향을 미쳤다. 정착민들은 선의의 표시에서 이 시를 자신들 모국어로 옮겼다. 아르헨티나는 1902년에 거주법을 만들어 사회·정치 질서의 급격한 변동을 선동하는 '외국인'을 추방할 수 있게 했다. 따라서 무정부주의자들에게 아르헨티나 국민이 된다는 것은 거주법에 더 이상 저촉되지 않고 거주할 수 있음을 의미했다.

반면, 10년 후 보수적 민족주의 작가 레오폴도 루고네스는 『마르틴 피에로』를 '대이민'의 물결과 이민자들이 몰고 온 세계주의 사상, 사회 보장 제도, 무정부주의, 페미니즘과 사회 전복적 요소를 막아줄 정체성의 장벽으로 인식했다. 그래서 1913년 오데온 극장에서 열린 여러 강연에서 루고네스는 지배계급을 향해 그링고(Gringo, 외국인)가 부에노스아이레스로 밀려드는 상황에서 크리오요가 아르헨티나 정체성을 공고히 해줄 것이라고 주장했다. 에르난데스의 동시대 작가 리카르도 로하스의 비유에 따르면 아르헨티나 사람들에게 『마르틴 피에로』는 프랑스로 치면 『롤랑의 노래(La Chanson de Roland)』(중세 무훈 시의 걸작-역주)요, 스페인으로 치면 『시드의 노래(El Cantar de Mio Cid)』(스페인의 영웅 엘시드의 무용 찬가-역주)다. 이렇게 해서 과거에 민족 동질화에 대한 저항으로 읽히던 가우초는 이방인을 위협하는 민족 순수성의 화신이 된다.

페론주의의 상징이 되다

그리하여 가우초는 이념적 스펙트럼 극단을 넘나들며 여러 정치적 구호에 활용된다. 1939년에 당시 부에노스아이레스 주지사였던 민족주의가 마누엘 프레스코는 호세 에르난데스의 탄생일 11월 10일을 국경일로 지정하자는 내용의 결의안을 표결에 부쳐 지역 의회의 만장일치를 얻었다. 이후 후안 도밍고 페론의 대통령 재임 시기인 1949년 11월 9일에 법령이 제정돼 에르난데스의 탄생일이 국경일로 공식 지정됐으며, 그의 시는 "아르헨티나 정체성을 가장 잘 표현한 작품"이라는 평가받기에 이르렀다. 1993년에 카를로스 메넴 대통령은 12월 6일을 '가우초의 날'로 지정해 국경일로 삼았다. 공기업을 모조리 사유화한 메넴 대통령은 자신을 크리올로 영웅이라고 칭했다.

양면적이고 파악하기 어려운 마르틴 피에로는 이념적 교차점이자 긴장의 결정체다. 국가 정치에서 마르틴 피에로 중요성이 더할 나위 없이 커진 것은 가장 막강하고 정의하기 어려운 정치적 흐름인 페론주의의 상징이 되면서부터다. 페론주의가 최초로 만들어낸 가장 인상적인 가우초 신화로는 1944년 소작농 법(대지주로부터 농장 노동자를 해방한 법) 도입을 꼽는다. 당시 군사 정부의 노동기획부 장관이었던 페론 장군이 가우초라는 인물을 언급한 것이다. 소작농 지위는 독재정권(1976~1983년) 시절에 폐지됐다가 2011년에 페론주의자 크리스티나 페르난데스 데키르치네르가 다시 도입했다.

『마르틴 피에로의 말처럼(Como dijo Martín Fierro)』의 저자이자 역사학자인 마티아스 에밀리아노 카사스는 이렇게 설명한다. 마르틴 피에로는 애초부터 페론주의의 일부였다. 20세기 동안 마르틴 피에로를 '유용'한 사례는 총 세 가지로 구분할 수 있다. 개인 차원에서 후안 도밍고 페론은 시 구절 전체를 인용하고 심지어 시구를 만들기도 했다. 페론 정부는 1946~1955년에 문화 행사를 조직해 이 작품을 선전하도록 독려했으며, 같은 시기에 수십 권의 책을 출판해 가우초와 관련된 상상력을 함양하도록 했다. 군사 쿠데타로 페론을 축출한 이후 독재정권은 마르틴 피에로에서 페론주의의 색을 지우려고 시도했지만 헛수고였다.

페론은 아르헨티나에서 가장 사랑받는 '아르헨티나의 자식'과 자신을 동일시하는 방법으로 자신의 신화를 구축했던 것이다. 페론은 군사학교를 졸업한 1913년에 아버지로부터 에르난데스의 책을 받은 것으로 알려졌다. 그 해는 루고네스가 가우초 시를 아르헨티나 민족 문학의 정전으로 격상시킨 해이기도 하다. 1946년 첫 대선에서 페론이 승리를 거뒀다. 당시 페론은 북미 제국주의의 위협에 맞서 국익 수호를 강조했고 미국 대사를 겨냥해 "브래든인가 페론인가"라는 문구가 적고 적힌 포스터가 부에노스아이레스 곳곳에 나붙었다.

이후 페론주의는 집권 여당이든 야당이든,, 가우초 신화와의 연결고리를 절대로 내려놓지 않았다. 1978년 아르헨티나 축구 월드컵에서 독재정권은 작은 가우초를 뜻하는 '가우치토'를 마스코트로 삼았다. 군대에 맞섰던 페론주의 게릴라 조직 몬토네로스는 독립 전쟁 시절에 가우초로 구성된 군사 조직 몬토네라스의 이름을 땄고, 월드컵 기간에는 가우초를 억압받는 사람들의 영웅으로 내세웠다.

최근에는 아르헨티나 태생의 또 다른 국가 원수가 일반적인 영웅과 다른 가우초의 보편성을 강조해 호소력을 높였다. 프란치스코 1세 교황은 2015년 유엔 연설에서 "형제들은 단결해야 한다"라는 이 서사시의 기본 원칙을 인용했다. 단결과 분열의 동력인 가우초는 흔히 페론주의와 동일시됐다. 1970년대에 이러한 정치 경향에 격렬하게 반기를 든 작가 호르헤 루이스 보르헤스는 아르헨티나 사람들이 『파쿤도』를 국가 서사시로 채택하지 않은 것을 안타까워하면서, "『마르틴 피에로』의 일독을 권하는 것은 잘못이다. 이 시는 사람들을 야만주의로 이끈다."라고 경고했다. 지식인 엘리트들 사이에서 한 세기 반 동안 이어져 온 논쟁은 지금도 진행 중이다. 자유주의 성향의 마우리시오 마크리 대통령 집권기(2015~2019)에 아르헨티나 국립도서관 관장을 역임한 알베르토 망겔은 보르헤스를 따라하다가 야당 페론주의자들로부터 강한 반발을 샀다.

국립 도서관에서 저 멀리에서 들려오는 지주들의 항의는 마르틴 피에로의 정치적 계보와 정파를 더욱 불분명하게 만든다. 이 농업 기업가들은 페론주의에 따라 부과된 수출 제한 정책에 항의하며 시위를 벌였지만, 가우초 신화에서는 좀체 벗어날 수 없었다. 이에 관하여 카사스는 다음과 같이 결론을 내렸다.

"마르틴 피에로가 국가의 표상이라면, 그 누구도 그를 거스를 수 없다. 어떤 정치 집단도, 어떤 정권도, 좌파도 우파도, 민주주의도 독재정권도 마찬가지다. 아르헨티나를 통치하고 권력을 행사한다면 언젠가는 꼭 한 번 가우초를 마주하고, 그의 유산을 받아들이는 수밖에 없다." ⒧

크리티크M 6호
『마녀들이 돌아왔다』

권 당 정가 16,500원
1년 정기구독 시 59,400원
(총 4권, 정가 66,000원)

글·파비엔 팔렘 Fabien Palem
<부에노스아이레스> 기자

번역·이푸로라
번역위원

(1) '2014 월드컵, 우승을 자축하는 독일', www.youtube.com
(2) 2008년 프랑스어로 출판된 작품(Régis Brauchli역, Ivry-sur-Seine).
(3) (프랑스어판) L'Herne, Paris, 1990.
(4) Ezequiel Adamovsky, 『El gaucho indómito, de Martín Fierro a Perón, el emblema imposible de una nación desgarrada』, Siglo XXI, Buenos Aires, 2019.
(5) Carlos Gamerro, 『Facundo o Martín Fierro. Los libros que inventaron la Argentina, Sudamericana』, Buenos Aires, 2015.

통제 도시 카이로의 현주소

돈 있는 사람만 허용된 카이로의 여가생활

2013년 압델 파타 엘시시 장군 집권 후 이집트에서는 자유와 인권 측면에서의 상당한 퇴보가 있었다. 권위주의 체제가 부활하면서 공공장소의 통제가 심해지고 경제적 계층 분리도 심화한 것이다.

소피 포미에 ▌프랑스 외무부 자문위원

이집트 수도 카이로의 중심부에는 유명한 수변 산책로가 있다. '맘샤 아흘 미스르'라 불리는 이 산책로는 카이로 시민들의 가족 나들이 장소가 되기도 하고, 남의 눈에 띄는 걸 꺼리는 연인들이 군중 속에서 추억을 만드는 곳이기도 하다. '맘샤(Mamshaa)'는 '산책로', '아흘 미스르(Ahl Misr)'는 '이집트 사람들'을 뜻한다. 그런데 이런 좋은 의미가 무색하게도, 이집트 사람들에게서 산책로를 앗아간 대규모 공사가 진행됐다. 이 반(反)서민적인 공사 이후 강변 통행로 구간은 크게 두 층으로 구분된다.

위층은 누구나 이용이 가능한 자율 이동로로, 바로 옆에서는 '자흐마(Zahma, 현지어로 '잼'. 극심한 교통 체증을 가리킴-역주)로 꽉 막힌 자동차들이 옴짝달싹 못하는 모습이 펼쳐진다. 반면 강과 면해 있는 아래층은 나무 바닥이 깔린 세련된 산책로 공간이다. 주변에는 카페와 레스토랑이 들어서 있고, 소형 개인 요트를 위한 부교 시설은 물론 수상 택시 서비스도 마련돼 있다. 이용료는 물론 별도다. 이곳을 지나려면 1인당 20이집트파운드(약 0.60유로)를 내야 한다. 공공 부문 월 최저 임금이 3,500이집트파운드(약 106유로), 민간 부문이 2,700이집트파운드(약 82유로)인 나라에서 통행료로는 적지 않은 금액이다.

"도시 구축사업 후 나일강 볼 수 없어"

수변 산책로에는 100m 구간마다 관리 초소가 설치돼 있으며, 이곳에서 입장권을 발부하고 개표구가 마련된 곳에서는 이용객의 출입도 통제한다. 20m마다 감시 카메라도 설치돼 있다. 무료 통행로와 유료 통행로를 구분하는 가드레일 근처로 다가가면, 반대편을 슬쩍 구경만 하려는 의도였다고 해도 곧 보안 요원이 나타나 정중하지만 단호하게 저지한다. 부자들의 세계는 가난한 이들의 눈길이 닿지 않는 곳에 있어야 하기 때문이다. 카이로 시민들은 이제 저녁녘 강가에서 담배를 피울 수도 없고, 친구들과 의자에 앉아 시끌벅적한 음악을 들으며 멀리 돛단배 펠루카가 지나는 것을 보지도 못한다.

서민 산책로였던 이 나일강의 명물은, 이제 한결 고급스러운 수상 보트 서비스에 자리를 내줬다. 카이로 시민 셀림(1)은 "높은 건축물이 들어서고 강변 통행로가 정비되는 등 도시 구축 사업이 진행된 후, 더 이상 나일강을 볼 수 없게 됐다"라며 한탄했다. 자신이 사는 도시에 강한 애착을 지닌 그에게, 나일강은 도심 공간 구조의 토대이자, 이집트인 정체성의 핵심이다.

히잡은 금지된 이상한 '글로벌 기준'

카이로 도심의 확장 및 불평등 확대 현황

도심의 확장
무허가 개발지구
복합주거단지
개발 중인 신도시 •
농지
사막지대

불평등수준
고급주택화가 진행 중인 기존의 빈곤 과밀 지구
서민 주택가
고급 주택가

CÉCILE MARIN

나일강
알오부르
게지라
알마르그
헬리오폴리스
수브라
임바바
자말렉
알아자르 공원
모한데신
도키
다르브
알아흐마로
나르스시티
기자
타흐리르 광장
모카탐 언덕
뉴 카이로
푸스타트
피라미드
마아디
알오부르

10월 6일 시(市)

0   2,5   5 km

스핑크스 공항 (2022)
세이크 자예드
10월 6일 시
공항
엘초루크
뉴 카이로

VIIᵉ
XIXᵉ
1960
1980
2000
2020

10 km   5월 15일 시

출처 : 알라 바유미 & 카린 베나플라
(sous la dir. de), Atlas de l'Égypte contemporaine,
CNRS Éditions, 2020 ; www.tadamun.co

행복한 소수가 즐겨 찾는 시설에 발을 들이고 산책로에서 술을 마시거나 식사를 하려면 단순히 입장료를 내는 것만으론 부족하다. 입구에서 철저한 '물관리'가 이뤄지기 때문이다. 급격한 인플레이션으로 물가상승 폭을 따라잡지 못한 중산층은 일부 시설에서 입장이 거부되는 경우가 점점 늘고 있다(지난 4월 이집트통계청(CAPMAS) 자료 기준으로 이집트의 물가상승률은 무려 32%에 달했다). 30대 여성 모나는 "매장 직원들이 내게 페이스북 계정을 보여 달라고 했다. 친구들을 보고 내 사회적 지위를 판단하기 위해서였다"며 불쾌함을 토로했다.

한 음식점에 들어가면서 머리끝에서 발끝까지 꼼꼼하게 '스캔' 당한 후 입장을 위한 적격 심사에 통과했다고 확신한 순간, 매장 직원으로부터 SNS 계정 확인 요청을 받은 것이었다. 지중해 연안 쪽의 고급 리조트였다면 필경 이 여성은 머리에 쓴 단아한 히잡 때문에라도 입장을 거부당했을 것이다. 폐쇄적 성격이 짙은 이들 장소에서는 '글로벌 기준'에 부합하고자 비키니와 술에는 매우 관대하되 히잡의 착용은 금지하기 때문이다.

공공장소에서 나타나는 이 같은 계층 분리는 오늘날 이집트에서 도시 개발의 기본 방침으로 작용한다. 그 뿌리는 물론 특권층의 폐쇄적인 세계를 구축하려는 영국과 그 사교클럽 문화에서 찾을 수 있다. 오래전부터 이런 방식을 채택해온 이집트 군대는 국경 수비대 클럽, 군 장교 클럽, 보안 장교 클럽, 경찰 클럽 등 이미 무수한 사교 클럽을 보유하고 있다. 뿐만 아니라 빈곤 국가의 이미지를 숨기기 위해 무대 뒤로 빈민가를 숨기는 관행 역시 어제오늘 일이 아니다. 무바라크 시절에 이미 무허가 판자촌 주위로 출입구만 몇 개 뚫어놓은 분리 장벽을 세워뒀기 때문이다.

문제는 이런 계층 분리가 일반화하고 있다는 점이다. 그리고 이런 현상이 나타나는 이유 역시 매우 다양한데, 그 중 첫 번째는 정부에 돈이 필요하다는 것이다. 경제적으로 궁지에 몰린 이집트로선 돈줄이 절실하고, 돈을 쓰는 건 역시 부자들이다. 따라서 걸프 지역 국가들에서 으레 그러하듯 이집트 또한 부자들이 돈을 쓸 수 있는 전용 소비 공간을 마련해주고 있다. 예전엔 누구라도 이용할 수 있었던 공공장소에 부자들을 위한 고급 음식점과 럭셔리 매장, ATM이 구비된 은행 지점이 들어서는 것이다.

심각하게 확산되는 계층 분리

그리고 정부는 군대를 앞세워 임대료와 영업세를 징수한다. 그중 이 런던 카페처럼 (영국에 온 듯한) 착각을 심어주는 간판들도 있는데, 그 앞에는 가짜 버킹엄궁 병사까지 네 명이나 데려다 놓았다. 붉은 유니폼에 특유의 검은 모자를 쓴 모습은 영락없는 버킹엄 보초병이다. 이렇듯 이집트 고유의 색을 버리고 세계화된 모습을 표방하면 자칫 황금알을 낳는 거위를 잃을 수도 있겠지만, 이에 별로 개의치 않는 듯 걸프 지역 특유의 계층 분리 모델은 날로 확산한다.

계층 분리 모델에 입각한 도심 개발 정책이 추진되는 두 번째 이유는 이집트 군부의 이익 실현에 도움이 되기 때문이다. 도시 개발이 이뤄지면 일단 군대에서 공사 작업을 맡고, 이후 점포운영까지 군에서 관리한다. 그리고 이로부터 군대는 '짭짤한' 수입을 거둔다.(2) 자말렉섬 북단의 유명 음식점 '세콰이어'가 군대의 갈취를 못 이기고 결국 문을 닫았다는 건 익히 잘 알려진 사실이다. 식당이 있던 자리에 새로 들어선 시설은 모두 군에서 운영한다. 서민들의 또 다른 나들이 장소였던 동물원 역시 리뉴얼 작업을 위해 군대에 넘어갔으며, 이와 함께 25년 간의 동물원 운영권도 군으로 귀속됐다. 인접한 식물원도 동물원과 함께 군대로 넘어갔다.

주말이면 이곳 잔디밭에 자리를 깔고 점심을 먹던 서민층은 대부분 재개관 후의 값비싼 입장료를 부담하기 어려울 것이다. 스포츠 경기 관람 역시 상황은 비슷하다. 이집트에서 가장 규모가 큰 복합 스포츠 시설 '게지라 스포츠 클럽'의 '마르카즈 알 샤바브' 경기는 상대적으로 관람료가 저렴했지만 이젠 그 가격도 크게 인상됐고, 특히

한 집의 여러 세대가 함께 어울려 경기 관람을 하던 주말 입장료 상승폭이 컸다. 고대 유적지도 부분적으로 민영화됐는데, 나기브 사위리스 같은 대부호는 아예 피라미드 코앞에 고급 레스토랑을 오픈했다.

카이로 북동부 헬리오폴리스 주민들은 갈 곳을 잃고 동네에서 밀려난 느낌까지 받고 있다. 벨기에 기업가 에두아르 엠파인 남작이 20세기 초 그 기틀을 다진 도시에는 아직도 남작의 그림자가 남아있고, 구 이집트의 상징이 된 이 도시에서 사람들은 살기 좋은 곳이었다며 과거를 회상한다. 주민들 다수는 신행정수도로 이어지는 도로 건설에 반기를 들었는데, 압델 파타 엘시시 대통령의 주력 사업이었던 이 도로 건설 사업으로 수백 년 된 나무들 다수가 벌목됐기 때문이다. 도로 정비 사업으로 일부 지역에서는 통행로까지 막혔다.

이집트 길의 주인은 누구인가?

도시 문제 전문 컨설턴트 마흐무드는 "고령의 어머니께서 이제는 집 밖으로 나설 엄두조차 못 내신다"고 설명했다. "새로 들어선 고속도로가 대문 바로 앞을 지나면서 원래 있던 인도가 없어졌기 때문"이다. 무수히 많은 도로와 다리가 놓였지만 왜 그 자리에 이 도로와 다리가 있어야 하는지는 의문일 때가 많고, 보행자의 이동권은 제한한 채 차량 이동만 중시하는 방향으로 도로 정비가 이뤄졌다. 이에 지난 2월 레바논 신문 〈알사피르 알아라비〉에서도 '사라진 공공장소 : 이집트에서 길의 주인은 누구인가?'라는 제목으로 기사를 게재했다.

치안 목적에서의 대중 공간 통제는 이집트 도심 공간의 계층 분리를 이해하는 세 번째 키워드다. 2013년 7월 군사 쿠데타 직후, 카이로 주지사는 도심 주요 광장을 정비하기 위한 대규모 공사를 발표했다. 2011년 타흐리르 광장에서처럼 대규모 회합 공간에서의 시위를 막겠다는 의도였다.(3) 그 해 국민들은 거리로 나섰지만, 정부는 이에 별로 개의치 않은 채 광장을 없애기로 결정했다. 이후 부자들에게는 조금이라도 자동차로 이동해야 닿을 수 있는 도심 외곽에 안전한 복합 주거 단지가 마련됐

고, 가난한 사람들은 멀찍이 떨어진 교외 지역으로 보내졌다.

이로써 정부는 도심 인구 과밀도 해소하고 허름한 무허가 판자촌도 밀어내는 일석이조의 효과를 거두었다. 황량한 대지 위로 끝없이 펼쳐진 이 신시가지 조성 지구에는 뜨겁게 태양이 내리쬐는 가운데 콘크리트 철근이 빼곡하게 깔려있으며, 주요 도로 주변으로는 카페와 마트, 쇼핑몰이 줄지어 들어서며 편의시설도 집중된다. 이곳에 이르기 위해 상당한 거리를 이동해야 하는 사람들에게는 별 메리트가 없는 장소다.

삶의 피로도가 높아지면 사람들은 자연히 TV 앞에 모일 것이고, 정부가 완전히 통제하는 TV는 서민들의 유일한 여가생활이 되고 만다. 아니면 SNS를 하며 시간을 보내는 것인데, 이쪽이라고 정부의 통제가 덜 하지는 않다. 결국 이집트 국민들은 집에 갇혀 지내는 신세가 됐다. 덥지도 춥지도 않을 때, 특히 라마단 기간의 저녁 시간에 거리로 나오는 게 이집트인들의 오랜 일상이었다. 그것을 하지 못한다는 것은, 생활방식의 큰 변화를 의미한다. 교외 변두리 지역에서는 회교 사원 정도가 서민들이 모일 수 있는 유일한 장소이며, 그곳에서 사람들은 획일화된 설교를 들으며 종교의 통제를 받는다. 실제로 최근 몇 달간 예배당을 포함한 종교 공간의 건설이 크게 늘었는데, 2022년 12월 이집트 종교재산부 발표에 따르면 2013년 알시시 정부 집권 이후 회교 사원 9,600개가 신축 혹은 개보수됐다.

서민층의 여가 장소 줄어

네크로폴리스(공동 묘역) 맞은편 카이로 외곽의 알 아자르 공원은 아하 칸 문화 신탁 재단이 자금 대부분을 지원한 곳으로, 방치된 지역을 재정비한 성공사례로 꼽는다.(4) '자발린'이라고 불리던 넝마주이가 쌓아둔 쓰레기 산 자리에 지어진 곳이기 때문이다. 이 지역의 특징은 외부에서 포위하기가 무척 수월하다는 점이다. 공원 아래쪽에 면한 '중세 카이로' 역사 지구는 진입이 어려운 데다 복잡하게 얽힌 작은 골목길로 이어지고, 그 반대편은

고속도로로 둘러싸여 보안 병력의 즉각적인 진입이 가능하다. 더욱이 카이로 성채 및 무카탐 산 인근 지역은 모두 군사 지대다. 이곳에서 콘서트를 비롯한 대규모 행사가 허용되는 이유다.

더욱이 이 알아자르 공원 구축 사업이 당초 목표에서 점점 벗어나게 된 양상은 오늘날 이집트의 도심 개발 방향을 암시하는 전조이기도 했다. 공원 아래쪽의 인구 과밀 지역 다브 알 아흐마르 지구에 사는 서민층에게는 이곳이 유일하게 녹지를 만나볼 수 있는 공간이면서 조금이나마 숨통을 트일 수 있는 여유 공간이었다. 하지만 이 공원은 동네 사람들이 있던 공간과 차츰 분리된다. 지역 주민들에게 적용되는 할인 요금 제도가 있긴 했지만, 가난한 이들에게는 더 이상 공원이 자신들의 공간처럼 편하게 느껴지지 않았고, 사는 게 보다 여유로운 계층들만 이곳에 가서 같은 부류의 사람들과 어울렸다.

정부 당국은 수도인 카이로뿐 아니라 지방에서도 동일한 논리로 정비 사업을 진행한다. 가령 몬타자 공원은 알렉산드리아 지역 주민들의 자랑거리로서 도시의 허파 역할을 하던 녹지대였지만, 이제는 세계적인 관광 중심지로 탈바꿈했다. 돈 많은 관광객의 요트를 수용할 수 있는 선착장이 구비됐음은 물론, 웅장한 만 역시 해수면 상승을 막기 위한 콘크리트 블록으로 뒤덮었다. 프라이빗 비치로의 입장이 허용되지 않은 이들은 주말 전인 목요일 밤에만 수변 산책로와 바닷가 한 귀퉁이 정도의 이용이 가능하다.

코로나19의 보건 위기 상황과 세계화의 여파로 극장이나 영화관 등 과거 이집트 서민층의 대표적인 여가 활동 장소도 거의 사라졌다. 예전에는 극적인 장면을 강조하거나 우스꽝스러운 모습을 담아낸 포스터가 걸린 극장도 많았지만, 지금은 그런 이집트 특유의 분위기는 찾아보기 힘들다. 거리에서 대통령의 초대형 초상화와 번갈아 등장하는 광고 표지판에는 이제 집안에 틀어박혀 TV로 보는 드라마 홍보 내용밖에 없으며, 넷플릭스나 디즈니 같은 OTT 서비스의 홍보 정도만 눈에 띈다. 이후 TV를 보고 난 사람들은 페이스북 '친구들'과 SNS에서 감상평을 주고받는다.

중산층만 돼도 소비와 사교가 동시에 이뤄지는 대형 복합 쇼핑몰 내 영화관에 가서 검열되지 않은 미국 영화를 볼 수 있다. 현지 작품이라면 검열을 통과할 수 없는 작품이라도 미국 영화라면 가능하기 때문이다. 돈 좀 있는 사람이라면 피트니스 클럽에 가서 근육을 키우며 여가를 보낸다. 특히 남성들은 헬스장에 가서 근육을 키우는 경우가 많은데, 열심히 노력한 트레이닝의 결과는 비공개로 혹은 공개 계정으로 SNS에 올려 자기애를 충족한다. 하지만 서민 지구나 지방 소도시에는 녹지나 운동시설 자체가 없고, 있더라도 관리가 제대로 이뤄지지 않는다. 장비도 태부족인데다 이를 설치할 만한 공간도 별로 없기 때문이다.

남성들의 사교 활동에서 빠질 수 없는 운동인 축구의 경우, 2011년 혁명 선봉대 중 과격파가 배제되고 난 후 정상화됐다. 응원단은 사전에 엄격히 선별되는데, '마이 티켓'이란 회사에서 입장을 통제한다. 사전에 회사 홈페이지에 주민등록번호 기준으로 개인 정보를 등록한 사람들만 관중석 입장을 허가하는 것이다. 단체 응원도 엄격히 규제되며, 경기 영상을 중계하는 카페나 술집도 수시로 경찰 통제를 받는다. 심지어 경찰에 뒷돈을 대야 하는 경우도 있다. 따라서 서민들에게 남는 여가 활동 공간은 롤러스케이트를 탈 만한 몇몇 장소뿐이다.

롤러스케이트는 최근 청년들 사이에서 크게 인기를 끄는 여가 활동인데, 남녀 청년들은 롤러스케이트를 타고 나란히 레일을 돌거나 레이스를 즐긴다. 갓 입문한 초보자들도 있는가 하면 뛰어난 기교를 부리는 고수도 눈에 띈다. 베일로 눈을 제외한 전신을 가린 '무나카바트' 차림 여성들도 아바야 옷자락이 롤러스케이트 바퀴에 닿을 듯 말 듯한 모습으로 롤러스케이트를 탄다. 그렇게 사람들은 일상의 제약에서 벗어나 삶의 고충을 잊고, 점점 경제적 여유가 없어지는 고단한 삶도 잠시 내려놓는다. 그리고 누군가와 함께 즐거움을 누린다. '아직은' 말이다. ⓛⅅ

글·소피 포미에 Sophie Pommier
프랑스 외무부 자문위원. <Orient XXI> 편집위원.

번역·배영란
번역위원

(1) 인터뷰이들 중 대다수가 익명을 요구했다.
(2) Jamal Bukhari et Ariane Lavrilleux, 'Voracité de l'armée égyptienne(한국어판 제목: 돈벌이에 급급한 이집트 군부)', <르몽드 디플로마티크> 프랑스어판·한국어판 2020년 7월호.
(3) Martin Roux, 'Place Tahrir, un symbole assiégé(한국어판 제목: 이집트 민중 혁명의 빛이 바랜 타흐리르 광장)', <르몽드 디플로마티크> 프랑스어판 2021년 2월호, 한국어판 2021년 4월호.
(4) Gaelle Gillot 가엘 질로, 'Le parc Al-Azhar. La vieille ville du Caire requalifiee par un jardin public 알아자르 공원 : 허름한 도시 공간의 새로운 변신', <Les Annales de la recherche urbaine 도심연구연감>, 제105호, Paris, 2008.

LE **MONDE** *diplomatique*

<르몽드 디플로마티크> 창간 15주년 기념
정기구독 1+1 이벤트!
정기구독 시 <마니에르 드 부아르> 과월호 또는 <크리티크M> 1년 구독 제공! (택1)
자세한 사항은 홈페이지 확인

구독 문의 www.ilemonde.com | 02 777 2003

LE MONDE
diplomatique

〈르몽드 디플로마티크〉가 선택한 첫 소설 프로젝트!
미스터리 휴먼-뱀파이어 소설, 『푸른 사과의 비밀』 1권 & 2권

『푸른 사과의 비밀』
2월 발간!

권 당 정가 16,500원
1, 2권 정가 33,000원

이야기동네는 월간 〈르몽드 디플로마티크〉, 계간 〈마니에르 드 부아르〉 〈크리티크 M〉를 발행하는 르몽드코리아의 비공식 서브 브랜드입니다. 이야기동네는 도시화 및 문명의 거센 물결에 자취를 감추는 동네의 소소한 풍경과 이야기를 담아내, 독자여러분과 함께 앤티크와 레트로의 가치를 구현하려 합니다.

필립 부스만스의 오페라 <이본, 부르고뉴의 공주>, 2009 - 파리의 오페라 가르니에에서 _ 관련기사 94면

CULTURE

문화

문화예술의 정부보조금과 사회적 치료제

종종 예술인들은 국가에 너무 손을 벌린다는 빈축을 사곤 한다. 하지만 이는 '공연예술'에 대한 정부보조금이, 엄격하고 민주적인 문화정책을 위해 필수적이라고 규정한 CNR(Conseil national de la Résistance, 레지스탕스 전국 평의회)의 정신을 도외시하는 것이다.

마리노엘 리오 ▌작가

───

최근 연극 및 오페라에 대한 프랑스 정부 보조금이 축소 및 폐지되는 일이 늘고 있다. 이에 침묵하는 프랑스 언론을 자극한 사건이 일어났다. 로랑 보키에가 의장으로 있는 오베르뉴론느알프 지방의회가 리옹시를 따라 리옹 오페라단의 예산을 삭감하고, 극단 대표가 불편한 발언을 해 물의를 빚은 누벨 제네라시옹 극단에 대한 지원도 중단하기로 발표한 것이다.(1)

보키에의 해명이 걸작이다. 자신이 "문화를 상대로 이원화된 전쟁을 벌이고 있다"라는 것이다. 그리고는 '대중문화' 즉 '대중 동원력을 갖춘' 문화를 예찬했다(republicains.fr에 게재된 2023년 5월 30일자 인터뷰). 이에 리마 압둘 말라크 문화부 장관이 보키에 의장을 신(新)포퓔리스트라고 몰아세웠다. 그러자 보키에는 "문화부는 소수 인사들이 당연한 권리처럼 여기는 정부 보조금이나 뿌려대는 기계로 전락했다"(〈르피가로〉, 2023년 5월 28일)라고 응수했다. 사실 이런 식으로 예술계의 엘리트주의나 폐쇄적 태도를 꼬집는 비판은 이미 흔하다. 또한, 우파에만 국한된 주장도 아니다.

프랑스 헌법에도 명시된 문화평등권

그렇다면, '공연예술'에 대한 정부 보조금 지원 제도의 운영 방식과 범위를 새롭게 손질해야 한다는 주장은 과연 타당한가? 문화에 대한 공공지원 제도는 '레지스탕스 전국 평의회(CNR) 강령'에 기초하고 있다. (CNR 강령을 대거 반영한-역주) 1946년 프랑스 헌법(이후 1958년 헌법에도 존속)은 서문에 이렇게 명시하고 있다. "국가는 모든 국민에게 교육, 직업, 문화에 접근할 평등한 권리를 보장해야 한다." 이 정신이 특히 빛을 발한 분야가 바로 문화다.

1946년 이후 지방의 연극 창작과 보급을 활성화 및 대중화하려는 목적에서 지방분권정책이 추진됐다. 1961년 앙드레 말로 문화부 장관은 프랑스 곳곳에 '문화의 집'을 건립했고, 1967년 '랑도브스키 계획'도 오케스트라, 오페라 및 음악 교육에 대한 지원을 아끼지 않았다. 프랑스 정부가 원하는 것은 명확했다. 국가 및 지자체가 공공재정의 일부를 구체적 사업 즉 예술 창작 및 공연에 지원함으로써 국민들을 위한 문화 환경과 교육의 토양을 마련하려는 것이었다. 가령 다양한 가격대의 공연이 가능하도록 재정을 지원해, 모든 프랑스 국민이 공연예술을 향유할 길을 열고자 했다.

하지만 1981년 좌파 집권 이후 상황은 복잡해졌다. 문화부의 예산은 정부 총예산의 1%를 차지했지만, 우선순위가 뒤바뀌었다. 1982년 5월 10일 법령은 문화부의 역할을 다음과 같이 규정했다. 문화부의 최우선적인 역할은 "모든 프랑스인이 창의력을 배양하고, 재능을 자유롭게 발휘하며, 원하는 예술 교육을 받을 수 있도록 하는 것"이다.

반면 "모든 예술 및 지적 작품의 창조를 활성화하고, 최대한 많은 관객을 창출하도록 지원"해야 할 역할은 3순위로 밀려났다. 예술 경영에도 변화가 일었다. '경제와 문화, 동일한 투쟁' 자크 랑은 1982년 7월 유네스코(UNESCO) 회의에서 이런 구호를 부르짖었다. 공영방송은 민영화의 길이 열리고, 공공극장의 책임자는 직접 후원자를 찾도록 장려됐다. 그런가 하면 일정한 객석점유율을 달성할 필요도 생겼다. 따라서 대중성을 중심으로 공연이 기획됐다. 그러면서, '공공 문화 서비스'의 개념 자체가 변질되기도 했다.

2007년 니콜라 사르코지가 대통령에 당선되자, 경제주간지 〈샬랑주(Challenges)〉는 큰 꿈에 부풀었다. "이제 1945년의 그늘에서 벗어나, 레지스탕스 국가 평의회(CNR) 강령을 체계적으로 탈피할 때다."(2) 이에 신임 대통령은 공공정책총검토사업(RGPP)(훗날 공공부문 현대화(MAP)로 이름이 바뀜)을 단행했다. 하지만 국가재정지출 '합리화'란 결국 공공지원의 축소, 그리고 더 나아가 프랑스 문화의 국제적 영향력 약화를 의미했다. 어느새 모든 것은 '목표치와 성과지표'의 논리에 따라 돌아가기 시작했다. 그 결과 오늘날 예산의 20%를 자체 수입으로 조달해야 하는 38개 드라마(연극)센터(Centre dramatique, 지방분산정책의 일환으로 설치된 공공 연극기관-역주)는 78개 국립무대(3)에 직접 작품을 세일즈 해야 하는 처지가 됐다. 말하자면 민간시장에 버금가는 경쟁 체제를 감내하고 있는 것이다.

기업의 독주, 정부의 방관, 지자체의 고충

문제는, 민간시장도 공공지원을 누린다는 점이다. '컬처 패스'(청소년 문화생활을 지원하는 문화 바우처 사업-역주)가 대표적인 사례다. 이 사업의 주된 수혜자는 만화, 음반, 영화, 게임 관련 산업으로 '문화 마크롱주의의 실패작'(4)이라는 비난이 무성하다. 이 분야는 2023년 예산 중 약 3억 달러의 수혜를 누렸는데, 가히 공연예술 부문에 대한 전체 정부 보조금 총액과 맞먹는다.

심지어 오늘날 세계 제2위의 콘서트 기획업체, 안슈츠 엔터테인먼트 그룹(AEG)과 마티외 피가스가 설립한 미디어 그룹 콩바('라디오 노바', 〈레쟁록〉 소유), 이 두

굴지의 공룡기업이 소유한 '록 앙 센느' 뮤직 페스티벌도 공공지원의 혜택을 누리고 있다. 일드 프랑스 지자체의 지원이 대표적이다. 이 음악축제는 음악 생태계를 파괴할 법한 규모의 수익을 낳는 대형 스타들을 앞세운다.(5) 이에 심지어 자크 랑(〈유럽1〉, 2017년 7월 22일)마저 "공룡기업의 음악계 장악은 다양성을 파괴하는 행태"라고 분개하며, '정부의 방관적 태도'에 놀라워했다.

여기서 우리는 테오도르 아도르노와 막스 호크하이머가 기술한, 문화유산 산업정책이 초래할 수 있는 영향에 대해 주지할 필요가 있다.(6) 가령 문화 산업화 정책은 비판 정신을 말살하고, 수익성에만 치중해 모든 예술을 획일화할 위험이 있으며, 모든 것을 돈을 포함한 숫자의 논리로만 판단하는 문화를 심화할 수 있다. 지당한 말씀이다. 그에 더해, '정부의 방관적 태도' 또한 매우 위험하다.

오늘날 프랑스 정부는 중장기적으로 보조금을 지원하는 대신, 프로젝트별로 지원하거나, 민관협력을 확대하는 등의 소극적 역할에 머무르고 있다. 심지어 '공공 문화 서비스'의 개념 자체가 왜곡 또는 소멸될 위기에 처해 있다. 과거 중앙정부의 책임은 지자체(도시, 도시권연합, 도, 광역도)로 전가되고 있다. 이제 지자체는 전체 문화 부문 공공지원의 3/4을 부담해야 하는 상황에 몰렸다. 이미 예산 적자에 대해 엄격한 규제를 받는 지자체는, 인플레이션과 에너지비용 상승의 여파까지 감당해야 한다. 각 지역 상황의 불안정성과 지역 격차는 모든 안정적인 국가 정책과 지역별 중장기 사업을 위협하고 있다.

지난 15년 동안 예산 지원이 약 25% 축소됐으며,(7) 최근 경기 악화로 구조적인 예산 감축이 더욱 심화되고 있다.(8) 올해 오페라 및 심포니 오케스트라단의 공연 취소 건은 200회가 넘는다. 20만 명 이상의 관객 손실이 발생한 것이다. 몇 주 내내 극장이 문을 닫거나, 상영이 취소된 경우도 흔하다. 이런 문화의 위기에, 정부의 대책이라고는 소액의 긴급지원금 처방이 전부다. 그나마 그 처방을 받은 기관도 극소수다.(9) 사실상 프랑스의 우수한 저력으로 손꼽히는 예술 부문에 대한 공공지원 제도는 완전히 철폐되기는 힘들 것이다.

우리에게는 사회적 치료제가 절실하다

공공지원 제도에 대한 비판에는, 경제 논리 외에 '문화 민주화'의 실패에 대한 개탄까지 더해진다. 거의 모든 정치 진영이 한목소리로 비판하고 있다. 보키에의 말을 다시 들어보자. "오늘날 관객의 사회적 비율이 요지부동"이라는 주장이 이론의 여지가 없는 논거처럼 동원된다. 그는 특히 예술계의 '엘리트주의'나 '부르주아적' 문화생활 양식에 반대하며 이런 주장을 편다. 하지만 오늘날 정부 지원을 받는 기관의 관객 중 1/3이 '초등학생'이다. 이 사실을 어떻게 설명해야 할까.

그렇다면 전적으로 민간후원제를 실시해야 할까? 2019년 이후 프랑스 심포니 오케스트라 연합(AFO)과 음악의 힘(오케스트라 오페라단 연합)의 노력에 힘입어, 신규 '심포니 오페라 협약'(오케스트라 오페라단과 공공 파트너 간 협력에 관한 협정-역주) 체결을 위한 두 사업 준비단이 출범했다. 문화부, 지자체, 협회가 함께 공동의 논의를 거쳐 새로운 '심포니 오페라 협약'의 내용을 규정하자는 것이었다. 프랑스 문화부는 신규 협약을 승인했다. 2021년 사업준비단이 제출한 두 보고서에는 '프랑스식 문화적 예외'(10)의 기본적 원칙에 입각한 여러 구체적인 요구들이 담겼다. 압둘 말라크 장관은 2023년 7월 고전·창작 음악의 발전을 모색하기 위한 협의의 장인 '아크로 마죄르' 회의에서 해당 보고서 내용을 발표하기로 약속했다. 하지만 그녀는 대부분의 연설을 정작 음악인들을 훈계하는 데 할애했다. 음악인들이 "더 많은 관심을 받으려면 더 많은 노력을 기울여야 한다"는 것이었다.

물론이다. 수익성이 없는 분야가 보조금을 받으려면 "더욱 노력해야 한다!" 먼저 정의로운 대의에 봉사해야 한다. 가령 기후정의에 관심을 가지고 문화시설과 그 공공 파트너가 기후정의를 위한 구체적인 방안을 함께 실천할 수 있도록 노력해야 한다.(11) 또한 장관의 연설에서 명확하게 언급된 개념처럼, 다양성과 평등을 위해 문화가 사회적 관계를 공고히 하는 사회적 치료제(참여, 몰입, 포용의 역할) 역할을 할 수 있어야 한다. 또한 일부 '권위적인' 작품을 제외하고는, 작품은 요약이 가능하고

사회적으로 합의된, 일반양식에 어긋나지 않는 이데올로기 함양에 도움이 돼야 한다.

결국 모든 국민이 고급예술을 향유할 수 있도록 재정을 지원하고, 고급예술을 상업주의 압력으로부터 보호하며, 불가피한 갈등을 국가가 포용하겠다던 프랑스 정부의 야심찬 기획은 퇴색하고 있다. 1987년 6월 17일, 수많은 국민과 예술인, 창작인, 관객들이 '문화 권리선언'의 투표를 앞두고 파리 제니스 야외 콘서트장에 운집했다. 이 선언의 첫마디는 다음과 같았다.

"상업지상주의에 문화적 상상계를 내던진 민족은, 위태로운 자유라는 운명에 처할 것이다." **ld**

글·마리노엘 리오 Marie-Noël Rio
작가. 최근 저서로는 『함부르크, 한자플라츠 7번(Hambourg, Hansaplatz n° 7)』 (Delga, Paris, 2021)이 있다.

번역·허보미
번역위원

(1) 2023년 3월 21일, 음악인협회 '음악의 힘'이 배포한 보도자료. www.lesforcesmusicales.org.

(2) 'Adieu 1945, raccrochons notre pays au monde 1945년이여 안녕, 이제 우리나라도 세계의 흐름에 발맞추자', <Challenges>, 2007년 10월 4일.

(3) Scène nationale, 연극을 전문으로 하는 프랑스의 공공극장은 국립극장, 드라마센터, 국립무대, 이렇게 세 가지다. 국립극장과 드라마센터는 상설극단을 보유한 반면, 문화행정가가 책임자인 국립무대는 해당극장과 결합된 극단이 없고, 연극만이 아닌 다양한 복합문화공간으로 기능하며 주로 프로그램 배포망 역할을 한다.(-역주)

(4) Antoine Pecqueur, 'Le pass Culture procure surtout des passe-droits 컬처패스가 특히 제공한 것은 특혜', 2019년 11월 1일, <Mediapart> ; 'L'ImPass Culture 컬처 노패스', <Le Canard enchaîné>, 2023년 8월 2일.

(5) 'Les multinationales à l'assaut des festivals 페스티발 공격에 나선 다국적기업', <L'Humanité>, 2023년 4월 20일.

(6) Theodor W. Adorno, Max Horkheimer, 'La production industrielle des biens culturels, raison et mystification des masses 문화유산의 산업적 생산, 이성과 대중 기만', in 『La dialectique de la raison 계몽의 변증법』, Gallimard, Paris, 1983년.

(7) 2022년 회계감사원 보고서를 통해 확인.

(8) 'Madame la Ministre, la fermeture de nos établissements n'est plus une chimère 장관님, 우리 기관들이 문을 닫는 것은 더 이상 단순한 공상이 아닙니다', <르몽드>, 2022년 12월 10일.

(9) <Challenges>, 2023년 3월 29일.

(10) 문화란 한 국가와 사회의 정체성을 담고 있으므로, 다른 상품과는 차별화돼야 한다며 자유무역협정에서 문화를 배제하는 근거가 된 견해.(-역주)

(11) 정부 지원을 받는 공연예술계를 대표하는 프랑스 최대 기업인단체, 예술문화기업연합회(SYNDEAC)의 현 지도부는 이 문제를 임기 내 최우선과제로 삼았다. 이런 사실은 다음의 소책자에서도 확인이 가능하다. <La Mutation écologique du spectacle vivant, Des défis, une volonté 공연예술의 생태학적 변화, 도전과제, 의지>, 2023년 3월 23일, www.syndeac.org.

<세마리의 양>, 1954, 캐나다 국립갤러리-알렉스 콜빌

양들이 묶여있는 것을 싫어하는 이유

현대 중국 종교 전문가인 데이비드 오운비 몬트리올 대학 교수는 비판적인 시각을 지닌 중국의 '공공 지식인', 즉 중국 지도자들에게 어느 정도 영향을 미치길 바라는 연구원, 교수들이 주도하는 논쟁을 주시한다. 오운비 교수는 정기적으로 장문의 중국어 글을 번역해 자신의 블로그 '중국몽 읽기(Reading the China Dream)'에 게재한다. 2022년 9월, 그는 쑨리핑이 쓴 '양들이 묶여있는 것을 싫어하는 이유'라는 이야기를 번역해 블로그에 게시하며 저자 소개와 함께 쑨리핑이 이 글을 쓴 맥락을 조명했다.

쑨리핑 ▮사회학자

1951년생인 쑨리핑은 2020년까지 칭화대 교수로 재직하다 은퇴한 저명한 사회학자로 중국판 페이스북(Facebook)인 위챗(WeChat)에 팬데믹, 우크라이나 전쟁, 중국의 출산율 저하 등 다양한 주제를 다룬 글을 자주 게시한다.

상당한 추종자를 보유한 그의 글은 어려운 질문을 과감하게 던지는 양식 있는 진보주의자의 시각을 담고 있다. 이 때문에 가장 논란이 된 일부 글들은 위챗에서

삭제된 후 종종 다른 인터넷 공간에 다시 게재됐다. 쑨리핑은 때때로 지나가는 말로 이 사실을 언급했다.

나는 중국 당국이 어떠한 방식으로 온라인 게시물에 압력을 행사하는지 정확하게 알지는 못한다. 대부분의 검열은 공안국이 직접 나서기보다 일선의 하급 담당자들이 무작위적이고 자의적인 방식으로 결정하는 것으로 보인다. 그렇지만 나는 2022년 봄·여름 동안 쑨리핑의 글이 더 이상 위챗에 올라오지 않는 것을 보고 그에

게 문제가 생긴 것은 아닌지 궁금했다. 7월 23일 다시 모습을 드러낸 쑨리핑은 다음과 같은 글을 게시했다. "지난 3개월 동안 나를 걱정하고 기다려준 온라인 친구들에게 감사 인사를 전한다. 특히 꾸준히 메시지를 보내준 이들에게 큰 감동을 받았다. 이제 다시 글을 올릴 수 있게 됐다. 어떤 주제에 대한 글을 쓰고 싶은지 모르겠지만 그래도 다시 글을 쓸 수 있게 되어 다행이다. (...)" 쑨리핑이 3개월 간 온라인에서 종적을 감췄던

이유는 휴가나 여행을 떠났던 것일 수도 있고 팔을 다쳤던 것 일 수도 있다. 하지만 지금 맥락에서 볼 때, 쑨리핑의 글은 분명 "'그들'은 내게 한동안 글을 쓰지 말라고 했다. 하지만 이제는 다시 글을 쓸 수 있게 됐다"라고 말하고 있다.

이에 비춰볼 때, 양들이 묶여있는 것을 싫어하는 이유에 대한 쑨리핑의 다분히 공상적인 사색은 특별한 의미와 간접적인 비판이 담긴 이야기임이 틀림없다.

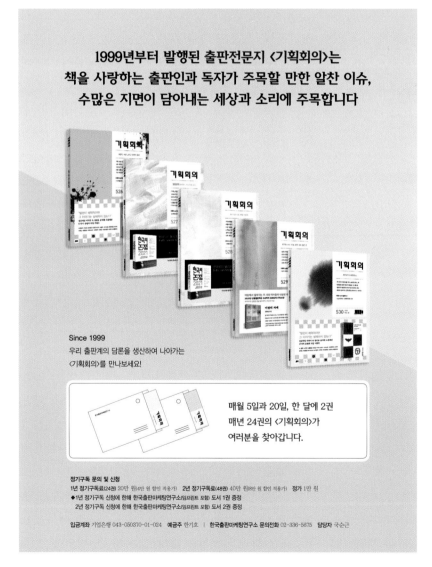

1999년부터 발행된 출판전문지 〈기획회의〉는
책을 사랑하는 출판인과 독자가 주목할 만한 알찬 이슈,
수많은 지면이 담아내는 세상과 소리에 주목합니다

Since 1999
우리 출판계의 담론을 생산하여 나아가는
〈기획회의〉를 만나보세요!

매월 5일과 20일, 한 달에 2권
매년 24권의 〈기획회의〉가
여러분을 찾아갑니다.

정기구독 문의 및 신청
1년 정기구독료(24권) 20만 원(4만 원 할인 적용가)　2년 정기구독료(48권) 40만 원(8만 원 할인 적용가)　정가 1만 원
◆1년 정기구독 신청에 한해 한국출판마케팅연구소(임프린트 포함) 도서 1권 증정
　2년 정기구독 신청에 한해 한국출판마케팅연구소(임프린트 포함) 도서 2권 증정
입금계좌 기업은행 043-050370-01-024　예금주 한기호　| 한국출판마케팅연구소 문의전화 02-336-5675　담당자 국순근

다음은 그가 올린 글을 번역한 것이다.(1)

2020년 11월 31일, 나는 은퇴 후 주로 일상 속 사소한 사건들에 관심을 갖게 됐다는 내용의 글을 트위터(Twitter)에 게재한 바 있다. 최근 나는 3가지 사소한 문제에 대해 생각 중이다. 첫째, 양들은 왜 묶여있는 것을 싫어하는가? 둘째, 누군가 계속 당신을 빤히 쳐다보면 어떤 기분이 들겠는가? 셋째, 집에 놀러온 부모님이나 친구가 당신의 냉장고에 무엇이 얼마나 들어있는지 확인하려 들면 괜찮겠는가? 괜찮다면 그 이유는 무엇인가?

이 질문들을 트위터에 올리자 놀랍게도 많은 이들이 흥미로운 아이디어를 내놓으며 토론에 참여했다. 많은 사람들은 이 질문들은 결코 사소한 질문이 아니며 곰곰이 생각해 보면 매우 중요한, 더 나아가 우리가 항상 염두에 두어야 할 근본적인 질문들이라고 생각했다.

양들이 묶여있는 것을 싫어하는 이유는 꼭 말썽을 피우고 싶어서만은 아니다. 양들에게는 아무런 목적이 없다고 말할 수도 있다. 양들이 자유롭게 돌아다니고 싶어 하는 이유는 더 넓은 공간에서 더 많은 풀을 뜯어 먹기 위해서라고 생각하는 이들도 있다. 맞는 말처럼 들리지만 이 이유가 전부는 아니다. 양들은 배불리 풀을 뜯은 후에도 여전히 자유롭게 돌아다니고 싶어 하기 때문이다.

그래서 나는 요즘 그 이유에 대

해 생각해 봤다. 우리가 흔히 보는 양들은 묶여있다. 인간이 사육하는 동물은 어느 정도 길들여진 가축이라는 점에 유의해야 한다. 일반적으로 길들여진 양들은 묶어놓아도 전혀 저항을 하지 않는다. 이 때문에 사람들은 양들이 묶여있는 것을 싫어하지 않는다는 잘못된 생각을 하게 된다.

이는 사실이 아니다. 묶인 줄을 풀어주면 양들은 행복하게 날뛰며 도망친다. 이를 보면 양들이 묶여있는 것을 얼마나 싫어하는지 알 수 있다.

아무런 제약 없이 자유롭게 돌아다니고 싶은 것은 결국 동물의 본성이다. 자연은 자연의 섭리를 따를 뿐이다. 숨겨진 목적은 없다. 물론 동물마다 지각 방식은 다르다. 오랫동안 우리에 갇혀 살아온 양이나 새들은 이러한 제약에 어느 정도 익숙할 수 있다. 하지만 다른 동물들은 다르다. 예를 들어, 곤충과 거미를 손에 쥐면 필사적으로 도망치려고 할 것이다.

과학자들은 동물들을 가둬놓으면 자살할 수도 있다는 사실을 밝혀냈다. 예를 들어, 돌고래와 고래는 포획 후 한 곳에 너무 오랫동안 갇혀 있으면 자살을 시도하기도 한다. 여러 종의 새들도 마찬가지다. 태어나 처음 사슬에 묶인 개의 반응을 본다면 내 말을 이해할 것이다. 개가 사슬을 풀기 위해 몸부림치며 고통스러워하는 모습은 끔찍한 광경이다.

여러 연구에 따르면 IQ가 높은 동물일수록 (자유에 대한) 본능도 더 강하다고 한다.

뷔셰르의 과감한 추론

당신을 지켜보는 시선이 있다는 것은 생각보다 심각한 문제다. 내 말을 믿지 못하겠다면 중국 동북부 지역 거리에서 벌어지는 수많은 싸움이 어떻게 시작되는지 관찰해 보라. "왜 맨날 쳐다보는 거야?" "그래 쳐다봤다. 그게 뭐 어때서?" 이러한 유형의 대화는 싸움으로 이어질 수 있다.

그 이유는 무엇일까? 장 폴 사르트르에 의하면, 당신을 쳐다보는 사람은 무의식적으로 당신을 객체화한다.

당신을 쳐다보는 사람은 지배적인 존재가 되고, 당신은 단순한 관찰의 대상으로 변한다. 이 과정은 당신의 자유의지를 부정한다. 타인의 노골적인 시선을 받는 사람은 불편한 억압감을 느낀다. 억압감은 때때로 마음을 어지럽힌다.

이집트 피라미드를 건설한 인부들에 대한 끊임없는 논쟁은 잘 알려진 이야기다. 고대 그리스 역사가 헤로도토스는 『역사』에서 30만 명의 노예가 피라미드 건설에 동원됐다고 저술했다. 하지만 1560년 피라미드를 방문한 스위스 시계제작자 한스 뷔셰르는 피라미드를 건설한 인부들은 절대 노예가 아니라 행복한 자유인 신분이었다고 주장했다.(2)

뷔셰르는 어떻게 이러한 결론에 도달했을까? 프랑스 가톨릭 신자였던 뷔셰르는 로마 가톨릭교회의 경직된 교리에 반대한 이유로 1536년 투옥돼 사슬에 묶인 채 생활했다. 시계 제작 명인이었던 그는 감옥에서도 시계 제작 노력을 했다. 자유를 빼앗기고 억압받는 상황에 놓인 뷔셰르는 일일 오차 1/10초 미만의 시계를 제작할 수 없었다. 감옥에 갇히기 전 자신의 공방에서 자유롭게 일할 때 그가 만든 시계의 오차 범위는 1/100초 미만이었다.

뷔셰르는 그 이유를 이해하기 힘들었다. 처음에는 감옥의 열악한 환경 때문이라고 생각했다. 뷔셰르는 이후 탈옥에 성공했다. 자유를 되찾은 후 그의 생활환경은 감옥에 있을 때보다 더 열악했음에도 불구하고 그의 시계 제작 능력은 놀랍도록 빠르게 회복됐다. 뷔셰르는 마침내 결정적인 요소는 시계 제작 환경이 아니라 시계 제작자의 감정 상태라는 사실을 깨달았다. 불행하고 화가 난 상태에서는 손목시계 하나를 만드는데 필요한 1,200단계의 작업을 성공적으로 완수하는 것이 불가능했다. 원망과 증오를 품은 상태에서는 정확한 손목시계나 벽시계 제작에 필요한 254개의 부품을 정밀하게 갈고 다듬기가 힘들었다.

이 경험을 통해 뷔셰르는 피라미드처럼 수많은 단계를 거치며 세심한 공을 들여야 했을 거대한 건축물을 건설한 사람들은 성심을 다해 일한 자유인이었을 것이라고 과감히 추론했다. 일에 대한 열정 없이 저항 욕구를 가진 노예 집단이었다면 칼날 하나조차 들어갈 틈이 없이 완벽한 방식으로 돌을 쌓아 올려 피라미드를 건설하는 것은 불가능했을 것이라는 생각이다.

그러므로 과도한 조언과 삼엄한 감시를 받는 사람에게서 기적을 기대하지 말자. 인간은 몸과 마음이 조화를 이룰 때만 최고의 능력을 발휘할 수 있다.

방해받지 않을 권리, 자유의 일부

다른 사람들이 당신 냉장고에 무엇이 들어있는지 알고 있다고 해서 해가 될 일은 없다. 하지만 동네 부녀회 할머니들이 당신 집 냉장고에 생선은 몇 마리가 있는지, 돼지 갈비는 몇인분이 들어있는지 확인하려 든다면 어떤 기분이 들겠는가?

하루는 식당에서 저녁을 먹었다. 계산을 마치자 종업원은 내게 식당 회원 가입을 제안하며 회원이 되면 할인 혜택이 제공된다고 설명했다. 예를 들어 129위안(약 19유로) 요리를 주문했을 때 10위안(약 1.4유로)이 할인되는 식이었다. 내가 동의하자 종업원은 회원 가입에 필요하다며 이름, 전화번호, 신분증 번호, 집 주소 등을 물었다. 너무 과도한 요구였다. 당국에서 이런 정보를 요구한다면 거부할 수 없겠지만 겨우 식당에서 이처럼 온갖 개인 정보를 요구한 것이다. 차라리 돈을 조금 더 내는 편이 낫다고 생각한 나는 결국 회원 가입을 하지 않았다. 그리고 다시는 이 식당에서 밥을 먹지 않겠다고 다짐했다.

회원 가입은 자발적인 선택이며 가입을 원하지 않으면 정상가를 지불하면 그만이라고 생각할 수도 있다. 하지만 사실 이는 터무니없는 생각이다. 나는 할인가가 실제 가격이며 정상가는 비회원에게 부과된 가산금을 포함한 가격이라고 생각한다.

나는 여행을 좋아한다. 특히 대초원 지대를 비롯한 황량한 지역을 좋아한다. 물론 최근 몇 년 동안은 여행을 거의 하지 못했다. 많은 이유가 있지만 그중 하나는 호텔 투숙 시 요구하는 안면 스캔 절차 때문이다. 요즘은 어디를 가든, 심지어 외딴 오지에 가더라도 호텔 체크인 시 안면 스캔은 피할 수 없는 절차가 됐다.

물론 안면 스캔이 해가 될 게 뭐가 있겠냐고 생각할 수도 있다. 나도 잘 모르겠다. 하지만 안면 인식은 항상 거부감을 유발한다. 호텔에 투숙하는 관광객일 뿐인데 도둑 취급을 받아야 하는 것인가?

사생활은 존엄성의 일부다. 사생활 존중은 자유의 경계를 설정하고 신뢰를 구현한다. 상대방의 위챗을 끊임없이 확인하는 커플은 서로를 불신하기 때문이다. 잘못한 것이 없다면 두려워할 이유도 없다고 반박할지도 모른다.(3) 이는 언뜻 들으면 합리적으로 들리지만 실제로는 정말 터무니없는 주장이다. 만약 당신이 떳떳하다면 다른 사람들이 아무 이유 없이 당신을 하루 종일 귀찮게 해도 된다는 말인가? 더 중요한 것은, 무슨 권리로 아무 이유 없이 타인을 계속 괴롭힐 수 있단 말인가? 방해받지 않을 권리는 자유의 일부다.

물론 공동체 생활의 질서를 유지하기 위해 사람들은 어느 정도 사생활을 희생하는 등의 일부 제약은 받아들여야 한다. 하지만 나는 다음과 같은 네 가지 조건을 충족할 때에만 이러한 제약을 부과할 수 있다고 생각한다. 첫째, 사생활 제약이 반드시 필요한 경우여야 한다. 둘째, 사생활 제약으로 인한 장점이 불편함보다 반드시 커야한다. 셋째, 사생활 제약을 결정하는 이들은 그에 따른 책임을 질 수 있어야 한다. 넷째, 무엇보다도 법이 허용하는 사생활 침해와 일부 제약만을 부과해야 한다. **ID**

글·쑨리핑 Sun Liping
사회학자

번역·김은희
번역위원

(1) 데이비드 오운비의 동의를 얻어 재번역한 글. 참고 기사 : Sun Liping, 'Des chercheurs chinois réclament des réformes dans leur pays 중국이여 '항의'를 제도화하라', <르몽드 디플로마티크> 프랑스어판, 2011년 7월호.
(2) 데이비드 오운비의 주석 : 이 이야기는 여러 중국 자료에서 찾아볼 수 있지만 이 시계 제작자의 정확한 이름이나 생년월일, 사망 날짜는 알려지지 않았다. 중국어로 '부커(Booker)'라고만 알려진 한스 뷔셰르는 실제로 16세기 이름을 날린 스위스 시계제작자였다는 사실을 제외하면 서양 자료에서는 같은 이야기를 찾을 수 없었다.
(3) 데이비드 오운비의 주석: 중국어 원문은 '귀신이 문을 두드려도 두려워하지 않는다'로 부도덕한 행동, 특히 누군가를 죽음에 이르게 한 행동을 하면 고인의 '넋'이 찾아와 복수한다는 중국 속설을 일컫는 표현이다.

카메라의 눈, 죽음의 시선

에티엔 셰르슈르 ▌프리랜서 기자

〈**더** 이상 밤은 없을 것이다(Il n'y aura plus de nuit)〉는 "감상용 영상이 아닙니다"라는 설명을 붙인 비공개 영상의 몽타주다. 군사작전과 그에 따른 동선, 매 순간을 포착하는, 영상 그 자체를 위한 영상이다. 실제와 허구 사이에는 더 이상 경계가 없다. 관찰하는 자와 움직이는 자의 시각을 동시에 보여주기 때문이다.

영상을 통해 전투 헬리콥터에 장착된 카메라로 조종사가 무엇을 보는지 알 수 있다. 카메라는 조종사를 따라 조종사가 바라보는 내용을 촬영한다. 그리고 조종사의 시력을 확장해 맨눈으로 볼 수 없는 것들까지 보여준다. 조종사는 몇 킬로미터 밖을 내다볼 수 있고, 어둠 속에서 열화상을 탐지할 수 있다. 하지만 카메라는 기술의 측면을 넘어 관계를 정의한다. 상황을 기록하고 조종사를 보조할 뿐 아니라, 조종사가 끊임없이 상황을 감시하게 한다. 하지만 감시 대상은 감시받는다는 사실을 전혀 알아차리지 못한다.

밝은 대낮에 조종사는 목표물에서 수백 미터, 수 킬로미터 떨어진 곳에서도 사람의 성별, 옷차림, 자동차의 세세한 정보, 어린이들의 작은 움직임까지 식별할 수 있다. 시리아, 이라크, 아프가니스탄을 비롯해 군사 강국의 군대가 투입된 곳에서는 대부분 이런 정찰대가 거의 신적인 경지에서 개인들의 삶을 감시한다. 밤낮을 가리지 않는다. 밤에도 대낮처럼 훤히 멀리 내다볼 수 있다. 반면 감시받는 사람들이 헬리콥터를 감지할 수 있는 정보는, 프로펠러 소리가 전부다.

엘레오노르 베베르의 〈더 이상 밤은 없을 것이다〉

〈더 이상 밤은 없을 것이다〉- 엘레오노르 베베르, UFO배급.

는 2021년 여름에 DVD로 출시됐다(배급 UFO, 총 75분). 나탈리 리샤르의 해설을 곁들인 이 파운드 푸티지 다큐멘터리는 불편한 현실을 보여준다. 파놉티시즘(Panopticism, 소수에 의한 다수의 감시 및 통제-역주)과 기술 전쟁이 결합해 누구든지 자신도 모르는 사이에(때로는 군사 훈련의 일환으로) 감시당할 수 있다. 서구 국가도 예외는 아니다. 이 영화는 전투 헬기 조종사들과 기장들이 말리, 레반트 지역, 마슈레크 지역에서 작전을 수행하면서 무엇을 보았는지 보여준다.

파운드 푸티지(Found-footage)란, '발견된 영상의 몽타주'라는 의미다. 그것은 공포영화처럼 허구의 내용일 수도 있고, 군사 기록물을 종합한 몽타주인 이 다큐멘터리처럼 실제 영상을 사용하기도 한다. 이런 실제 영상의 출처는 대개 미국이다. 감독은 군인들이 자랑삼아 직접 인터넷에 올린 영상이라고 말한다. 소셜 네트워크에 거리낌 없이 올라온 이 영상의 시점은 살인자의 시각이다. 조종사의 시선은 카메라뿐 아니라 기관포로 향한다. 손을 쓰지 않아도 살상할 수 있다.

이제는 시선 그 자체 즉 보는 것 또는 보지 않는 것으로, 보이는 것을 수용하거나 또는 거부하는 것만으로도 살상이 일어날 수 있다. "더 많이 볼수록 실수할 가능성이 커진다"라는 해설이 이 영화의 주제를 함축한다. "(야간에) 조종사들은 어깨에 갈퀴를 든 농부와 칼라시니코프(러시아의 무기회사)표 무기를 든 전사를 잘 구별하지 못한다."

영상에서 살상하는 자, 즉 카메라의 시선이 자신의 것이 될 때 관객은 어떤 관점을 취하게 될까? 이 영상은 군사작전을 날 것 그대로 보여줄 뿐이다. 조종사들이 영어와 프랑스어로 말하는 소리가 들려온다. 주저하고 머뭇거리기도 하는 조종사들의 눈은 목표물을 향하고 있다. 한 무리의 청년들이 이라크의 시내 인도에 서 있고, 차량 두 대가 사막 도로를 지난다. 이윽고 폭발이 일어난다. 아무 소리도 들리지 않지만, 화염과 연기, 무너져 내린 집과 내장이 튀어나온 시신들이 보인다. 조종사들은 자신이 무엇을 하고 있는지 잘 모르겠다고 한다. 이 마당에, 의문을 품고 윤리를 따질 여지가 어디 있을까?

〈더 이상 밤은 없을 것이다〉는 보이지 않는 곳에서, 상대를 보지 못하는 사람들을 감시하는 전쟁산업과 첨단기술, 과시적 권력에 대한 소리 없는 외침이다. 무적의 경지에 이르려는 욕망, 그 자연법칙에 무릎 꿇는 복종의 최종 단계는 영화의 마지막 장면에 등장한다. 카메라는 미국 사막의 풍경을 강렬하고 밝은 황혼의 빛으로 촬영해 비현실적인 느낌을 준다. 연보라색 하늘을 배경으로 별들이 선명히 빛나고, 땅은 누런 황톳빛이다. 미국의 최신식 카메라로 기록한 이 영상에는 어둠 속에도 대낮처럼 훤히 들여다볼 수 있는 밤이 사라진 세상, 상대방은 전혀 알아차리지 못하는 기록을 관객들에게 보여준다.

본질적인 불평등과 정보의 비대칭 속에서 적과 싸울 수 있을까? 나는 숨어 있다고 생각하지만 상대는 나를 볼 수 있다면? 몇 킬로미터 떨어진 헬리콥터가 바로 뒤의 차보다 내 차의 내부를 낱낱이 볼 수 있다면, 이런 밤에 어떻게 싸울 수 있을까? 패배가 예정된 이 싸움에서 적과의 격차는 점점 더 커질 뿐이다. 강자에게 밤은 걸림돌이 아니라 절호의 기회다. 민간인들의 죽음을 되돌아보거나, 토론하거나, 기뻐하거나, 때로는 조종석에서 이어지는 긴 침묵으로 문제를 제기하기도 하는 이 색다른 작품은 전쟁을 보고 싶어 하는 사람이라면 누구나 전쟁의 실상에 접근할 수 있게 해 준다.

이미지 전쟁과 선전, 노골적으로 혹은 은연중에 SNS에서 일어나는 조작이 분쟁으로까지 번지는 지금, 역설적으로 〈더 이상 밤은 없을 것이다〉는 전쟁의 이미지에 그 어느 때보다 쉽게 다가설 수 있게 하는 동시에 전쟁의 극적인 본질을 끌어낸다. 전쟁은 서사와 이미지를 결부해 우리가 생각하는 것보다 더욱 강력하고 격렬하게 정치적 문제를 제기한다. 엘리노어 웨버의 영화는 관객의 무의식 속에 메시지를 주입하고, 살상을 저지르는 사람이 서 있는 곳에 관객을 배치해 공범이 된 기분이 들게 한다. 이런 이미지, 편집용 필름, 영상, 오디오 추출물이 모두 어우러져 전체를 이루는 듯이 보인다.

왜 군인들이 "자기 행동을 판단할 여지가 없다"라고 했는지 이해할 수 있다. 이미지가 직접 이야기할 때, 더 이상의 설명은 필요 없기 때문이다. **ID**

글 · 에티엔 셰르슈르 Etienne Cherchour
프리랜서 기자

번역 · 이푸로라
번역위원

자본주의 체제에서의 재난의 형상으로의 몸과 다양체로서의 몸의 얽힘

김장연호 ▌한국예술종합학교 객원교수

'2 1세기 한국대안영상예술의 궤적들' 기획전이 10월부터 11월까지 매주 화요일 서울아트시네마에서 개최되고 있다. '1회. 포스트휴머니즘과 합성리얼리즘으로서의 몸'을 시작으로 '2회. 디아스포라 유물론', '3회. 데이터로 전환된 기억, 추모 극장', '4회. 젠더트러블과 수행성', '5회. 아파트 공화국, 도시주름의 소멸과 망각', '6회. 자기초상으로의 디지털, 무빙이미지의 확산' 등 총 6회로 진행된다. 이 기획전은 1997년 IMF와 함께 신자유주의 체제에 돌입한 한국의 상황들을 대안적인 시각으로 제작한 디지털 영상예술을 소개하는 기획전이다. 2000년 당시 문화체육관광부의 슬로건은 '새로운 예술의 해'로 당시 제3차 산업혁명과 함께 디지털 예술에 대한 기대로 사회적으로 고무된 시기이기도 하다.

20세기 한국은 시네마토그래피(1895년 발명)나 최초의 휴대용 비디오카메라인 소니의 포타팩(Portapak)(1965년 출시) 기술과 함께 종주국 문화도 그대로 수입했다. 그렇기에 당시 한국이 전 세계적인 영상문화의 흐름에 주목할 만한 역할을 했다고 보기는 어렵다. 이후 1982년 금성사에서 최초의 비디오카메라 GVC-6000이 개발되고 출시되면서 1986년 아시안 게임, 1988년 올림픽 게임과 함께 한국의 대중 참여 영상문화도 동영상으로 확대됐다. 1990년 중반, 한국은 기존 영상문화의 종주국이라 할 수 있는 미국, 프랑스, 일본 등과 거의 비슷한 시기에 디지털 캠코더의 대중화를 이루며 한국 정체성이 스며든 디지털 영상문화가 본격적으로 등장한다. 즉, 다양한 시민들이 자신들의 이야기를 하기 시작한 것이다.

한국의 2000년대는 경제적으로는 1997년 IMF와 신자유주의 체제의 도래, 기술적으로는 디지털 환경, 문화적으로는 다양한 목소리(신사회 운동-인권, 여성, 성소수자/젠더, 노동, 빈부, 지역)가 맞물려 작동한 시기다. 이때 디지털로 다양한 형상과 소리를 표현하는 '능동적 타자'의 출현을 알리는 영상예술이 본격적으로 한국 사회에 등장했다. 이 시기에 등장한 한국의 대안영상예술은 새로운 매체에 등장하는 대안적 영상언어로 표준체계를 다중의식의 궤적으로 변주해 놓는 작품으로 말할 수 있다.

특히 남성 전문가들의 전유물이었던 필름, 즉 영화 산업에서는 담아내지 못했던 여성 및 성소수자 등 다양한 정체성으로서의 몸에 관해 사유하고 탐문하는 작품이 처음으로 등장했는데, 사회적인 문제를 몸에 비유한 정치적이면서도 미학적인 언어를 탐문하는 작품들도 많이 제작됐다. 유비호, 김세진, 한계륜, 양아치, 장지아, 김두진, 오용석, 최준범 등 디지털아트, 디지털 비디오 예술 1세대의 등장은 기존 텔레비전 브라운관을 중심으로 오브제 설치를 선보였던 비디오 예술 1.5세대 김구림, 육근병, 김해민, 오경화 등과 차별화를 두며 한국의 컴퓨터 예술의 서막을 열었다.

디지털 비디오 예술 1세대의 작품 중 특히 2000년 전후에 제작된 자본주의 체제와 결합한 한국의 전체화된 군대 문화, 표준체제에 대한 동일성과 획일화라는 근대성의 몸을 비판적으로 다룬 유비호의 〈1984〉(2000), 〈매스게임〉(2000), 김두진의 〈우리는 그들과 태어났다〉(1997), 〈아놀드씨에게 안녕을〉(2006), 한계륜의 〈아, 아니뒤통수〉(2006), 〈번개이동〉(2020), 김세진의 〈너무

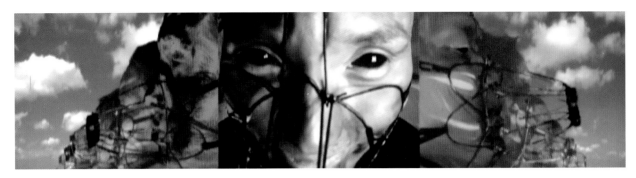

유비호의 <1984> 중 한 장면

먼, 너무 가까운〉(1997), 〈상실〉(1997) 등은 약 20년이 지난 지금 봐도 여전히 놀랄 만한 감각을 보여준다.

이 작품들은 〈1회. 포스트휴머니즘과 합성리얼리즘으로서의 몸〉이란 부제로 소개됐다. 이들은 상영보다는 전시를 목적으로 제작된 것이다. 이 작품들의 특징은 관객의 자유로운 이동성에 염두를 두고 약 2분을 넘지 않는 찰나의 순간에 번뜩이는 무빙 이미지로 관객의 눈을 사로잡아야 한다는 점이다. 이때 관객은 2분도 채 안 되는 찰나의 이미지를 통해 작가의 사유와 응축된 힘이 뭉쳐있는 결정체와 충돌한다.

유비호는 군대식으로 전체화된 자본주의 체제를 자신의 몸으로 표현하고 수행한다. 그렇기에 유비호의 작품에서 관객에게 다가가 충돌하는 이미지는 몸으로 현시된 전체화된 자본주의 체제 이미지다. 푸코의 논의처럼 권력체계는 실체가 없기에 권력체계를 이행해줄 주체를 생산해야만 한다. 오늘날 스펙터클 이미지에서 쉽게 볼 수 있는 근대화된 신체의 외형은 깔끔하고 날씬하며 호감을 줄 수 있는 동일화된 이미지다. 그러나 유비호는 검은 형체를 띤 괴물로 변한 이미지로 현대인을 표상하며 한국의 군대식 자본주의 체제의 형상을 가시화한다.

근대화라는 미명 아래 '위생'과 '청결'을 내재한 신사와 숙녀의 이미지는 서구의 우월한 문명을 가시화하는 몸으로 표상되지만, 근대화는 근대화되지 못한 열등한 '원시의 몸'을 전시하는 인간 동물원(HUMAN ZOO)의 잔인함과 야만의 얼굴이 감춰진 것이기도 하다. 이렇게 유비호의 〈1984〉는 자본주의 체제에서의 멋지고 아름다운 형상 뒤에 숨겨진 괴물성의 실체를 드러낸다.

김두진은 가부장체제에서의 섹슈얼리티에 순응할 수 없는 자신의 몸을 합성 이미지 효과를 활용해 출현시킨다. 젠더수행성을 갖지 않는 몸, 금지된 몸, 낙인화된 몸은 드러내는 것만으로도 사회적 혐오 및 차별로 이루어지는 한국에서, 작가의 이런 수행성은 이분화된 몸에 대한 각성을 불러일으키는데 부족함이 없다. 여전히 한국은 여성과 남성으로만 이분화돼 1, 2, 3, 4라는 주민등록번호로 법적 성별을 지정하고 있으며, 간성(inter sex)의 존재를 묵인하고 다양한 성 정체성의 몸을 외면하고 있다. 김두진은 성별 이분법에 대한 대항이자, 여성성과 남성성이라는 경계화된 젠더 문화를 비판적으로 검토한다.

김세진이 건드리고 있는 주제는 기억과 트라우마다. 세상과 맞부딪히는 개인의 경험은 실체가 없다. 개인의 기억으로만 존재할 뿐이다. 그렇기에 기억을 논의한다는 건 장소에 놓인 물질에 의지할 수밖에 없다. 〈너무 먼, 너무 가까운〉은 실존하는 기억에 대한 질문을 던진다. 누구에게나 어제 있었던 일임에도 잘 기억나지 않는 사건이 있는가 하면, 십 년 이십 년 전에 있었던 일임에도 어제 일어났던 사건처럼 장면, 사람, 색깔, 동작, 대화 등이 모두 기억나는 경우들을 경험하기도 한다. 특히 어떤 특정한 사건에 대한 상처들은 무의식에 내재한 트라우마가 된다. 그렇기에 비슷한 상황들에 몸이 놓이게 되면 약간의 충격에도 무의식에 침잠해 있던 트라우마 장면이 깃털처럼 올라오게 된다. 이 작품은 이런 실체 없는 기억의 특징을 이미지로 표상화한다.

18세기부터 시작된 제국주의 열강의 시기 서구의 몇 국가를 제외하고는 대부분의 국가들은 식민지 경험, 독재와 전체주의, 전쟁, 냉전체제, 자본주의 체제에서의 획일화를 겪으며 트라우마를 지닌 몸을 지니게 된다. 특히 안토니오 그람시와 스피박이 논의했던 서발턴(subaltern)과 같은 이중 억압을 지닌 몸은 무의식에 수많은 정신적 외상이 침잠돼 있는 경우가 많다. 컨테이너 갤러리라는 임시 장소에서 개최된 개인전 '바래진 기억들_망각'에서 〈너무 먼, 너무 가까운〉과 〈상실〉이 동시에 전시됐었다. 〈너무 먼, 너무 가까운〉이 실체 없는 기억을 표상화한 것이라면, 〈상실〉은 기억의 사건을 제시한 것이다. 김세진은 한 한국 초등학교의 단상을 보여주는 짧은 단편 〈상실〉로, 근대식 학교에서 배우는 획일화된 학습으로 자본주의 체제에 길들여지는 몸을 비판적으로 다룬다.

'데이터로 전환된 기억, 추모 극장'에서 소개하는 상영하는 작품들은 환영 이미지가 아닌 실체화된 이미지로서 한국 사건을 몸으로 감각화한다. 오늘날 실체 없는 기억은 무빙 이미지가 돼 데이터로 소환된다. 기억이 데이터로 소환된다는 건 기억이 새로운 물질이 된다는 의미이기도 하다. 오용석(〈classic no.1978〉(2009), 〈classic no.1915〉(2009), 〈소연, 소희〉(2010)), 흑표범(〈베가〉(2016)), 안정윤(〈세상에서 제일 쓸데없는 짓을 합니다. 제가〉(2017)), 임혜영(〈37m/s〉(2016)) 등은 개인의 편린들로서의 기억뿐만 아니라 세월호를 기억하는 몸, 테러에 의해 사망한 지인과 미디어의 구경꾼이 된 성찰적 자아, 자본주의 체제에서 잉여 노동을 하는 예술가 동료의 죽음을 추모하는 기억의 몸을 다룬다.

오늘날 현대인의 몸은 천성적으로 그랬던 것처럼 자연스럽게 자본주의 체제에 길들여진다. 더 나아가 자본주의 체제는 자본주의가 시작된 약 300년 동안 지구의 생물들, 인간만이 아니라 비인간 형체까지 길들이며 '인류세'라는 지질 시대를 만들어냈다. 우리는 아무런 고민 없이 비닐 틀에 단단히 포장된 호박을 구매한다. 호박이 비닐 틀 안에서 가지런히 자라는 과정이 자본주의 체제에서 인간이 성장하는 과정과 무척 흡사하다.

신유물론에서 행위자(Agent)는 인간뿐만 아니라 비인간, 바이러스까지도 포함되는데, 자본주의 체제를 꿰뚫는 장치는 어쩌면 인간이 아닌 비인간의 행위성에서 방법을 찾을 수 있을지도 모른다. 비닐 틀도 호박도 행위자인 것이다. 신유물론에서 행위자는 인간은 물론 비인간, 바이러스까지도 다양하게 포함된다. 더 나아가보면, 비닐 틀이 없는 호박은 다양한 형체를 지닐 수 있다는 것이다. 들뢰즈의 시네마의 물질적 존재론 역시 신유물론의 관점에서 보면 행위성을 지닌 물질인 무빙이미지에 관한 것이다.

약 20여 년간의 한국 대안영상예술은 자본주의, 가부장제, 인간주의를 빗겨나간 디지털 영상예술 작품들로 소개할 수 있을 것이다. 자본주의가 더 정교해지는 디지털 장에서 그 획일성을 교란시키는 방법은 비닐 틀이 없는 다양체를 지닌 호박일 수밖에 없다. 비닐 틀이 없는 호박과 마찬가지로 한국 대안영상예술 역시 다양체를 지닌 형상들이다. 그렇기에 들뢰즈의 논의처럼 자본주의 체제의 균열은 인간이 아닌 이런 행위성의 다양체적 역동에서 시작될 수밖에 없다.

바라드는 서로가 얽혀있는 상태인 행위적 실재론을 통해 지구뿐만 아니라 우주 전체가 모두 서로 얽혀있고 연결돼 있다고 말한다. 디지털 무빙이미지라는 작은 단위의 다양체가 전 세계와 얽혀있어 견고한 스펙터클 이미지 장치와 연결돼 있다. 작품을 보는 관람객, 영화관, 전시관, 스크린과 매체, 대안영상예술이 끊임없이 서로 얽히며 다양체의 흐름들을 연결해나간다. 마지막으로 질문을 하나 던져본다.

앞으로 호박은 과연 어떤 형상을 가질 수 있을까. 🅛🅓

글·김장연호
한국예술종합학교 객원교수. 서울국제대안영상예술페스티벌 집행위원장.

11월의 〈르몽드 디플로마티크〉 추천도서

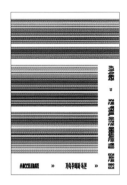

『가속하라』

로빈 맥케이 외 1인 지음 |
김효진 옮김 | 갈무리

사실상 우리는 모두 '가속주의자'일지도 모른다. 지금 당장 문명을 내던지고 원시로 돌아가고 싶은 사람은 없을 테니 말이다. 이 책은 가속주의를 추적하며 계보를 제시한다. 오늘날 가속주의는 일종의 문화적·정치적 힘으로 간주되는 만큼, 1990년대 영국의 음지 사이버 문화와 1968 혁명의 열광 등 여러 문화사를 되짚었다.

『넷플릭스 세계사』

오애리&이재덕 지음 | 푸른숲

넷플릭스 콘텐츠를 통해 세계 속 사건 사고와 진실들을 파헤친다. 이 책은 〈기묘한 이야기〉〈퀸스 갬빗〉을 비롯, 세계 각국에서 제작된 스무 편의 콘텐츠를 통해 인종차별과 빈부격차, 전쟁과 테러 등 오늘날의 세계를 이해하기 위해 반드시 알아야 할 세계사의 주요 이슈를 어렵지 않게 알려준다.

『머문 자리』

김산아 지음 | 솔

김산아 작가의 첫 소설집. 8편의 단편 속 인물들은 모두 평범하지만, 어딘가 서늘한 면모가 있다. 남편과 일구던 가게를 접게 만든 대형마트의 직원이 된 주부, 병아리를 돌보며 고어영화를 즐기는 임산부... 작가는 일상 속 보이지 않는 그들을 세심하게 어루만지며, 어려운 시대를 살아가는 이들에게 연결의 메시지를 건넨다.

『마법은 없었다』

알렉상드라 앙리옹 코드 지음 |
목수정 옮김 | 에디터

"mRNA 백신은 우리를 안전하게 지켜줬는가?" 세계적인 유전학자가 mRNA 코로나 백신의 모든 것에 대해 밝힌 화제의 책. 2013년에 미국의 아이젠하워 펠로십 상을 수상한 프랑스 최고의 유전학 박사인 저자가 수많은 연구 자료를 통해 RNA가 무엇인지부터 mRNA 백신이 인체에 미치는 영향에 이르기까지 상세히 설명한다.

『계몽의 변증법 함께 읽기』

한상원 지음 | 에디스코

아도르노 정치철학 연구로 박사 학위를 받은 한상원 교수가 필로버스에서 진행한 『계몽의 변증법』 강독 세미나 내용을 책으로 엮은 것이다. 『계몽의 변증법』은 '프랑크푸르트 학파' 1세대를 대표하는 저작이다. 저자는 『계몽의 변증법』이 지닌 오늘날의 의미를 추적하고, 우리 시대를 비판적으로 성찰하는 틀로 활용하고자 제안한다.

『자신의 존재에 대해 사과하지 말 것』

카밀라 팡 지음 | 김보은 옮김 | 푸른숲

여덟 살에 자폐스펙트럼장애를 진단받고, 오랜 시간 ADHD, 감각처리장애와 함께 살아온 여성이 '과학'이라는 언어를 만나, 인간 심리를 이해하게 되는 이야기다. '행성을 잘못 찾아온 것 같다'라고 생각하던 저자는, "내가 할 수 있다면 당신도 할 수 있다"라며 누구나 자기 자신으로서 타인과 연결될 권리가 있다고 말한다.

『사랑하는 장면이 내게로 왔다』
서이제, 이지수 지음 | 마음산책

'영화관에 관한, 영화와 얽힌 사람들에 관한' 기억들을 눌러 담은 산문집이다. 영화를 전공한 소설가 서이제와 영화를 좋아하는 번역가 이지수가 함께 썼다. 우연한 계기로 만난 두 사람은 영화를 매개로 친구가 되어 대화를 나누고, 영화가 건네는 메시지를 서로의 시선을 통해 체험한다.

『로마 이야기』
줌파 라히리 지음 | 이승수 옮김 | 마음산책

첫 소설집으로 퓰리처상을 수상한 작가, 줌파 라히리가 신작 소설집을 출간했다. 이번 작품에는 로마를 배경으로 한 9편의 단편소설이 담겨 있다. 인도계 미국인이며 로마에서 수년간 거주한 작가에게 '이방인'이라는 감각은 소설의 중심 테마가 된다. 소설 속 인물들은 이름, 국적, 성별을 넘어 새로운 정체성을 찾기 위해 분투한다.

르몽드 디플로마티크 구독 안내

정가 1만 5,000원	1년 10% 할인	2년 15% 할인	3년 20% 할인
종이	18만원 16만 2,000원	36만원 30만 6,000원	54만원 43만 2,000원
	1년 13만원	2년 25만원	3년 34만원
온라인	1개월 2만원, 1주일 1만 5,000원		

* 온라인 구독 시 구독기간 중에 창간호부터 모든 기사를 보실 수 있습니다.
* 1주일 및 1개월 온라인 구독은 결제 후 환불이 불가합니다(기간 변경 및 연장은 가능)

신한은행 140-008-223669 ㈜르몽드코리아

계좌 안내
계좌 입금 시 계좌 입금 내역 사진과 함께 〈르몽드 코리아〉 본사에 문의를 남겨주시거나, 전화/메일을 통해 구독 신청을 해주셔야 구독 신청이 완료됩니다.

계간지 구독 안내

	낱권	1년	2년
마니에르 드 부아르	1만 8,000원	7만원 2,000원 ⇨ 6만 5,000원	14만원 4,000원 ⇨ 12만 2,400원

계좌 : 신한은행 100-034-216204

계좌 입금 시 계좌 입금 내역 사진과 함께 〈르몽드 코리아〉 본사에 문의를 남겨주시거나, 전화/메일을 통해 구독 신청을 해주셔야 구독 신청이 완료됩니다.

	낱권	1년	2년
크리티크 M	1만 6,500원	6만원 6,000원 ⇨ 5만 9,400원	13만원 2,000원 ⇨ 10만 5,600원

계좌 : 신한은행 140-011-792362

계좌 입금 시 계좌 입금 내역 사진과 함께 〈르몽드 코리아〉 본사에 문의를 남겨주시거나, 전화/메일을 통해 구독 신청을 해주셔야 구독 신청이 완료됩니다.

"All the News
That's Fit to Print"

The New Y

L. CLXXII .... No. 59,862   © 2023 The New York Times Company   NEW YORK, THURS

<뉴욕타임스> 2003년 7월 27일자 1면에 소개된 PLZ페스티발. 피아니스트 임미정 교수가 금강산 부근 제진역에서 평화와 통일을 염원하는 곡을 연주하고 있다.

rk **Times**

LY 27, 2023

CORÉE

한반도

Fed Lifts Rates And Has Door Open for More

Borrowing Costs Are at Highest Since 2001

By JEANNA SMIALEK

Federal Reserve officials raised interest rates to their highest level in 22 years and left the door open to further action as they continued their 16-month campaign to wrestle inflation lower by cooling the American economy.

Officials pushed rates to a range of 5.25 to 5.5 percent, their highest level since 2001, in a unanimous decision.

Jerome H. Powell, the Fed chair, suggested in a news conference following the decision that while the "pieces of the puzzle" that could allow inflation to sustainably slow down are beginning to come together, rates had not yet been high enough for long enough — and that the Fed was "prepared to further tighten" if necessary.

The Fed chief carefully kept the central bank's options open at an

우크라이나, 하마스 전쟁과 한국의 위태로운 안보 현실

한설 ▌예비역 육군 준장

최근 유럽, 아프리카 및 중동에서 동시다발적으로 일어나는 일련의 정치 군사적 변동은 기존의 국제질서가 붕괴되고 새로운 국제정치 질서가 수립되는 과정이라 하겠다. 기존 국제질서의 붕괴는, 미국 중심의 국제질서의 약화 및 붕괴를 의미할 것이다. 새로운 세계질서의 형성을 예측하는 근거는 중국, 러시아 등 대항세력의 성장이 아니라 미국의 급격한 약화다. 미국은 1990년 냉전 종식 후 국제정치 질서의 정점에 올랐으나, 30년 만에 정점에서 내려오고 있다. 우크라이나 전쟁, 아프리카 지역에서 벌어진 일련의 반제국주의적 군사쿠데타, 하마스의 이스라엘 공격은 미국 주도식 국제질서의 한계를 증명하는 사건들이라 하겠다.

대한민국 같은 국가가 세상의 변화를 제대로 감지하고 이에 능동적으로 대응하는 것은 국가와 민족의 생존과 번영에 필수적이다. 그러나, 유감스럽게도 현재의 윤석열 정권은 세계적인 국제질서의 변화에 제대로 대응하지 못하고 있다. 현 정권은 역대 정권에 비해 지나치게 편중된 미국 중심의 대외정책을 통해 국가와 민족의 생존권을 위협하고 있다. 설상가상으로 윤석열 정권의 잘못된 대외정책을 견제하는 언론과 지식인의 기능도 제대로 작동하지 않고 있다. 현실적으로, 지식인과 언론에 선구자적 역할을 기대할 수는 없을 듯하다. 시대와 역사가 바뀌고 있음에도, 여전히 기존의 낡은 인식 틀에 갇혀있기 때문이다.

현재 윤석열 정권의 상황을 보면, 정부 차원의 대외정책 변화를 기대하기는 어려운 실정이다. 다만, 대한민국의 인민들이 보다 폭넓은 안목으로 국제정세에 대한 판단력을 갖춘다면 가능할지도 모른다. 필자는 이 글에서 미국의 영향력 약화를 확인하고, 언론과 지식인들이 제 역할을 하지 못하고 있는 현실을 지적하고자 한다. 언론과 지식인의 문제를 제기하는 것은 정확한 상황판단이 올바른 정책의 전제조건이기 때문이다. 또한 윤석열 정부의 편중된 대외정책이 국익을 얼마나 손상시키고 있는지를 알아보고자 한다. 언론과 지식인이 자기 역할을 제대로 하지 못한다면, 정부의 잘못을 바로잡을 수 있는 것은 결국 인민의 올바른 정세판단 능력이다.

패권 국가가 힘을 잃고 붕괴되는 주된 외부의 도전이 아니라 내부의 모순 때문이라고 한다. 내부의 모순이 누적돼 대외적인 무능력으로 나타난다는 것이다. 미국 패권 약화의 원인도 예외는 아닐 것이다. 극심한 빈부격차와 정치적 분열은 내부 모순이 이미 한계에 도달했다는 것을 보여주는 지표라고 하겠다. 미국의 내부 모순이 대외정책의 혼선으로 이어지고 있는 것이다. 원래 세련되지 못했던 미국의 대외정책은, 냉전 종식 이후 더욱 기이한 방향으로 전개됐다. 이를 한마디로 표현한다면 '미국의 전략적 자해'라 할 수 있다. 미국은 냉전 종식 이후 계속 잘못된 선택을 했다. 2003년의 이라크 전쟁을 필두로 리비아 카다피 정권 붕괴, 이란과 북한에 대한 경제제재, 우크라이나 전쟁에 이르기까지 친구보다는 적을, 이익보다는 손해를 부르는 선택들을 해왔다.

이런 미국의 '선택'들에는 공통점이 있다. 실패할 경우, 부정적인 결과를 초래할 가능성은 전혀 고려하지 않았다는 것이다. 이를 보면 미국은 성공할 경우만 염두에 두고 있는 듯하다. 이런 상황을 보면서 미국이 터널 현상에 빠졌다는 추측을 하게 된다. 터널 현상에 빠지는 이유는 크게 두 가지다. 하나는 지나친 확신, 또 하나는 극도의 두려움이다. 미국의 경우는 어느 쪽일까? 처음에는 전자에 가까웠으나, 시간이 흐르면서 후자로 이동하고 있는 듯하다.

미국이 처한 가장 심각한 문제는, 제어 및 수정 기능의 상실이다. 미국의 잘못된 대외정책을 제어하고 수정하는 데 중요한 역할을 해온 것은, 미국의 언론이고 지식인이었다. 냉전 종식 이후의 자신감 때문인지 미국은 자신의 대외정책을 비판하는 기능을 모두 축소하거나 제거해버렸다.

하버마스, 우크라이나 전쟁에 비판적·반성적 성찰

정부는 정책을 펴기에 유리한 언론환경이나 여론조성을 하기도 한다. 그러나 미국과 서방에서는 그 정도가 지나치다. 그 결과 최근 미국의 언론이나 주류 지식인 중에서 미국의 대외정책에 문제를 제기하는 경우를 찾아보기 어렵게 됐다. 소위 안보문제에 대해서는 보수 진보 할 것 없이 힘을 합친다는 식으로 비판과 반대의 여지를 제거해 버린 것이다. 최근 미국의 언론과 주류 지식인들에게서 반성적 성찰을 찾아보기 어렵게 된 이유다. 미국의 대표적인 지식인들은 미국의 정책을 지지하는 소위 어용의 범위에 머물고 있는 것이다.

이런 현상은 미국뿐만 아니라 유럽과 대한민국에서도 나타난다. 비판적인 지식인들이 중요한 문제에 대한 담론을 주도할 때가 유럽의 전성기였다. 비판적 인식을 통한 반성적 성찰이 가능했기 때문이다. 독일에서는 하버마스같이 시대를 풍미한 대철학자가 우크라이나 전쟁에 대한 부정적인 견해를 밝혔다가 소장학자들에게 봉변 수준의 비난을 받기도 했다.

국내에서도 유의미한 반성적 성찰과 비판이 눈에 띄지 않는다. 방송과 언론은 정권에 장악됐다. 언론이 정권을 견제하는 역할을 한다는 것은 교과서 속 이야기가 돼버렸다. 정권이 언론과 지식인 사회를 장악하면 비판

의 기능을 상실한다. 레거시 언론에서 윤석열 정권의 지나치게 편중된 미국 일변도의 대외정책, 굴종적인 대일관계에 대한 문제 제기는 찾기 어렵다. 대표적인 진보언론까지 미국에 편중된 입장에서 우크라이나 전쟁을 보도했다. 언론과 지식인의 비판적 기능 상실은, 육사의 홍범도 장군 동상 이전이나 철 지난 이념논쟁이 제기될 수 있는 자양분을 제공한 것이다.

미국과 서방에서 비판적 지식인들이 제대로 기능하지 못하는 것과 달리, 권위주의 국가라고 하는 중국과 러시아에서 비판적 기능이 더 활발하게 전개되고 있다는 점을 지적하지 않을 수 없다. 각종 국제정치적 사건에 대해 거의 동일한 입장을 취하고 있는 미국 및 서방과 달리 오히려 중국과 러시아에서 정부의 정책에 대해 다양한 의견들이 더 많이 개진되는 듯하다. 권위주의 국가에는 언론의 자유가 없다고 지적하기 전에, 미국과 서방에서 우크라이나 사태나 중동사태에 대해 정부의 공식입장과 다른 언론의 주장을 찾기 어렵다는 사실에 먼저 주목해야 한다.

카다피를 버린 미국과 데미스토클레스의 망명을 수용한 페르시아

미국과 서방은 형식적으로는 민주적일지 모르나 내용적으로는 권위주의 국가인 중국과 러시아보다 사실상 더 강력한 통제를 행사하고 있다. 정부의 입장에 대한 반론을 정부가 직접 나서서 통제하는 것과 정부가 직접 관여하지 않고 사회적 통제와 검열을 통해 억압하는 것 사이에는 본질적인 차이가 없다. 오히려 정부의 직접적인 검열보다 사회적 분위기를 이용한 검열과 통제가 훨씬 더 광범위하고 위협적인 경우가 많다. 정부의 통제는 그 기준만 넘어가지 않으면 되지만, 사회적 통제는 그 기준 자체가 없기 때문에 오히려 심각한 자기검열에 시달리게 되는 것이다.

상당수의 대한민국 인민들은 미국의 대외정책을 맹신한다. 그러나 좀 더 유심히 들여다보면, 그동안 미국의 대외정책이 상당히 폭압적이었으며 그로 인해 실패를

자초했음을 알 수 있다. 대표적인 것이 리비아의 카다피 사건이다. 오바마 행정부는 리비아 내전으로 카다피를 실각시켰고 길거리에서 비참한 죽음을 맞이하게 만들었다. 카다피가 살해되자 당시 국무장관 힐러리는 "목표를 달성했다"라며 이로써 북한의 비핵화는 요원해졌다.

카다피는 냉전 종식 이후 미국의 압도적인 국제정치적 영향력에 굴복해 보유하던 핵무기도 포기하고 미국과의 관계 정상화를 선택했다. 북한은 카다피의 최후를 보면서, 자신들이 핵무기를 포기하고 미국에 굴복하면 어떻게 될지 예측할 수 있었을 것이다. 만일 미국이 특수부대를 보내서라도 카다피를 구출했다면 어땠을까? 미국은 살라미스 해전을 승리로 이끈 아테네 영웅이자 자신들의 숙적이었던 데미스토클레스의 망명을 수용했던 2500년 전의 페르시아보다 훨씬 낮은 수준에 머물고 있었던 것이다.

2003년의 이라크 전쟁과 2011년부터 시작된 시리아 내전은 비록 테러와의 전쟁이라는 명목하에 치뤄졌지만 탐욕스런 석유 약탈이라는 비난에서 자유로울 수 없다. 지금이야 미국이 압도적인 힘의 우위에 있기 때문에 석유 약탈이라는 사실이 감춰져 있지만, 그 균형이 조금만 무너지면 그 실상이 수면 위로 드러나게 될 것이다. 미국은 이라크와 시리아의 석유를 약탈하지 않아도 충분히 번영을 지속할 수 있는 능력이 있다.

오히려 약탈적 대외정책으로 스스로 곤경에 처하게 됐고 패권국가의 중요한 자산이라고 할 수 있는 도덕적 기반을 스스로 훼손시킨 것이다. 패권이 영향력을 의미한다면 도덕적 우위는 영향력을 유지하는 가장 중요한 자산일 것인데 미국은 조그만 이익을 위해 더 중요한 것을 스스로 훼손하고 말았다.

대한민국의 언론과 지식인들이 미국의 이런 잘못된 대외정책에 대해 침묵하는 것에 대해 의문을 제기하지 않을 수 없다. 대한민국의 지식인과 언론은 적어도 미국의 대외정책에 대해서는 판단중지 상황에 빠져있다. 우크라이나 전쟁은 미국이 패권을 상실하게 된 결정적 계기를 제공했다는 점에서 향후 역사 진행의 분기점이 될 가능성이 많다. 앞으로의 역사는 우크라이나 전쟁 이전과 이후의 상황으로 나뉠 수 있을 것이다.

전쟁이 발발하자 대한민국의 주요 언론과 지식인들은 우크라이나를 지지하고 러시아를 비난했다. 정계에서는 여야의 구분도 없었고 언론에서는 진보와 보수의 구분도 없었다. 대한민국 역사상 자해적 대외정책이 이렇게 전폭적인 지지를 받은 경우도 드물 것이다. 대한민국은 이익의 관점이 아니라 철 지난 이념의 관점에서 우크라이나 전쟁을 바라봤고 이런 현상은 '집단 최면'이라고 하는 것 외에 설명할 길을 찾기 어렵다.

우크라이나 전쟁, 미국은 이길 수 없다

다른 국가의 전쟁에 대해 어떤 입장을 취해야 하는가에 대한 기준은 명확하다. 전쟁에서 이기는 편을 지지하는 것이다. 전쟁이란 결투를 통해서 정의가 어느 편에 있는가를 결정하는 일종의 재판이기 때문이다. 대한민국은 승리하기 어려운 미국과 우크라이나를 지지했다. 대한민국 인민들의 상당수는 미국이 절대로 패배하지 않고 실패하지 않는다는 잘못된 인식을 지니고 있는 것 같다. 이번 우크라이나 전쟁은 미국이 절대로 이길 수 없다. 군사전략이나 작전에 조금만 관심이 있으면 절대로 미국이 이길 수 없다는 것을 알 수 있다.

러시아를 굴복시키기 위한 미국의 전략은 부실하기 짝이 없었다. 과거 냉전에서 승리한 방법대로 러시아에 군사비를 많이 지출하게 해서 국력을 소모시키고 경제제재를 해서 굴복하게 만든다는 것이다. 그동안 수없이 많은 경제제재를 감행했지만 한 번도 성공한 적이 없었다. 경제제재로 러시아를 굴복시키지 못할 경우에 대비한 방안은 아예 생각조차 하지 않았다. 미국은 전쟁의 승리를 운에 맡긴 것이다. 전쟁에서 승리한 국가가 정의가 되는 상황에서 윤석열 정권은 러시아에 맞서 탄약과 장비를 지원했다. 이는 명백하게 자해적인 행위다.

잘못된 정책은 반드시 후과를 남기는 법이다. 미국이 밝힌 정보에 따르면 러시아와 북한은 수십만 톤 규모의 군사 장비를 주고받은 것으로 보인다. 최근 하마스 사태로 인해 중동정세가 복잡해지는 상황에서 미국이 북

사진/PLZ페스티발 팀 제공

한과 러시아의 군사 장비를 주고받은 것을 집중적으로 보도한 이유는 비교적 분명하다 하겠다. 미국이 우크라이나와 이스라엘 양개전선을 감당하기는 어려우니 대한민국에 우크라이나에 탄약과 장비를 지원하라는 요구인 것이다.

이미 대한민국은 우크라이나에 탄약과 장비를 지원함으로써 북한과 러시아가 군사 장비를 주고받을 수 있는 핑곗거리를 제공했다. 러시아가 북한에 S-300이나 S-400 같은 대공 무기를 제공하면 어떻게 될 것인가? 남한이 그나마 우위를 유지하고 있는 항공전력은 심각한 타격을 입게 될 것이다. 대한민국 공군의 주력기인 스텔스 전투기 F-35가 러시아군의 레이다에 포착된다는 것은 비밀도 아니다. 결국, 대한민국의 안보는 그 이전보다 훨씬 악화되고 불안해질 것이다.

하마스 사태가 발생하자 윤석열은 즉각 이스라엘을 지지하고 하마스를 규탄했다. 문제는 정작 미국이 하마스 사태 이후 마치 공황장애에 빠진 것과 같다는 것이다. 미국은 상황을 주도하는 능력을 상실하고 상황에 끌려가고 있는 것처럼 보인다. 그 틈을 타고 중국과 러시아가 영향력을 확대하면서 상황을 주도하고 있다. 하마스 사태를 이스라엘에 대한 단순한 테러 사건으로 생각하면 오산이다. 하마스의 이스라엘 공격은 최근 우크라이나 전쟁 이후 발생한 중동지역의 국제정치적 상황이 복합적으로 연관돼 있다.

하마스는 사우디아라비아와 이스라엘이 관계 정상화를 논의하는 과정에서 생존이 위태롭다고 판단했기 때문에 국면을 전환시키기 위해 테러라는 강경한 수단을 이용한 것으로 보인다. 이란은 이스라엘과 사우디아라비아의 관계 정상화를 통해 중동지역에서 영향력을 그대로 유지하려는 미국의 의도를 간파했기 때문에 하마스의 이스라엘 공격을 지원했다고 할 것이다. 그렇게 본다면 이란은 미국과 결전도 감수하고 있는 듯하다. 이번 기회에 중동에서 미국의 영향력을 제거한다는 것이다.

하마스와 이란, 전략적 1차 목표 달성

하마스 사태 이후 중동과 이슬람은 대동단결하고 있다. 사우디아라비아는 이스라엘과 관계 정상화를 중단했고 아랍과 중동 그리고 전 이슬람 세계가 반이스라엘 전선을 형성했다. 미국이 최초에 전폭적인 이스라엘 지원을 선언했다가 태도를 바꾸고 있는 것도 이슬람 세계의 격앙된 분위기에 놀랐기 때문일 것이다. 결과적으로 사우디아라비아와 이스라엘 관계 정상화는 없는 일이 됐고, 이로 인해 하마스와 이란은 전략적 1차 목표를 달성했다.

이스라엘은 딜레마에 빠져있다. 가자지역을 공격해도 성공한다는 보장이 없고, 만일 공격하면 전 중동과 이슬람 세계를 대상으로 전쟁을 벌여야 한다. 만일 이번에 중동전쟁이 발발하면 이스라엘도 과거처럼 쉽게 승리하기 어렵다. 전쟁의 양상이 달라졌기 때문이다. 미국이 처음에 일방적인 이스라엘 지지를 선언했다가 상황 관리로 입장을 바꾸고 있는 것도 그런 이유다. 전쟁이 일어나면 미국은 이라크와 시리아에서 철군을 해야 할 상황이 될 수도 있다.

대한민국을 위기에 빠뜨릴 윤석열의 외교정책

윤석열의 즉각적인 하마스 비난과 달리 일본은 신중한 태도를 유지했다. 향후 사태 전개에 따라 중동지역의 에너지 수급에 심각한 차질을 빚을 수 있기 때문이다. 이런 점에서 보면 대한민국과 일본의 정치인들 수준 차이는 극복이 어려운 상황이다.

카타르는 중동지역에서 전쟁이 발발하면 천연가스 수출을 중단하겠다고 선언했다. 사우디아라비아도 전쟁이 발발하면 원유 수출을 중단한다고 선언할 가능성이 높다. 전면적인 수출통제가 어려우면 이스라엘을 지지하는 국가에 대한 보복성 원유 수출을 중단할 가능성도 배제하기 어렵다. 대한민국은 중동지역에서 전쟁이 발발하면 에너지 공급이 완전하게 차단될 수도 있다. 윤석열의 경솔한 말 한마디가 대한민국 경제와 인민의 삶을 결정적으로 위협에 빠뜨릴 수도 있는 것이다.

윤석열 정권의 자해적 대외정책은 이미 인내할 수 있는 선을 넘고 있다. 문제는 윤석열의 자해적 대외정책을 견제해야 하는 언론과 지식인이 제대로 기능하지 않는다는 점이다. 항상 그랬듯이 국가가 위기에 빠지면 평민들이 나서는 수밖에 없다. 이제는 대외정책에도 의병이 필요한 시대가 됐다. 🆔

글·한설
고려대 서양현대사 박사. 육군사관학교 40기로서 연합사 지구사 작전처장, 수도방위사령부 참모장, 육군 군사연구소장을 지냈다.

미·중 대립국면과 일본, 그리고 한반도 상황

남기정 ▌서울대 일본연구소 교수

전쟁-정전-냉전의 한반도 국제체제와 '동아시아 대분단체제'

한반도의 '전쟁-정전-냉전'에 대한 근본적인 물음이 제기되고 있다. 이는 중국의 GDP가 일본을 능가해 미중 경쟁이 개시되고, 중일 관계가 악화하기 시작한 것과 맥을 같이한다. 이후 미중 전략경쟁이 격화하는 가운데 북한의 핵미사일 능력이 고도화하면서 전쟁의 기운이 높아지고 있는 현실에서 실천적 과제로서 한반도의 전쟁과 평화의 문제에 대한 정밀한 해명이 필요해졌다.

판문점 선언이 발표된 2018년 4월 27일은 한국전쟁 이후 한반도가 정전체제 해체에 가장 근접한 날이며, 한반도에 사는 사람들이 어느 때보다 확실하게 평화에 대한 희망을 품은 날이다. 판문점 선언 발표 직후 실시된 여러 여론조사에서 문재인 대통령의 국정수행 평가는 70%를 넘어섰고, 특히 판문점 선언에 대해서는 보수층을 포함해 80% 이상의 국민들이 지지했다. 주변국들도 기본적으로 판문점 선언을 환영했다. 전년도 전쟁 위기가 현실화되면서 국민들의 위기감과 피로도가 극에 달했던 점, 그리고 전쟁 재발이 한반도 주변 어느 나라에도 남의 일이 아닌 구조가 그 배경이었다. 전쟁 위기 당시 동북아 지도자들은 '어떻게든 전쟁은 피해야 한다'는 생각을 공유했다.

그러나, 사실 모두 같은 입장이었던 것은 아니다. 그 생각이 가장 희박했던 것은 일본의 아베 총리였다. 아베 총리는 위기가 고조되는 상황에서 우발적 충돌이 가져올 파괴적 결과에 대한 상상력이 부족했던 것 같다. 2017년 위기를 간신히 모면하고 2018년 시작된 한반도 평화 프로세스에 대한 아베 총리의 태도는 냉담했다. 때로는 노골적으로, 심지어 부정적이기도 했다.

왜 그랬을까? 전후 일본의 현실에서 그 이유를 찾을 수 있다. 한국전쟁이 임시로 중단된 휴전상태에서 '동북아 휴전체제'가 성립됐다. 일본은 이 체제에서 '기지국가'로 편입돼 있다. 휴전체제가 해체되면 기지국가로서의 일본의 존재도 의미가 없어지고 그 역할도 종식된다. 예를 들어, 한반도 평화 프로세스 속에서 논란이 됐던 조선 유엔군 후방사령부 문제가 이런 사정을 반영하고 있다. 이런 일이 예상되는 상황에서 아베 총리와 일본 정부는 '탈기지국가'의 모습을 상상하고 전환을 준비하지 못한 것이다. 일본은 동북아 휴전체제 유지에 기지국가로서의 생존을 걸고 있었다.

한반도 평화 프로세스의 경위

한반도에서 평화 구축의 시도가 시작된 것은 1988년이었다. 이 해는 서울올림픽-패럴림픽이 열리는 해였는데, 가을 대회 개최를 앞둔 7월 7일 노태우 정부가 내놓은 '민족자존과 통일번영을 위한 특별선언'은 한반도의 휴전과 냉전의 동시 해체를 목표로 한 것이었다. 발표된 날의 이름을 따서 7.7 선언으로 불리는 이 선언은 총 6개 항목으로 구성됐다. 그중 전반부 3개 항목은 한반도 평화 공존과 관계 발전을, 후반부 3개 항목은 남북한과 주변국과의 상호인정을 시도하는 것을 내세웠다. 전반부는 휴전 해체를, 후반부는 냉전 해체를 목표로 한 것이었다. 여기서 탄생한 한반도 정전체제-동북아 냉전체제의 동시 해체 움직임을 1차 한반도 평화 프로세스라고 할 수 있다.

1988년 시작된 1차 한반도 평화 프로세스는 1992년까지 이어졌고, 1992년 2월 '한반도 비핵화에 관한 공동선언'이 발표되면서 남북관계가 진전됐다. 그리고 1990년에는 한국과 소련이, 1992년에는 한국과 중국이 국교

평화와 통일을 기원하는 PLZ페스티벌에 참여한 연주자들

를 맺었다. 1990년 말에는 북일 간에도 국교 정상화를 위한 협상이 시작됐으나, 일본이 미국으로부터 제기된 핵 문제를 의제로 삼고 납치 일본인 문제의 해명을 요구하면서 1992년 11월에 협상은 결렬됐다. 북미 간에는 협상을 시작조차 할 수 없었다. 결국 북한은 일본과 미국 모두와도 국교를 정상화하지 못했고, 이후 관계는 더욱 악화돼 적대적 관계가 구조화됐다. 이는 중국과 소련이라는 후방을 잃고 고립된 북한으로서는 극단적으로 '기울어진 운동장'이었다. 마침 사회주의 진영의 물물교환이 무너지면서 경제적으로 궁핍해지기 시작한 북한으로서는 핵과 미사일이 이 기울어진 운동장을 바로잡을 수 있는 효율적인 수단이었다. 1차 한반도 평화 프로세스는 북·일 협상의 결렬로 막을 내렸다. 거기서부터 북한 핵 문제가 발생했다.

1988년부터 시작된 일련의 흐름은 전년도인 1987년 한국 민주화 혁명으로 열린 정치적 공간에서 한국 외교가 처음으로 평화 구축을 본격적인 과제로 다루게 된 데서 비롯된 것이었다. 그것은 1987년 민주화 혁명이 한반도 휴전체제를 확정하고 그 유지를 위해 권위주의 체제를 용인한 한일 '1965년 체제'에 대한 이의제기였기 때문이다.

한일 '1965년 체제'는 역사청산과 안보의 교환관계가 (마루야마 마사오의 표현을 빌리자면) '집요한 저음'으로 작용하는 한일관계의 기본 구조다. 그 배후에는 휴전이라는 이름으로 전쟁을 치르는 한국과 후방기지인 일본을 결합시키려는 미국의 의지가 강하게 작용했다. 그래서 '1965년 체제' 하에서 샌프란시스코 강화조약으로 확정된 동아시아 냉전에 한반도의 휴전체제가 연동되게 됐다. 한반도의 분단과 대립은 상시화돼 주기적으로 전쟁 직전의 위기가 조성됐고, 이에 대응해 권위주의 체제가 경직됐다. 광주의 시민항쟁은 이 체제에 대한 이의제기였다. 국가 폭력 앞에 한동안 잠잠해졌지만, 1980년대를 통해 저항은 계속됐고 마침내 1987년 민주화 혁명을 맞이할 수 있었다.

한반도 평화 프로세스와 한일관계

2018년 평창에서의 해빙은 트럼프 대통령이 김정은 위원장과의 회담을 수락하면서 탄력을 받았고, 판문점 선언을 거쳐 싱가포르 북미정상회담으로 이어졌다. 그러나 이번에는 일본이 문제였다. 한국에서 진보정권이 탄생한 반면, 아베 정부의 역사 인식이 후퇴하면서 한일 역사 화해 프로세스가 정체된 것이다. 한반도 평화 프로세스에 뒤늦게 뛰어든 일본 정부는 그해 10월 한국 대법원 판결에 '국제법 위반' 카드를 꺼내들며 한반도 평화 프로세스로 나아가는 문재인 정부를 견제했다.

그러나 한반도 평화 프로세스를 둘러싼 한일의 상호 불신은 이보다 훨씬 이전부터 시작됐고, 이미 양국 정부 사이에 깊은 골을 만들어 놓았다. 문재인 대통령에게 평창올림픽 개막식은 한반도 평화 프로세스의 시작을 전 세계에 알리는 이벤트이기도 했다. 이때도 아베 총리의 반응은 냉담했다. 그는 2월 9일 개막식을 이틀 앞둔 7일, 도쿄에서 펜스 미 부통령과의 공동성명을 발표하면서 "북한의 '미소 외교'에 빼앗기면 안된다"고 말했다. 또한 북한에 '최대의 압박'을 가해야 한다고 강조했다.

판문점 회담이 실현되고 한반도 평화 프로세스가 본격화되는 가운데, 아베 총리는 트럼프 대통령에 대한 조언을 통해 북미 관계 진전의 페이스메이커가 되려고 했다. 한편, 그해 10월 '강제동원' 문제에 대한 한국 대법원 판결이 나오자 이를 '국제법 위반'으로 규정하고 한국 정부에 시정을 요구하면서 한반도 평화 프로세스로 향하는 문재인 정부의 행보를 견제했다.

신(新)판문점 체제 구축의 주역은 기본적으로 한국과 북한, 그리고 미중 양국이었다. 한국전쟁을 치른 주요 국가들이다. 그러나 역사의 과정을 보면 여기에 러시아와 일본이 가세하지 않을 수 없다. 소련은 김일성의 한국전쟁을 승인하고 지도한 국가이며, 이를 계승한 러시아는 한국전쟁을 종식시킬 책임이 있다. 푸틴 대통령은 북

미 간 전쟁이 임박한 분위기 속에서 트럼프 대통령에게 김정은 위원장과의 회담을 촉구한 바 있다. 그런 의미에서 러시아는 2018년 봄에 한반도를 방문한 숨은 주역이었다.

모기장 밖에서 본 아베 외교

그러나 일본은 준비가 돼 있지 않았다. 2018년 3월 8일 트럼프 대통령이 김정은을 만나겠다고 말한 것은 아베 총리에게 충격을 준 것으로 보인다. 평창에서의 남북 화해 무드를 관망하던 아베 총리는 드디어 이에 대항하려 했다. 종전선언을 목표로 한반도 평화 프로세스를 추진하는 문재인 정부의 '평화외교'에 대해 한반도 현상유지를 목표로 하는 일본 정부의 전방위적인 '대결외교'가 시작된 것이다.

아베 총리는 그해 3월 9일 오전 트럼프 대통령과 전화통화를 통해 CVID(Complete, Verifiable, Irreversible Dismantlement, 완전하고 검증가능하며 돌이킬 수 없는 핵폐기)를 향한 '최대한의 압박'을 지속할 것을 강조하고 납치문제 해결을 위한 협력을 요청했다. 이때 볼턴 백악관 안보보좌관은 일본의 대(對)백악관 외교에서 창구 역할을 했다. 이 시기 일본의 대미 외교는 일본 정부와 호흡을 맞춘 볼턴의 회고록에 잘 묘사돼 있다.

볼턴에 따르면 일본은 자신들의 입장을 전달하기 위해 분주했다고 한다. 일본은 한국과 180도 다른 입장을 가지고 있으며, 이는 볼턴의 입장과 "거의 같았다"고 평가했다. 야누치는 납치 일본인 문제도 언급했다. 이후 납북 일본인 문제는 미북 정상회담의 또 다른 의제가 됐고, 4월 12일 볼턴과 야나이의 회담은 "모든 것이 뒤집어지길 바랐던" 볼턴과 일본이 마음을 합친 순간이었다.

6월 12일 싱가포르 북미정상회담과 북미 공동성명 발표로 아베 총리의 '대결 외교'는 궁지에 몰렸다. 북미정상회담 직후 트럼프 대통령과의 전화통화에서 아베 총리는 납치 문제의 조기 해결을 위해 아베 총리가 직접 북한과 직접 대화하겠다는 입장을 처음으로 밝혔다.

2018년 10월과 11월 대법원 판결 이후 한일관계가

결정적으로 악화되는 가운데 한국의 외교력은 하노이 북미정상회담에 집중돼 있었다. 그 이면에는 일본 외교도 하노이로 향하고 있었는데, 2019년 2월 27일 하노이 회담을 앞두고 아베 총리는 2월 20일 트럼프 대통령과 전화통화를 했다. 미북 외교 일정이 하노이로 향하는 도중에도 아베 총리는 볼턴 등 강경파를 지원했다.

한편, 문재인 대통령은 하노이 이후 한반도 평화 프로세스의 동력을 살리기 위해 노력했지만, 결과적으로 미일동맹의 벽에 가로막혔다. 볼턴은 2019년 4월 11일 한미정상회담에서 트럼프 대통령이 '문재인의 장광설'을 중간에 잘라낸 것을 좋게 평가했다. 이때 이미 미국에 중요한 문제는 한반도 정세가 아니라 한일 관계였다. 북한 문제를 언급한 후 트럼프는 한일관계로 화제를 돌렸다. 이를 회고하는 볼턴의 서술에서 미국 정책결정자의 한일 관계 인식을 엿볼 수 있다. 볼턴은 문재인 대통령이 1965년 한일기본조약을 뒤집으려 한다고 이해했다. 그리고 일본의 관점에서 이 조약의 목적을 설명하며, 1905년부터 1945년까지 일본의 한반도 식민지 지배에서 비롯된 적대감을 종식시키기 위한 것으로 이해했다.

문재인 정부가 추진하는 '평화외교'는 일본이 워싱턴을 무대로 추진하는 '대결외교'에 밀렸다. 윤석열 정권이 등장해 한일관계 회복과 한미일 안보협력을 추진하는 것은 여기에 근원을 두고 있다.

한국의 정권교체와 휴전체제 강화

제3차 한반도 평화 프로세스는 하노이 노딜(no deal) 이후 흐름을 되돌리지 못하고 중단됐다. 문재인 정부를 지탱했던 더불어민주당이 발목을 잡히고, 2022년 3월 대통령 선거에서 윤석열 후보가 박빙의 승리를 거두며 정권교체가 이뤄졌다. 윤 후보는 선거운동 과정에서 문 정권의 남북화해정책과 대일외교를 철저하게 추궁했고, 취임 후에는 문 정권이 추진한 정책을 전면 부정하는 '애니싱 벗 문(Anything but Moon)' 노선을 채택했다. 북한과의 대화와 관여를 중시하는 한반도 평화 프로세스는 '종전선언'에 '거짓 평화'를 요구한 것으로 혹독한 비판을

받았고, 압도적인 군사력을 통한 압박만이 '진정한 평화'를 보장한다는 압박 정책을 취하게 됐다.

윤석열 정부의 정책 전환은 먼저 국방안보 분야에서 시작됐다. 2022년 7월 한국 국방부는 문재인 정부에서 축소 조정 및 폐지된 연합훈련의 부활 방침을 보고하고 한미연합훈련의 '정상화'에 돌입했다. 2022년 9월 26일부터 29일까지 실시된 대규모 한미연합전술훈련은 4년 10개월 만에 재개됐다. 같은 달 30일에는 한미일이 동해 공해상에서 연합 대잠수함 훈련을 실시했는데, 2017년 4월 제주 남방 해역에서 한미일 대잠수함전 훈련을 실시한 이후 5년 만의 일이다. 민감한 시기에 북한은 연이은 미사일 시험발사로 응수했다. 이는 과거에 없던 일이다. 한미연합훈련에 미사일 시험발사로 응수하는 것은 우발적 상황을 초래할 수 있기 때문에 아무리 북한이라도 하지 않는 일이었다. 그런 북한이 2022년 10월 4일 드디어 일본 상공에 화성-12형 중거리 탄도미사일을 발사했다. 이것도 2017년 9월 이후 정확히 5년 만의 일이다. 미국과 일본, 필리핀이 10월 3일부터 실시하고 있는 해상훈련에 한국 해병대가 사상 처음으로 참가하는 것을 겨냥한 것일 수도 있다. 복원되고 강화되는 한미일 안보협력에 북한도 이례적인 무력시위로 대응했다. 윤석열 정권 들어 한미, 한미일 연합훈련이 과거보다 대규모로 부활하는 가운데, 북한이 연일 발사하는 각종 탄도미사일이 지역의 위기감을 더욱 고조시키고 있다.

한반도 평화프로세스를 부정하며 시작된 국방부문의 '정상화'에 이어 한일관계의 '정상화'가 시도됐다. 국방의 '정상화'로 '위기가 일상화'되는 것과 대조적으로, '정상화'라는 이름으로 이뤄진 역사문제에서의 양보로 한일관계는 급격하게 개선의 방향으로 나아가고 있으며, 2023년 3월 6일, 한일관계의 걸림돌이었던 강제동원 문제에 대해 '제3자 배상'이라는 방침으로 대법원 판결을 이행하겠다고 발표했고, 3월 16일에는 이를 평가한 일본 정부와 한일정상회담을 가졌다. 대법원 판결의 대전제인 '불법적 식민지 지배' 문제는 모호한 상태로 남았고, 2023년 3월 한일관계에서 일어난 것은 '1965년 체제'로의 회귀였다.

극동 1905년 체제, 한일 1965년 체제, 한반도 휴전 체제

그 결과 한일정상회담을 통해 '한일 1965년 체제'에 탑재돼 작동해 온 '역사와 안보의 교환 구조'가 부활했다. 즉, 역사를 봉인하고, 경제협력을 매개로 한일관계를 안정화시키고, 한미일 안보협력체제를 구축, 가동하는 구조가 복원된 것이다. 이후 한-미-일 삼각 안보체제가 부활 강화되고 있으며, 그 대가로 북-중-러의 진영화가 이뤄지고 있다. 그것은 신냉전 돌입이라기보다는 한반도 휴전체제의 전면적 부활이며, 이에 호응하는 샌프란시스코 조약 체제 및 한일 1965년 체제의 부활 또는 강화다. 한반도 탈냉전을 이루지 못한 상황에서 맞이하고 있는 한반도 및 동북아시아의 대립, 갈등, 분단의 현실은 신냉전이 아니라 냉전의 지속이며, 그 동북아적 변형인 휴전체제의 전면화에 불과하다.

미일동맹과 한미동맹의 두 동맹이 실체적으로 하나이며, 그 기원이 1905년에 있었다는 이 해석은 놀라운 사실을 밝혀냈다. 즉 한반도 휴전체제가 '극동 1905년 체제'에 기원을 두고 있다는 것이다. 그리고 한반도 휴전체제를 고집한 아베 총리와 '극동 1905년 체제'를 만든 메이지 원로들이 연결되는 것이다.

2022년 9월 27일 아베 신조(安倍晋三) 전 총리의 국장의 사상은 이 극동 1905년 체제의 사상을 공유하고 있다. 아베 국장에 참석한 한덕수 총리는 기자회견에서 문재인 정부 시절 "국제법적으로 볼 때 일반적으로 이해하기 어려운 일이 일어난 것은 사실"이라고 일본 측의 인식을 받아들였다. 이날 국장에서 스가 전 총리가 이토 히로부미의 죽음을 슬퍼하는 야마현 유토의 심정을 빗대어 조문을 낭독했다. 야마현은 주권선과 이익선 개념으로 구성된 일본의 지정학을 창안한 사람이고, 이토는 안중근 의사에게 저격당할 때까지 이를 실행한 당사자다. 국제법은 그들이 한국을 길들일 수 있는 효과적인 수단이었으며, 국제법으로 그들의 침략적 행동을 포장했다.

간 전 총리의 이런 발언의 배경에는 아베 내각 시절부터 이미 부활의 조짐을 보였던 지정학적 구상이 있다.

기타오카 신이치(北岡伸一), 호소야 유이치(細谷雄一) 등의 '신지정학' 그룹이 대표적이다. 그들의 새로운 지정학에서 한국은 배제 대상이다. 한국이 일본군 '위안부' 문제와 '징용공' 문제로 '자기주장'을 펼치며 국제법을 지키지 않기 때문이라는 것이 그 이유다. 기타오카는 일본 주도의 '서태평양 연합' 구상을 제기한 적도 있다. 한국은 조약, 선언, 합의를 지키지 않는 나라로 '법치'와 양립할 수 없다는 이유다.

이후 한국에서 정권이 교체되면서 앞서 언급한 '극동 1905년 체제'라는 용어가 등장했다. 한편, 2022년 6월 샹그릴라 다이얼로그 기조연설에서 기시다 총리는 일본이 "규칙에 기반한 국제질서 속에서 평화와 번영의 발걸음을 이어갈 것인가, 아니면 힘에 의한 일방적인 현상변경이 당당하게 통용되는 (중략) 그런 약육강식의 세계로 되돌아갈 것인가"라는 선택의 기로에 서 있다고 강조했다. 이런 인식과 주장은 일본에서 2022년 12월에 채택된 '국가안보전략' 문서에 반영돼 있다. 지난해 말 발표된 한국 정부의 인도-태평양 전략은 여기에 한국의 국익을 동기화하는 것이었다. 이 과정에서 '강제동원' 문제는 대일 외교의 과제 목록에서 사라졌다.

캠프 데이비드 정상회담의 사상, 결과, 전망

이를 문서화한 것이 캠프 데이비드 3문서다. 2023년 8월 18일 윤 대통령, 바이든 대통령, 기시다 총리 등 한미일 3국 정상이 워싱턴 근교의 미국 대통령 휴양지 캠프 데이비드에 모여 첫 단독 3국 정상회담을 개최했다. 세 정상은 회담 결과 3개의 문서에 서명하고 이를 발표했다.

정상회의 정례화 등 3국 간 포괄적인 협력 방안을 담은 한미일 공동성명 '캠프 데이비드 정신', 한미일 협력 추진 과정의 원칙을 문서화한 '캠프 데이비드 원칙', 역내 도전과 도발 및 위협에 대한 정보교환, 메시지 조정, 대응조치를 신속히 협의한다는 내용을 담은 '3자 협의에 대한 공약(Commitment to Consult)' 등이다. 이로써 사실상 동맹에 준하는 안보협력의 틀이 만들어지게 됐다.

여기서 중요한 것은 한국과 일본 간에 서로 한 나라

의 안보에 영향을 미치는 상황이나 위기가 발생하면 서로 협의하기로 약속했다는 점이다. 한일 간 안보위기에 대한 협의 약속을 통해 한일 안보협력은 '새로운 역사의 장'에 접어들었다.

그동안 한미일 안보협력은 한미동맹과 미일동맹을 실선으로, 한일 간 안보협력을 점선으로 표시하는 구도로 전개돼왔다. 그 기원은 1950년 6월 25일 시작된 북한의 선제공격에 대응해 미국이 유엔의 깃발을 내걸고 유엔 협력을 표방한 일본의 기지를 이용해 전쟁을 수행한 데서 비롯됐다. 이후 일본은 한국전쟁의 후방기지 역할을 수행했고, 휴전으로 전투가 종결된 후에도 그 기능을 유지한 채 '기지국가'로서 한반도의 휴전체제에 편입됐다.

미국 입장에서는 이번 회담의 목표가 대 중국 포위망 완성이라는 것이 분명하다. 그 목표가 실현되는 과정에서 한일관계는 근본적인 변화를 맞이했다. 그동안 미국을 매개로 유사 동맹 관계에 머물렀던 한일관계가 실질적 군사동맹으로 격상됐기 때문이다. 한-미-일로 구성된 삼각형에서 점선으로 그려졌던 한일관계는 이제 실선이 됐다.

이에 따라 한반도 유사시 일본의 관여가 보다 직접적으로 이뤄질 것으로 예상된다. 또한 일본이 전쟁에 개입할 경우 전후 처리 문제에서도 일본의 발언권이 인정될 것이다. 결국 한반도 문제에 대한 일본의 개입이 현실화되는 것이다. 이는 일본이 한국전쟁 말기 휴전회담의 이면에서 외교력을 총동원해 실현하려 했지만 이루지 못한 꿈이다.

1990년대 이후 군사적 '보통국가'화의 오랜 꿈을 담아 지난해 말 일본이 채택한 3개 안보문서는 캠프 데이비드 정상회담에서 합의한 3자 협의에 대한 공약과 겹쳐보면 그 의미가 더욱 명확해진다. 지난해 말 개정된 '국가안전보장전략'과 '국가방위전략'에는 동지국(like-minded countries)으로 분류된 협력대상국과 다양한 방위협력을 하겠다는 내용이 포함돼 있는데, 이는 상호군사지원협정(ACSA)도 염두에 둔 것이다. 즉, 한국과의 상호군사지원협정은 그 점에서 이번 캠프 데이비드 회담 이후 논의가 본격화될 가능성이 있다. 그 목표점은 MD(Missile Defense)의 완성일 것이다.

한미일 동맹, 대만, 원전

후쿠시마 원전 오염수 문제는 동아시아 정전체제의 산물이다. 전후 일본은 동아시아 정전체제 속에서 '기지국가'이자 '원전국가'로 존재해 왔다. '원전국가'라는 개념은 일본의 '전후국가'의 역사적, 공간적 특징을 담고 있다. 후쿠시마의 사고 또한 동아시아적 특성을 지니고 있다. 동아시아 문제로서의 원자력이 오염수 문제의 기원이다. 일본의 원자력 문제가 동아시아의 지역적 문제임을 확인하는 것은 일본의 완성된 '원전국가'는 사실상 '기지국가'임을 인식하면 가능하다. '기지국가'가 전후국가 일본이 동아시아 정전체제 속의 군사적 지위를 표현하는 말이라면 '원전국가'는 그 사회경제적 표현이다. 여기서 '원전국가'란 '원전이 국민의 삶과 기업의 생산성에 양적, 질적으로 결정적인 영향을 미치는 국가'로 정의할 수 있다.(1)

이는 융크의 '원자력국가(Der Atomstaat)' 개념을 발전시킨 것이다. 융크는 "원자력 산업의 발전에 따라 통치를 합리화할 기술주의자들에게 독재적으로 권력이 이동하게 될 것"이라고 해 이런 체제와 문화를 가진 국가를 '원자력국가'라 불렀다.(Robert Yungk, 1989) 네그리의 '원자력국가'와 '핵무력국가' 개념도 유용하게 활용될 수 있다. 네그리는 '원자력국가' 즉 'Stato Nucleare(Nuclear Power State)'와 '핵무력국가', 즉 Potenza Nucleare(dominance with nuclear weapons)를 구분하고, '원자력국가(Stato Nucleare)'로서의 일본의 특징에 주목했다. 즉 네그리의 개념에서 '원자력국가'는 기술, 경찰, 군사력을 갖춘 세력에 의해 주권이 실질적으로 결정되는 것을 말하는 바, 일본이 그런 상태에 있다고 주장했다. 오염수 방류의 결정 과정은 네그리의 통찰에서 봤을 때, 원전국가 일본의 모습을 그대로 드러내 보여 주었다.

그러나 동아시아 정전체제에서 일본만 원전국가일 수는 없다. 1953년 12월 아이젠하워 대통령의 유엔 총회 연설 '평화를 위한 원자력' 이후, 미국은 일본에서 원자력 발전 계획을 신속하게 채택했다. 이는 일본을 소련, 중국에 대한 쐐기로 사용하려는 미국의 전략에 토대를 둔 것이었다. 원전은 미군기지와 등가물로서, 미일동맹의 상징이다.(池上, 2012) 그러나 이와 거의 동시에 한국과 대만이 같은 길을 걸었다. 1955년 7월 1일, 한미 원자력 협력협정이 처음 합의된 후 1956년 2월에 체결됐으며, 1955년 6월, 대만 행정원 산하에 원자력위원회 설립하기도 했다. 나아가 대만을 둘러싼 미중 간의 긴장이 고조되던 1950년대 중반, 미국은 오키나와에 핵무기를 배치했다. 1959년 6월 오키나와에서 핵무기를 장착한 미군의 나이키 미사일이 오발 사건을 일으키기도 했다.

한국과 대만에 원전을 도입한 것은 미국이 핵무기 확산을 막고 두 국가에서 핵무기 포기로 인한 공포를 해소하기 위한 방편이었다. 공식적으로 핵무기 프로그램을 포기한 대만과 한국에 핵발전소가 존재한다는 것은 아시아에서 공산주의의 위협에 대한 잠재적 핵 억지력의 의미를 지니고 있다.

일본은, 한국 대만과 함께 '대표적인 잠재적 핵보유국'으로 분류된다. 일본에서 도카이무라(東海村)가 미일 원자력동맹의 상징이라면, 롯카쇼무라(六ヶ所村)는 잠재적 핵보유국 일본의 상징이었다. 그런 배경을 고려하면, 원전오염수 문제는 미일동맹의 문제이면서, 미국이 주도하고 일본과 한국, 대만이 참여한 동아시아 원전 질서의 문제이기도 하다. 즉 원전오염수 문제는 대만을 둘러싼 미중 대립을 배경으로 추진되는 한미일 동맹화의 문제이기도 한 것이다.

2023년 4월, 가데나기지에 핵 공격 능력을 가진 F15E 스트라이크 이글 전투기 배치됐는데, 오키나와의 '본토 복귀' 후 핵탑재-공격 무기가 오키나와에 배치된 것은 처음이었다. 나아가 아마미오시마의 군사화도 현저하다. 러우전쟁에서 게임체인저라고 불린 하이마스가 배치됐다.

문제는 후쿠시마 이후 일본의 탈핵 움직임과 이에 이은 대만과 한국의 탈핵 움직임이 있었고, 이는 원전 거버넌스에서 미국이 차지하는 지위를 흔들 가능성이 있었다. 이후 이들 국가에서 원전 재가동 및 원전산업 확대로 선회하는 배경에는 미국의 그림자가 어른거린다. 오염수 문제는 특히 이에 제동을 거는 악재가 될 수 있다.

한편 '원전국가'에 오염수의 해양 투기는 사활적 문제다. 원전의 사용 후 핵연료를 롯카쇼무라 재처리공장에서 재처리 후 플루토늄을 추출하고 나머지를 핵폐기물로 처리하는 것이 일본의 원자력 정책의 근간인데, 삼중수소는 제거가 되지 않기 때문에 바다에 방출한다는 것이다. 롯카쇼무라 재처리공장에서는 매년 800톤의 핵연료를 처리하고 삼중수소가 포함된 오염수를 바다에 방출한다는 계획이다. 후쿠시마 오염수의 해양 투기에 제동이 걸릴 경우, 롯카쇼무라에서의 재처리공장을 가동시키기 어려워지면서, 일본의 원자력 정책이 근간에서 붕괴할 수 있다.(2)

원전국가의 붕괴는 기지국가의 종언으로, 그리고 나아가 동아시아 정전체제의 해체로 이어질 가능성이 있다. 오염수 문제는 동아시아 국가들의 체제전환이자, 동아시아 질서변환의 문제다. Ⓛ

글·남기정
서울대 일본연구소 교수. 일본 도호쿠대학 법학부 조교수 및 교수, 국민대학교 국제학부 부교수를 거쳤다. 국제관계론을 전공했고, 관심 주제는 미일동맹의 전개와 이에 대한 일본 평화운동 진영의 대응이다. 저서와 편저서로 『일본 정치의 구조 변동과 보수화』, 『기지국가의 탄생』, 『전후 일본의 생활평화주의』(편저) 등이 있고, 『난감한 이웃 일본을 이해하는 여섯 가지 시선』 등 다수의 책에 공저로 참여했다.
이 글은 올해 10월 18일 서울 정동 프란치스코교육회관에서 개최된 시민사회 긴급세미나 '미국은 어디로 가고 있는가?'의 발제문을 요약한 것으로 필자의 동의를 받아 본지에 게재한다.

---

(1)Nam, Kijeong "Is the postwar state melting down?: an East Asian perspective of post-Fukushima Japan", Inter Asia Cultural Studies, Vol.20 Issue 1, 2019.
(2)「日本のメディアは腐っている!」海洋放出の"真の理由", 小出裕章さんが熱弁, 2023.9.26.

<다이빙벨>(2014)에서 <너와 나>(2023)까지

10년간 영화는 '그날'을 어떻게 기억했는가

송아름 ▌영화평론가

잊는다는 것은 잊을 수 있다는 것이다. 시간이 지나서, 내 곁의 누군가의 일이 아니어서, 혹은 내 눈앞의 일이 먼저거나, 그것도 아니라면 그저 벌어진 일을 어쩌겠느냐고 포기할 때 잊는 것은 가능하다. 그렇다. 나와 멀기에 알 수 없는 일로 치부할수록 어떤 일의 순위는 점점 밀려나고, 흔적은 사라진다.

그런 의미에서 망각은 권력이다. 망각은 지워도 되는 것이나 기간을 함부로 설정하며, 누군가의 잊지 말라는 호소를 어떻게 받아들일 것인지에 대해 감히 선택할 기회를 부여하기 때문이다. 아이러니한 일이다. 겪지 않았기에 기회를 얻는다는 것은. 그래서 함부로 해서는 안된다. 해결되지 않은 일을 잊는다는 것은.

수학여행과 교복, 제주행과 바다 그리고 배. 이 이미지들은 굳이 몇 주기를 따져 이야기할 필요도 없이 불쑥불쑥 솟아오르는 한국사회의 트라우마가 됐다. 이는 그날에 대한 고통스러운 기억뿐 아니라 내가 나고 자란 나라의 무능을 확인한 것과 맞닿은 것이기도 했다. 도무지 이해할 수 없는 과정과 결과가 10여 년간 이어진 것은 이만큼이나 지났으니 해결됐을 것이라고, 이젠 굳이 찾아야 보일 만큼 노란 리본이 적어졌으니 괜찮을 것이라고 막연하게 생각게 했고 무엇도 해명되지도 않았다는 사실을 탈각시켰다.

이 혼란 속에서 붙잡고 있어야 하는 것은 우리가 잊지 않았다는 사실 뿐이다. 굳이, 지금, 왜라는 의문을 던지며 누군가의 호소를 내려다보지 않고 함께하겠다는 것, 그것으로 미뤄됐던 일은 현재로 돌아올 수 있다. 10여 년간 2014년 4월의 이야기를 다룬 영화가 다수 제작된 것

다이빙벨(2014)

은 아마도 이런 결심을 바탕에 뒀을 것이다. 아니, 한편으로는 이해할 수 없는 상황의 목격자가 돼버린 우리의 기억을 지속시킬 방법으로 영화가 선택됐는지도 모르겠다.

이 나라에서 무수한 참사를 겪었지만 이렇게까지 누군가의 고통을 함께 견뎌야 했던 일은 처음이었다. 그래서인지 세월호 참사는 전에 없이 사고 직후부터 스크린에서의 발화를 시작했다.(1) 함께 목도했던 그 일에 대해 다시금 함께 해야 하는 극장으로의 소환은 그래서 중요

한 의미를 지닌다.(2) 같이 기억하자는 영화의 말들은 모두에게 조금씩의 책임감을 할당하며 극장을 채워갔다.

이제 그날을 하루 앞둔 학생들 이야기까지가 우리 앞에 도착해 있다. 편치 않은 곳에서 9번째 추위를 견디기로 각오한 분들을 떠올리며, 분노로 채워졌던 이야기가 그들과 우리를 하나로 묶어낸 이야기로 전해지기까지의 스크린 속 목소리를 천천히 복기해보려 한다.

누구의 잘못인가: 혼란과 상처의 명시

2014년 10월 다큐 〈다이빙벨〉이 개봉했다. 참사 6개월 만에 개봉한 이 작품은 처음 공개하려던 영화제가 곤혹을 치렀을 뿐 아니라 다큐가 주장하는 내용 역시 많은 검증이 필요할 만큼 다큐 자체를 수용하는 데 여러 난점이 산재해 있었다. 그러나 이 작품의 난점은 참사를 둘러싼 논쟁을 억압으로 변화시키는 상황들로 인해 누구도 이 엄청난 일에 책임지지 않으려 하는 현실을 보여준 것이다. 논쟁이 아닌 억압으로의 전환은 모두의 분노가 타당하다는 것을 증명했고, 이 작품은 그 한복판에 놓여 있었다. 참사 직후 쉽사리 판단을 내릴 수 없는 무수한 정보들은 많은 이들을 혼란케 하면서도 누구도 구해내지 못한 국가를 질타하는 것으로 수렴됐고 〈다이빙벨〉은 그 시작이었다.

얼마 후 이다지도 무능한 국가가 얼마나 피해자를 양산하는지를 다큐 〈나쁜 나라〉(2015)는 이야기했다. 1년 동안 던진 질문에 대해 어떤 대답도 받지 못했던 유가족들의 투쟁은 국가의 민낯을 다시금 상기시켰다. 도대체 왜 내 가족을 잃어야 했는가에 대한 답을 듣기 위한 유가족들의 투쟁기는 역시나 이해할 수 없는 상황을 바라봐야만 했던 이들과 함께했다. 울분이 고스란히 터져 나오는 유가족들의 목소리는 눈물과 울화를 불렀다.

이렇게 당시의 상황을 이해시키지 못한 국가에 대한 당연한 비난이 소리를 높일 때, 〈위켄즈〉(2016) 속 코러스 그룹 'G-Voice'의 행보가 거쳐 간 유가족과의 연대는 그들을 위해 무엇을 해야 할지를 다시 생각하게 했다. 어느 순간 소수자가 돼버린 그들에게 위로와 노래를 건넸던 G-Voice의 목소리는 이제 그들과 함께 분노하는 것을 넘어, 그들에 대한 이해로의 전환을 상상하게 했다.

그날은 어떤 상처를 남겼는가
: 고통과 눈물, 그리고 재현

극영화로의 이행은 남은 자들을 위로하기 위한 것처럼 보였다. 여기에는 함께하겠다는 다짐이 전제돼 있었다. 우리가 결코 눈감고 좌시하지 않을 것이라는 점을 〈눈꺼풀〉(2018)이 꾹꾹 눌러 담아 이야기한 것은 그 시작점에 놓인다. 곧 먼 길을 떠날 아이들과 선생님에게 신성하게 빚은 떡을 쥐어 보내고 싶은 그 마음은 눈꺼풀을 도려내면서까지 눈을 뜨고 있으려는 결심으로 이어졌다. 이런 〈눈꺼풀〉의 단호한 의지는 남은 자들과 고통을 나눌 힘을 주기도 했다.

영화 〈봄이 가도〉(2018)와 〈생일〉(2019) 속 남은 자들을 바라보며 위로할 수 있는 힘은 절대 모르는 척하지 않겠다는 그 마음으로 가능한 것이었을 것이다. 〈봄이 가도〉와 〈생일〉, 두 작품 모두 돌아올 수 없는 자식과 가족, 친구를 그리워하는 이들에 대해 이야기한다. 착하기만 했던 아들, 미처 잘 다녀오라고 인사를 건네지 못했던 딸, 손잡아주지 못했던 아이들에 대한 기억 등은 이 작품들에 가슴 아프게 담겼다.

남은 자들의 눈물에 담긴 것은 거대한 죄책감이었다. 다른 이들이 가져야 할 죄책감을 짊어진 가족들은 좌절하고 또 좌절했지만, 먼저 간 이들을 위해서라도 천천히 일상으로 돌아가야 한다는 것을 알고 있었다. 영화는 남은 이들의 고통을 그리면서도 그들이 삶으로 돌아오는 다짐의 순간들을 남겨뒀다. 이는 마치 다큐 〈당신의 사월〉(2021) 속 세월호를 목격했던 인물들이 스스로의 삶의 방향을 다시 정했듯, 새로운 삶으로 꿋꿋이 나아가 달라는 바람이기도 했을 것이다.

지금을 살아간다: 당사자들의 현재

연극연습을 하며 웃고, 춤추고, 서로 좋은 배역을 맡

으려 갈등도 하는 다큐 〈장기자랑〉(2023) 속 엄마들은 세월호 참사로 아이들을 보낸 이들이었다. 감당할 수 없는 슬픔에 도무지 정신을 차릴 수 없을 때, 아무리 외쳐도 답이 들려오지 않을 때 그들은 연극을 시작했다. 남들이 어떤 가시 박힌 말을 할지 짐작하면서도 그들은 아이들의 이야기를 할 수 있다는 사실에 무대에 올랐다.

이제 그날을 보여주는 영화는 더 이상 눈물에 머무르지 않는다. 그들이 어떻게 일상을 버텨내는지, 어떻게 진실을 밝히려 하는지를 보여주는 것은 '유가족다움'이라는 프레임이 얼마나 폭력적인지 보여줬다. 엄마들이 단원고에서 공연했던 날, 이 모든 것을 알고 공연을 보았던 학생들의 공감은 유가족이기에 어찌해야 한다는 그 무수한 거절이 얼마나 무의미한 것인지를 보여주기에 충분했다.

이렇게 남겨진 자들의 이야기가 전부라고 생각될 즈음, 영화 〈너와 나〉(2023)는 그날을 기억하는 관객들의 상상을 등에 업고 수학여행을 앞둔 여고생들의 이야기를

부려놓았다. 수학여행 전날, 두 여고생이 보내는 재미있고 긴장되는 하루는 아름답기만 하다. 그러나 안산이라는 지명, 제주로의 수학여행 등의 표지는 사정상 수학여행을 가지 못하는 한 친구의 이후를 상상케 하면서 그들이 함께 다녔던 공간이나 나눴던 대화들을 돌아보게 한다.

〈너와 나〉는 꿈속에서 죽어 있던 네 모습이 너이기도 나이기도, 또 우리이기도 했다는 말을 통해 이 지난한 고통을 우리가 함께 감당할 수밖에 없었다는 것을 따스하면서도 애절하게 설명한다. 관객들은 영화가 짚어가는 힌트로 그들의 자취를 훑으면서 꿈과 상상 혹은 현실이 혼재된 두 사람의 일상에 동행한다. 이 과정으로 우리는 그들의 미소가 아름답다는 것에 절망감을, 우리가 아직 그때를 기억하는 것에 안도감을 느끼며 또 다른 이야기가 시작될 것을 기대할 수 있다.

이제 그날을 기억하는 영화들은 더 이상 아픔만을 강조하지 않는다. 분노에서 아플지라도 지금을 살아가는 이들을 그리는 쪽으로 이행한 것은 그들의 고통을 가볍게 보아서가 아니라 지난한 싸움이 진행되고 있다는 사실을 10여 년에 걸쳐 확인했기 때문일지 모른다. 우리가 그날을 기억하고, 기억할 방법은 일상처럼 마주하는, 너와 나의 일이라는 바로 그 감각으로의 전환이지 않을까.

그날이 돌아오는 것을 막을 수는 없듯 영화가 전하는 이야기도 계속 흐를 것이다. 천천히 스며들어 결코 지울 수 없는 흔적이 되는 것처럼. **ID**

너와 나(2023)

글·송아름
영화평론가, 영화사 연구자. 한국 현대문학의 극을 전공하며, 연극·영화·TV드라마에 대한 논문과 관련 글을 쓰고 있다.

(1) 이는 〈가을로〉(2006) 속 삼풍 백화점 붕괴사고나, 〈로봇, 소리〉(2016), 〈힘을 내요, 미스터리〉(2019) 등에서 묘사됐던 대구 지하철 참사 등이 긴 시간 후에야 사건이 인물들의 전사(前史)로 제시된 것, 적은 편수의 영화들로 소환됐던 것과는 다른 양상이다. 사고 이후에야 상황을 파악할 수 있었던 사고들과 긴 시간 목격된 사고와의 차이가 이런 간극을 불렀을 것이다.

(2) '지금, 여기'라는 명제가 중요한 연극도 이와 같은 맥락에 있었다. 세월호 참사 직후 연극계에서는 세월호와 그 이후를 어떻게 이야기할 것인가에 대해 많은 작품을 통해 논했다.

LE MONDE diplomatique

크리티크M 6호 발간!

르몽드 코리아, 국제전문지 〈르몽드 디플로마티크〉와
테마무크지 〈마니에르 드 부아르〉에 이어 3번째 고급 지성지 선봬!

〈크리티크M〉의 M은 르몽드코리아 (Le Monde Korea)가 지향하는 세계(Monde)를 상징하면서도, 무크(mook)지로서의 문화예술 매거진(magazine)이 메시지(message)로 담아낼 메타포(metaphor), 근대성(modernity), 운동성(movement), 형이상학(metaphysics)을 의미합니다.

〈르몽드〉의 또다른 걸작, 계간 무크지

〈마니에르 드 부아르〉 열세 번째 이야기
한국판 가을호 『언어는 권력이다』

가을호
10월 발간

〈마니에르 드 부아르〉 가을호(13호)
『언어는 권력이다』 10월 발간!!

권 당 정가 **18,000원**
1년 정기구독 시 **65,000원**
(총 4권, 정가 72,000원)

이 책은 4부로 구성되어 있습니다. **1부 지배의 위기; 2부 영향력의 도구인가 공유의 도구인가?; 3부 다양성은 꺾이지 않는다; 4부 언어의 추락 또는 타락.** 필자로는 필리프 데캉, 미즈바야시 아키라, 도미니크 오프, 마르틴 뷜라르, 자비에 몽테아르 등이 있습니다.

홀스랜드
www.whorseland.com
경기도 가평군 상면 물골길 391

홀스랜드

세계가 주목하는 KT&G
Global Top-tier 도전은 계속됩니다

해외 135개국에 진출한 글로벌 기업 **KT&G**,
과감한 성장투자와 혁신 그리고 공격적 해외 시장 확대로 글로벌 사업 매출 비중 50% 이상을 달성하고
미래지향적 사업 포트폴리오를 구축하여 **Global Top-tier** 기업으로 도약하겠습니다

Global
Top-tier

기술혁신
ESG
탄소중립
Green Impact
성장투자
미래비전

세계 135개국 수출
환경
품질
안전
4대 ISO인증

KT&G

국내 3대
기업신용평가   최고등급   AAA

글로벌 사업 매출 **50%**

MSCI
ESG AA등급

World EXPO 2030
BUSAN, KOREA | 2030 부산세계박람회 유치를
KT&G가 응원합니다

상상을 나누다 **KT&G**